宁波市政府与中国社会科学院合作
（国际港口与物流研究中心）年度
宁波市港口物流应用型人才培养基地学
宁波工程学院学术专著出版基金资助出版

新时期
宁波物流业发展
重大问题研究

XINSHIQI NINGBO WULIUYE

FAZHAN ZHONGDA WENTI YANJIU

秦华容 等著

经济管理出版社

ECONOMY & MANAGEMENT PUBLISHING HOUSE

图书在版编目（CIP）数据

新时期宁波物流业发展重大问题研究/秦华容等著.
—北京：经济管理出版社，2012.1
ISBN 978-7-5096-1750-2

Ⅰ.①新…　Ⅱ.①秦…　Ⅲ.①物流—经济发展—研
究—宁波市　Ⅳ.①F259.275.53

中国版本图书馆 CIP 数据核字（2011）第 270225 号

出版发行：*经济管理出版社*

北京市海淀区北蜂窝 8 号中雅大厦 11 层
电话：(010)51915602　　　邮编：100038

印刷：北京银祥印刷厂　　　　　经销：新华书店

组稿编辑：申桂萍　　　　　　　责任编辑：张　达
技术编辑：黄　铄　　　　　　　责任校对：蒋　方

720mm×1000mm/16　　　　17.75 印张　　338 千字
2012 年 1 月第 1 版　　　　2012 年 1 月第 1 次印刷

定价：48.00 元

书号：ISBN 978-7-5096-1750-2

序

　　物流业是融合运输业、仓储业、货代业和信息业在内的复合型服务产业，与农业、制造业、商贸业相伴而生，是国民经济的重要组成部分。它涉及领域广，吸纳就业人数多，对于促进生产、拉动消费、繁荣市场具有不可或缺的功能，在优化产业结构、加快经济发展方式转变和提升国民经济竞争力等方面发挥着重要作用。进入21世纪以来，我国物流业规模快速扩大，服务水平明显提高，发展的环境和条件不断改善，为进一步加快发展奠定了坚实基础。

　　然而，从总体上看，我国物流业发展仍滞后于经济社会发展，还存在一些比较突出的问题。例如，物流效率不高，物流费用占国内生产总值的比重仍高出发达国家1倍左右；物流企业竞争力不强，在企业规模、市场份额、盈利能力、创新能力、企业知名度等方面均与国外优秀物流企业有较大差距；社会物流良性循环的服务体系尚未形成，制造业、农业、商贸业与物流业之间的衔接还存在诸多问题，在一些特殊行业表现尤其突出；物流业与能源、环境之间的矛盾日益尖锐，物流业能耗水平和环境污染物排放量均高于国外。

　　近几年来，物流业发展面临的形势发生了较大的变化，这些变化给未来一段时间内物流业的发展带来新的机遇和挑战。国际物流企业纷纷进入国内市场，从而使国内物流市场的竞争升级，这迫使我国物流业必须在产业结构、服务体系、设施布局、运作模式上进行优化，意味着我国物流业"转型升级"的关键时期已经到来。同时，新生产模式和消费方式的兴起对物流服务水平提出了更高的要求，节能减排的任务也促使物流业必须在服务方式上进行改革。同时，我们也看到，我国物流业发展越来越受到中央和地方的高度重视，国家相继出台了多项政策，规范、鼓励物流业发展；各级地方政府也把物流业作为产业结构调整升级的重要方向列入中长期发展规划，并纷纷给予物流业更多的优惠条件。此外，物联网等信息技术的推广应用将给物流业发展提供新的驱动力。

作为国际港口城市和国家级物流节点城市，宁波物流业对长三角地区乃至全国都有着非常重要的影响。鉴于其物流业的重要地位，宁波市政府将物流业作为支柱产业之一给予大力培育发展；与此同时，宁波物流业发展也面临着与全国物流业整体形势类似的机遇和挑战。基于此，宁波国际港口与物流研究中心组织研究人员对宁波市物流业发展面临的重大问题展开研究，以宁波市物流业现代化水平评价为引领，对宁波物流业与制造业联动发展、物流业龙头企业培育、宁波港口供应链发展、"三位一体"港航服务体系建设、智慧物流平台建设、城市配送体系构建、政策体系完善等问题进行了缜密的分析，提出了具有重要参考价值的政策建议。这项课题研究把着眼点放在宁波物流业亟待解决的问题上，围绕这些重大问题开展了大量的实地调研，基于基础数据采用定性与定量相结合的方法进行分析，强调理论与实践的结合，提出的对策建议具有很强的针对性和可操作性。

宁波国际港口与物流研究中心是中国社会科学院与宁波市政府合作成立的一个研究机构。该中心自成立以来，致力于物流和港口相关问题的研究，形成了一批研究成果，为宁波市政府的相关决策提供了有价值的参考。本书也是这一研究团队的一项重要研究成果，我愿为此作序，并期待他们有更多、更有价值的成果问世，成为国内一流的物流专业研究基地。

中国社会科学院研究员、教授、博士生导师
中国区域经济学会副理事长、秘书长

2011 年 11 月于北京

前　言

21 世纪以来，宁波物流业发展迅速，物流基础设施不断完善，物流企业信息化、自动化水平不断提高，宁波在全国乃至国际的物流节点地位日渐显著。近几年，宁波物流业的发展环境也发生了巨大的变化。2009 年 3 月，国务院发布的《物流业调整和振兴规划》将宁波列入全国性物流节点城市；2010 年 5 月，国务院正式批准实施的《长江三角洲地区区域规划》将宁波定位为"先进制造业基地、现代物流基地和国际港口城市"；2011 年全国两会前夕，《浙江海洋经济发展示范区规划》获得国务院批复。新一轮规划、政策的出台既为宁波物流业的发展创造了新的机遇，同时也向宁波物流业提出了新的挑战。

结合国家在新时期对物流业发展的战略定位和宁波在国家物流发展布局中的地位，今后一段时期内，宁波物流系统的顺畅与否，不仅对宁波地区的社会经济意义重大，还对全国物流格局产生重大影响。历经了金融危机的宁波物流企业、物流设施、物流产业，均浮现出一些亟待解决的问题。新时期物流业发展形势的变化将促使宁波物流业在发展方式上做出调整。

本书立足于新时期、新形势下的宁波物流业，就发展过程中迫切需要解决的重大问题展开研究。本书首先对宁波物流业发展的现代化水平展开评价，根据评价结果识别宁波物流业在新的发展阶段需要解决的主要问题，后文围绕这些主要问题分别展开深入研究。在这一思路的引领下，全书共分为八章：第一章对宁波物流现代化水平进行评价；第二章就物流业与制造业联动发展问题开展研究；第三章基于宁波市物流企业发展现状提出了培育龙头物流企业、提升行业竞争力的措施；第四~五章分别就宁波物流业发展的主要依托——港口物流发展中的主要问题开展研究；第六章着眼于城市物流发展中的关键问题，提出了优化策略；第七章在对"智慧物流"的含义进行解析的基础上提出了智慧物流平台的框架和实施策略；第八章在分析全国物流行业政策变化的宏观背景下，提出了宁波物流政策体系的改进建议。

本研究主要任务由宁波工程学院宁波国际港口与物流研究中心承担，作为宁波市政府与中国社科院合作项目的研究成果，受到了该项目的资助。同时，本研究还获得了宁波工程学院出版资助专项基金和宁波市港口物流应用型人才培养基地学科建设项目的资助，在此一并对资助本研究的机构表示衷心的感谢。

本书由宁波国际港口与物流研究中心秦华容博士负责总体框架设计，各章节研究与撰稿任务由以下具体人员承担：第一章为秦华容、杨铭，第二章为付海威，第三章为秦华容、王任祥、邵万清，第四章为邵万清，第五章为赵亚鹏，第六章为宛岩，第七章为秦华容，第八章为王任祥。全书由秦华容总撰，修改定稿。

本研究的开展过程得到了中国社会科学研究院工业经济研究所区域经济研究室，尤其是研究室主任、博士生导师陈耀研究员的指导，同时还获得了宁波市现代物流规划研究院的领导与专家以及宁波工程学院各级领导的大力支持，在此表示衷心的感谢。

物流业是一个跨行业、跨区域、跨部门的复合型产业，涉及内容广泛且复杂。本研究仅从宁波的实际出发，选择了几个核心问题展开研究，然限于作者研究水平和研究时间，疏漏之处在所难免，恳请各界专家、读者批评指正。

作　者

2011 年 12 月

目 录

第一章 宁波市物流现代化水平评价

第一节 研究概述

一、研究目的与意义

为了对宁波市物流现代化程度有清晰、定量的描述，明确物流现代化关键影响因素，制定相应政策，提升行业整体发展水平，需要构建科学的评价指标体系，对宁波的物流现代化水平进行评价。同时，为了能连续开展这一工作，需要对数据收集的内容、渠道与方法进行研究，形成物流现代化评价指标统计办法，满足实际工作需要。

物流现代化评价研究的具体意义表现在：

（1）发挥反映作用，明确物流业发展状况。现代化各项指标最基本的功能是反映功能，通过研读物流现代化统计指标数值的变化，可以明确宁波市物流发展的状况及现代化水平，通过指标体系综合测评，了解物流现代化进程，对加强物流管理工作有重要意义。

（2）发挥咨询作用，服务科学管理决策。通过物流现代化指标的统计和分析，发掘物流现代化发展的短板因素，有针对性地提出解决措施，可促进全市物流行业的发展。

（3）发挥引导作用，提升物流发展水平。物流现代化评价指标可以为物流行业向现代化迈进提供一种方向性的参考，通过物流现代化统计、分析与评价，可以引导物流行业按现代化构成要素来提升实力，促进物流资源的配置。物流现代化评价在加深了解现状的同时也可发挥引导的作用，促进物流行业向现代化发展。

二、国内外研究现状

1. 国外相关研究

国外对物流现代化评价的研究多从社会物流的角度出发，重点在物流发展现代化水平对经济、社会发展造成的影响的评价。美国的物流统计与评价集中在交通运输领域和商业物流领域，在运输领域评价对象主要是交通运输系统及其组成部分。美国在运输安全、国家安全、机动性和经济增长、人和自然环境四个领域共制定了94项绩效指标来反映其状况；商业物流领域的评价指标主要包括：商业物流系统成本及其占GDP比例、货运指数、第三方物流服务提供商的规模、商业库存/GDP比率、库存/销售比率、分行业的库存/货物销售成本等。英国在其《10年运输规划》中提出了五项物流评价标准：环境影响、安全、经济、可接入性和整合，并采用运输量指标、气体排放指标、安全伤亡指标、运输延误指标、货运强度指标进行评价。日本政府通过2001年制定的《新综合物流施政大纲》力图建立"目标—对策—指标"的评估框架，目的是检验制定的目标和相应对策的实施效果，采用车辆运行技术指标、运输产出指标、运输安全指标、大气污染排放指标等对物流相关活动进行评价。

国外的物流评价都是针对各自面临的问题提出相应的评价指标，有一定的共性，如可持续发展和环境问题、交通拥挤问题、安全问题等；在设计指标体系时注重可量化指标的选取、评价的实际可行性，费用成本类指标占据重要地位。另外，国外物流现代化指标体系的构建和评价是站在物流产业与经济社会发展的高度来审视，更多关注的是物流发展的社会影响。国外在现代化指标数据的收集方面，有较为成熟的制度和方法，主要以运输部门各类运输统计数据为基础，并囊括政府其他部门（如商务部门、劳工统计部门）、物流企业、运输协会、科研机构（如大学、研究所等）等各方团体可以提供的一切数据，为物流评价服务。

2. 国内相关研究

目前，我国在物流现代化评价办法和指标体系方面，尚未出台正式的统计制度，仅有理论界在进行研讨。我国物流业正处在传统物流向现代物流过渡的阶段，物流发展正在向现代化迈进，然而整体上远没有达到较高的水平。理论界对物流现代化评价指标、方法和数据统计办法的研究由于研究对象不同而零散地分布于物流活动的各个领域，从现代物流的某个运作环节（如配送物流现代化）、某个支持系统（如物流信息技术现代化）、某个服务领域（如农业物流现代化、制造业物流现代化）或物流服务企业（如技术装备、管理水平现代化）等不同方面提出现代化评价指标体系和方法。综观当前国内各类物流现代化统计与评价的相关研究，均没有从物流现代化的全方位俯瞰和审视物流服务体系的现代化程度和构建评价指标体系。鉴于此，本书立足于宁波市城市物流发展角度，在分析物流现代化的构成要素后，从整体上构建评价物流现代化水平的指标体系并进行测评。在获得有效结果后，根据各指标数据来源与现有各种统计工作比较，确定物流现代化评价各项指标的数据收集方法。

三、研究思路与技术路线

1. 研究思路

本书围绕如下思路展开：

（1）以宁波市物流服务体系为载体，规范研究物流服务体系的组成及功能运作，通过开展企业调查问卷、综合专家建议、参考国内外研究成果等方法，确定能反映物流系统各部分现代化水平的评价指标，构建宁波物流现代化评价指标体系。

（2）以宁波市统计数据为基础，采用综合评价方法建立评价模型，对宁波物流现代化水平进行测评，验证评价指标体系的科学性，并调整体系内的指标设置。

（3）结合现有物流统计指标及相关行业（如交通运输、仓储等）统计指标内容，调研宁波物流现代化统计指标的数据获取渠道，根据不同的数据提供主体，设计抽样调查、典型调查、报表报送、重点联系企业制度等相应的数据统计办法，形成宁波市物流现代化评价指标数据采集渠道。

（4）以测评结果为依据，结合现行物流统计办法，研究适合宁波物流现代化评价指标体系的统计办法和制度，提出相应的统计制度改革建议。

2. 技术路线

本书在前人研究的基础上，立足宁波市物流发展环境与现状，以研究结果的科学性和可行性为目标，最终形成评价指标体系和统计办法。技术路线如图1-1所示。

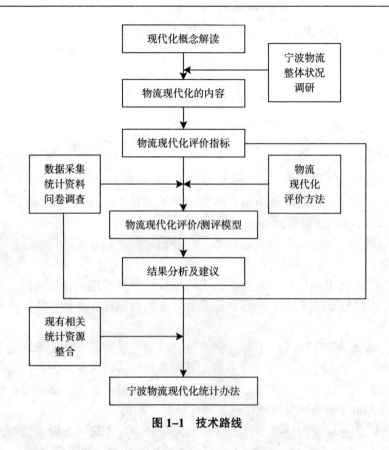

图 1-1　技术路线

第二节　现代化理论及相关研究

一、现代化的含义及理论

1. 现代化的含义

现代化是 18 世纪以来人类文明的一种深刻变化，是现代文明的形成、发展、转型和国际互动的复合过程，是不同国家追赶、达到和保持世界先进水平的国际竞争。现代化是人类文明发展的一种革命性变化，是人类社会不断向更高水准迈进的一个过程和状态。[①] 根据中国社科院中国现代化研究中心开展的现

---

① 中国现代化战略研究课题组：《中国现代化报告（2010）——世界现代化概览》，北京：北京大学出版社，2010 年版。

代化系列研究结论显示，世界现代化的起点大约为 18 世纪 60 年代的英国工业革命，由于现代化是动态发展的，因此目前尚不能确定它的终点。从 18 世纪 60 年代到现在，世界现代化可以分为两个阶段、四次浪潮：第一次现代化是以工业化、城市化和民主化为典型特征的经典现代化，第二次现代化是以知识化、信息化和全球化为典型特征的新型现代化；涉及 18 世纪机械化、19 世纪电气化、20 世纪 50 年代的自动化和 80 年代的信息化四次浪潮。

2. 现代化的各种理论

世界范围内有关现代化的研究形成了不同的理论，概括起来约有 10 种，分别是：经典现代化理论（20 世纪 50~60 年代），认为现代化是一个从传统农业社会向现代工业社会转变的历史过程，现代性是对现代化结果的一种理论概括；后现代化理论（20 世纪 70~80 年代），把人类社会发展分为前工业社会、工业社会和后工业社会；生态现代化理论（20 世纪 80 年代），认为生态现代化是现代生态和环境意识引发的世界现代化的生态转型，是现代化与自然环境的一种互利耦合；反思现代化理论（20 世纪 80 年代），认为世界现代化包括普通现代化和反思现代化，普通现代化是从传统社会向工业社会的转变，反思现代化是从工业社会向风险社会的转变，反思现代化是现代化的现代化——"再现代化"；多元现代性理论（20 世纪 90 年代），对现代文化多样性和文化变迁多样性进行理论阐述；第二次现代化理论（何传启，1998、1999），认为人类文明进程包括 4 个时代和 16 阶段；依附理论（20 世纪 60 年代），用核心国家和边缘国家的依附关系来解释边缘国家的欠发达现象，并把欠发达归咎于外部原因；世界体系理论（20 世纪 70 年代），用中心—边缘—板边缘地区的依附关系、世界劳动分工和阶级冲突等变量来分析世界体系的历史演变，解释 16 世纪以来的世界发展史；全球化理论（20 世纪 90 年代），认为全球化是经济、政治、文化、社会和环境等领域进行的、复杂的国际化过程，当国际化超过一定程度后，就进入了全球化；继续现代化理论（20 世纪 90 年代），现代社会的继续现代化包括技术和社会创新，包括容纳、价值普遍化、分化和地位提高的社会变迁机制。有关现代化理论的原理各不相同，其中，对世界和中国现代化进行深入研究并形成较为清晰结论的理论是何传启的第二次现代化理论。

二、中国现代化的理论研究与现实

中国现代化理论研究具有代表性的专家是中国社会科学院中国现代化研究中心的何传启教授，其提出的第二次现代化理论认为人类文明包括 4 个时代和 16 阶段，并利用该理论对世界各国进行了现代化水平测评和分析。第二次现代化理论认为，从人类诞生到 21 世纪末，人类文明进程的四个时代分别是工具时代、农业时代、工业时代和知识时代，每一个时代都包括起步期、发展期、成熟期和过渡期四个阶段。现代化指18世纪工业革命以来人类文明所发生的一种深刻变化，它发生在不同国家和不同领域。在18~21世纪，世界现代化进程可以分为第一次现代化和第二次现代化两个阶段。第一次现代化指从农业时代向工业时代、农业经济向工业经济、农业社会向工业社会、农业文明向工业文明的转变过程和深刻变化；第二次现代化指从工业时代向知识时代、工业经济向知识经济、工业社会向知识社会、工业文明向知识文明、物质文明向生态文明的转变过程和深刻变化。①

根据何传启教授的研究，中国在2005年刚刚进入第一次现代化的成熟期，如果按照过去15年的年均增长率测算，中国有可能在2030年前后进入第二次现代化的起步期，在2050年前后进入第二次现代化的发展期，在2080年前后进入第二次现代化的成熟期，在2100年前后达到第二次现代化的过渡期。总结中国的现代化进程和特点，可以发现中国的现代化是动态的，终点不确定，是一种后发型和追赶型现代化；第一次现代化和第二次现代化相互交叉，全国已经进入第一次现代化的成熟期，部分区域已经进入第二次现代化，全国的现代化发展水平不平衡。

根据邓小平的"三步走"发展战略，中国现代化建设的第三步战略目标是：在2050年前后达到当时的世界中等发达国家水平，基本实现现代化。如果按照1990~2005年的年均增长率测算，中国有可能在2040年前后达到当时世界中等发达国家水平，有可能提前10年左右实现第三步战略目标。但是，由于中国经济发展的地区差异性，各个地区在进入现代化的时期会有所差别。

中国经济社会发展现代化研究的成果为其他方面的现代化研究提供了理论基础，其他各行业的现代化都在经济社会的大背景下推进。

三、宁波市现代化相关战略

宁波市现代化发展战略相关规划包括：国务院在2010年5月批复的《长江三角洲地区区域规划（2009~2020）》提出到2015年，本区域要率先实现全面建设小康社会的目标；到2020年，力争率先基本实现现代化；宁波要发挥产业和沿海港口资源优势，推动宁波—舟山港一体化发展，建设先进制造业基地、现代物流基地和国际港口城市。浙江省提出建设现代化的战略部署是到2010年率先基本建成全面小康社会；到2020年，达到中等发达国家水平，全省基本实现现代化。《宁波市城市总体规划（2006~2020）》提出的发展目标是力争在2020年前率先基本实现现代化。发展现代物流业、提升宁波市物流发展现代化水平，不仅是宁波市经济社会持续发展的要求，更是国家层面的发展战略举措。

---

① 何传启：《中国现代化报告（2011）——现代化科学概论》，北京：北京大学出版社，2011年版。

第三节　物流现代化的含义与内容

一、传统物流与现代物流

1. 传统物流与现代物流

根据《中华人民共和国国家标准物流术语（GB/T18354-2006）》中对物流的解释，物流是"物品从供应地向接受地的实体流动过程。根据实际需要，将运输、储存、装卸、搬运、包装、流通加工、配送、信息处理等基本功能设施有机结合"。这一概念比较全面地阐述了物流的全过程和内容。传统物流一般指产品出厂后的包装、运输、装卸、仓储，在传统物流概念下，物流活动仅被看作是"后勤保障系统"和"销售活动中起桥梁作用"的纽带，此种概念下物流在国外的翻译中为"Physical Distribution"。1985年，美国物流管理协会正式将物流的名称从"Physical Distribution"改为"Logistics"，并将其定义为"物流是以满足顾客需要为目的，对货物、服务及相关信息从起源地到消费地的有效率、有效益的流动和储存进行计划、执行和控制的过程"，此时的概念对应的是现代物流。现代物流不仅单纯地考虑从生产者到消费者的货物配送问题，而且还考虑从供应商到生产者对原材料的采购，以及生产者本身在产品制造过程中的运输、保管和信息等各个方面，全面地、综合性地提高经济效益和效率的问题。因此，现代物流是以满足消费者的需求为目标，把制造、运输、销售等市场情况统一起来考虑的一种战略措施，其基本观念是"以用户为核心"的一种服务理念，其任务是尽可能地降低物流的总成本，为顾客提供最好的服务。

现代物流区别于传统物流，是传统物流在功能、范围、理念、管理等方面的进一步发展；物流现代化是传统物流向现代物流演变的一个动态的发展过程。传统物流与现代物流的区别主要在以下方面：传统物流只提供简单的位移，现代物流则提供增值服务；传统物流是被动服务，现代物流是主动服务；传统物流实行人工控制，现代物流实施信息管理；传统物流无统一服务标准，现代物流实施标准化服务；传统物流侧重点到点或线到线服务，现代物流构建全球服务网络；传统物流是单一环节的管理，现代物流是整体系统的优化。据此，现代物流的主要特征至少应体现出反应快速、功能集成、网络完善、服务全面、作业规范、技术手段先进、追求整体最优等特征。

2. 现代物流与物流现代化的含义

现代物流是以现代信息技术为基础，整合运输、储存、装卸、搬运、包装、配送、流通加工、逆向物流、客户服务及物流信息处理等各种功能而形成的综合性物流活动模式，其实质是运用现代信息技术、通信技术和物流技术对传统物流流程进行变革、控制和创新。① 随着时代的进步，物流管理和物流活动的现代化程度也会不断提高。因此，现代化是一个永不停止的追赶先进的过程，物流在现代化的过程中参考的标尺因时代的不同而不同，若将一个时期内最先进的物流发展水平作为标杆，则可以测定被研究对象相对此标杆的差距，相对确定其发展的现代化水平。总之，物流现代化没有一个固定的终点，相对于用户的需求和先进者的发展程度，只要能在水平上接近最优者，并同时满足用户的需求，那么，就可以认为物流的发展达到了现代化水平。由此可见，现代物流是物流发展到高级阶段的具体体现，物流现代化是现代物流的基本特点和发展状态，物流现代化的动态含义是指追赶世界先进水平的一个过程，静态含义则是物流发展追求的目标与现时的状态。

二、物流现代化的内容

物流现代化既是物流发展的一个过程，又表明了物流发展的一种状态。物流的发展与社会、经济等各方面的要求要相符，而这些要求又不断地处于变动之中，因此，对物流现代化很难确切地下一个定义，但就目前状况来讲，物流现代化至少应该体现在物流社会化、技术现代化、成本合理化、管理科学化、运行网络化、服务优质化、发展持续化七个方面，只有这几个方面的发展达到一定程度，才能朝物流现代化的要求更近一步。

1. 物流社会化

物流发展的过程就是物流服务社会化的一个过程，从最初的内部自给式物流到剥离非核心业务给专业的第三方物流运作，再到基于供应链管理的第四方物流平台，物流专业化分工不断得到加强，专业化分工向纵深发展为物流服务的社会化发展提供了动力和保障。在国民经济系统中，物流社会化服务发展经历了传统物流服务阶段、现代物流社会化阶段和全社会集成物流服务阶段。在物流社会化发展的各个阶段中，伴随着社会化水平提高的一条内在线索是物流业务的不断剥离和外包，从最初的传统物流到最高阶段的全社会集成物流，外包物流业务的种类也由单纯的物流活动中的某个环节，如仓储、运输、流通加工等，深化到整个供应链的设计和管理，企业只将最核心的业务保留。因此，物流现代化发展的最高阶段与物流服务社会化的最高层次是统一的。

2. 技术现代化

科学技术对提高物流产业生产率的作用不容置疑，从传统物流到现代物流

---

① 马俊生、邓永胜：《现代物流与传统物流之比较》，《物流科技》2007 年第 6 期。

的转变更是需要技术上的强力支撑，仅仅依靠人力提升物流生产效率，空间十分有限，而且随着我国"人口红利"资源的耗尽，人力资源的成本也会迅速蹿升，借助于物流技术的发展与进步，采用高科技含量的物流设备，可以实现物流作业的高效率、标准化，并提升物流过程的质量。因此，物流发展要达到现代化，物流技术的应用和推广必定要实现一定的规模，技术现代化是物流现代化的有力保障和重要标志。

现代化的物流信息技术包括：计算机技术、网络技术、信息分类编码技术、条码技术、无线射频识别技术（RFID）、电子数据交换技术（EDI）、全球定位系统（GPS）、地理信息系统（GIS）、智能交通系统（ITS）等。这些物流信息技术是物流现代化的重要标志，也是物流技术中发展最快的领域。从数据采集的条形码系统，到办公自动化系统中的微机、互联网，各种终端设备等硬件以及计算机软件都在日新月异地发展。同时，随着物流信息技术的不断发展，一系列新的物流理念和新的物流经营方式的出现也推进了物流的变革。在供应链管理方面，物流信息技术的发展也改变了企业应用供应链管理获得竞争优势的方式，成功的企业通过建立信息系统、应用信息技术来支持它的经营战略和选择业务，借助信息系统来提高供应链活动的效率性，增强整个供应链的经营决策能力。

物流技术的现代化还体现为物流的标准化，物流标准化是实现物流现代化的基础，由于物流的范围广、设备通用性强等特点，所以提高物流标准化程度对提高物流整体水平具有重要意义。物流活动中对各种先进设备的应用和物流标准化程度的普及，如立体自动化仓库、多功能配送中心、机器人搬运装卸、托盘联营、单元化堆码设备、自动分拣与传输设备、自动扫描与识别设备、自动化包装设备、物流模块技术等均是物流现代化所不可缺少的组成部分。

3. 成本合理化

无论是从国民经济的角度还是物流行业的角度，控制物流活动成本，节约各项物流活动费用开支，均是物流主体追求的一个目标。根据日本学者西泽修提出的"物流冰山说"理论，能看见的物流成本仅是其巨大总体的一小部分，更多的费用还需要具化。从国民经济的整体来看，需要物流活动走向现代化，进一步降低国民经济活动中的物流成本，以释放"第三利润源"，因此，在物流现代化进程中，全社会的物流成本应该降低。但从物流行业整体来看，物流成本的控制则要面临两个方面的矛盾：①从壮大物流行业力量、推动行业发展的角度来讲，全社会物流成本的增加意味着物流业务量的扩充，这对行业发展是有利的，但这与降低国民经济物流成本的要求相矛盾。②从物流行业更加微观的企业管理层面来看，为了得到更多的利润，需要压缩物流活动的各项费用开支，进一步降低物流产品成本，这与国民经济发展中要求压缩物流成本的要求又一致。从不同层面解读物流成本的合理化，有不同的结果，表面看似矛盾，但若将物流成本合理化放于"国民经济单位产出所耗费的物流成本"这一概念下考核，便可实现统一。国民经济总量的增加必然会导致全社会物流总费用的增加，但全社会物流总费用的增加应在单位产出物流成本降低的前提下实现。

4. 管理科学化

管理的目标在于增进效率创造价值，现代化的物流管理可使供应链上的每一项活动实现增值，在为顾客创造价值的同时，也为企业自身及其供应商创造价值。在经济竞争日益激烈的今天，企业管理的重点已从生产领域转移到非生产领域，由产品质量的竞争转移到内部管理的竞争和服务质量的竞争，物流已不仅是挖掘利润的"第三源泉"，其提供的全方位服务更成为企业在市场竞争中获胜的保障，不少企业将物流能力纳入核心竞争力范畴之中。物流管理的科学化，不仅是企业提高效率、获得效益的重要途径，更是物流业整体迈向现代化的一个重要方面，现代化的物流必定是科学管理化下的物流运作。物流管理的科学化体现在管理制度和高级专门人才两个方面：在企业管理制度方面，企业要建立健全的经营、财务、统计、安全、技术等机构和相应的管理制度，保证物流活动条理清晰、有章可循，通过一定的质量管理体系认证，提升管理水平，突破国内外市场的限制，使整个物流行业的管理不断提升；在高级专门人才方面，具有高级水准的物流管理人才参与管理，是保证各项管理科学制度得以实施、先进管理方法得以应用、正确经营决策得以做出的先决条件，专门化人才的参与，可以提高管理的现代化水平。因此，先进的物流管理制度的建立、高级专门化物流人才的参与，是物流现代化的组织保障。

5. 运行网络化

物流为国民经济和社会发展提供基础性的服务，网络化运行不仅是对这种基础性服务提出的要求，更是物流自身发展水平提升的内在要求。物流运行网络化一方面是物流基础设施的网络化发展，各种物流设施，如运输路线、物流中心、物流园区等基础设施的供给和有效衔接，促成物流运作基础平台的现代化；另一方面是物流服务覆盖的网络化，通过建立物流营业网点，物流活动覆盖和辐射到更广阔区域，满足经济发展和社会生活的基础性需求。物流运行网络化可以拓展市场范围，实现规模经济和网络经济，是物流业服务水平实现现代化的重要体现。除了基础设施和营业网点之外，客户网络的建立也是物流运行网络化的一个重要内容。

6. 服务优质化

物流服务的高效率和高效果意味着以更少的资源耗费获得更多的产出，而运输和仓储作为物流系统中的两个主要子系统，其运转效率的提高会从整体上提升物流的现代化水平。运输环节中按照顾客要求及时提供运输服务，在合适的时间将正确、完好的货物运送至用户要求的地点，尽量减少货损、货差、延迟交货；在仓储环节中按照顾客要求保管货物，确保商品收发正确，在满足货物存储要求的前提下，充分利用仓储面积，增加库存周转率，加速货物流转，提升仓库利用效率，创造更好的效益。无论是在运输还是仓储环节，都要以用户需求为导向，满足用户要求，按要求对货物进行运输、保管、配送，充分利用车辆、设施等各种物流设备，保证物流过程的服务质量。服务优质化是物流现代化的一个最直接的表现，由于服务优质化直接面对用户的需求，用户的主观感知度较强，因此，它是物流现代化评价的一个重要方面。

7. 发展持续化

可持续化发展是任何行业都追求的目标，可持续化发展可使物流与环境、资源、社会建立一种和谐关系，在提升物流现代化水平的同时形成"资源节约型、环境友好型、社会和谐型"的良好局面。影响物流可持续化发展的因素主要来自两个方面：一方面是法律、政策等软环境的约束，物流现代化水平的提升离不开政策的支持，物流立法和政府规章的完善对加速物流行业发展、提升行业现代化水平的推动力巨大。另一方面的因素是物流活动对能源的消耗与对环境的影响，物流现代化水平的提升不应该以高强度的能源消耗和破坏环境为代价；相反，物流现代化水平的提升应该以提升资源使用效率和改善环境为标志之一，通过技术进步、管理提升整合各方面的资源，走资源节约型、环境友好型发展之路，实现物流发展的现代化。

第四节　物流现代化评价指标体系

一、评价指标体系构建原则

评价指标的选择和量化是决定评价结果优劣的关键，也是决定最终是否能够提出合适正确的对策建议的关键。因此，评价指标体系的构建要注重科学性、综合性、适用性、定量与定性结合、相对稳定性、前瞻性等原则，确保指标体系科学、可行、有效。

1. 科学性原则

指标的选取应具有科学的根据，评价指标体系应能客观、真实地反映实际情况，便于认清问题所在，准确把握发展趋势，能够反映事物发展变化的内在联系，通过指标数据的变化可以解读被反映对象的变化状况。

2. 综合性原则

对物流现代化的评价涵盖多个因素，建立评价指标体系应从系统论的观点出发，既能单个反映各个系统的状况，又能整体组合反映整体状况，并综合反映评估系统与外部环境的关联。

3. 适用性原则

在设计评价指标体系时，出于系统性、全面性的考虑，不免会将统计指标体系设计得过于繁琐，尽管面面俱到但可操作性得不到保证，通常会导致统计数据搜集的难度加大，统计成本增加，最终难以付诸实施。因此，在构建物流产业现代化评价统计指标体系时，应从易操作的角度出发，将各项物流现代化评价指标建立在现有的统计基础之上，采取循序渐进的方式，从有条件的指标先起步，逐步推进。物流现代化评价指标要做到概念容易理解、数据便于收集、评价易于开展，构建的指标体系要力求层次清晰、指标精练，使评价具有实际应用与推广价值，便于开展同类城市间的横向比较。

4. 定量与定性结合原则

在评价城市物流水平时，应综合考虑影响城市物流水平的定量和定性指标。定量指标以明确的数值表现发展的状态，可以依据统计数据建立数学模型，通过运算分析对象指标的变化，量化的分析结果比较直观清晰。定性指标则主要凭主观直觉、经验做出判断，由于感知者的主观判断千差万别，因此定性指标相对来讲不如定量指标客观与科学，但在某些指标缺乏统计基础的情况下，只能通过主观赋值予以定量化，然后与定量指标纳入模型进行分析。在构建物流现代化评价指标体系时，应该主要以定量指标为主，尽量采用现有各项统计数据，以定性指标为辅，在定量数据缺乏的情况下作为一种替代，但最终的方向应该是"数据定量化、分析模型化、结果明确化"。

5. 相对稳定性原则

物流现代化评价指标构建要充分考虑在一段时期内的相对稳定性，尽管随着认识的深入对物流现代化的理解会增加新的内容，但考虑到要形成统计制度和办法，因此在一段时期内应保持相对稳定，以便于统计工作的开展。但在长期内物流现代化发展会有新的进展，随着技术手段和管理的改进，经济发展和社会发展会对物流发展提出更新的要求，届时会开发出更加科学的指标，在此情况下可以考虑对指标体系进行微调，在基本保持工作延续性的前提下开辟新的内容，便于物流现代化发展纵向与横向的比较与总结。

6. 前瞻性原则

物流的发展会随着经济、社会、技术、环境等条件的变化不断呈现出新的趋势，为了能更好地适应趋势的变化，在构建物流产业现代化评价统计指标体系时，应该充分考虑到随着物流业的发展而被赋予的新时期的含义和内容，在物流现代化指标的选择上要做到具有一定的前瞻性，可以在现代化评价中将这些新的内容涵盖。具有前瞻性的指标体系在未来一段时期内仍能有效反映物流现代化的发展水平，也便于纵向比较。因此，可以参照发达国家或地区的物流发展评价与统计指标，确定宁波市物流现代化评价指标体系。

二、评价指标体系的构建

以物流社会化、技术现代化、成本合理化、管理科学化、运行网络化、服务优质化、发展持续化为一级指标，构建两级指标体系，对物流现代化进程进行综合评价，具体指标如图1-2所示。

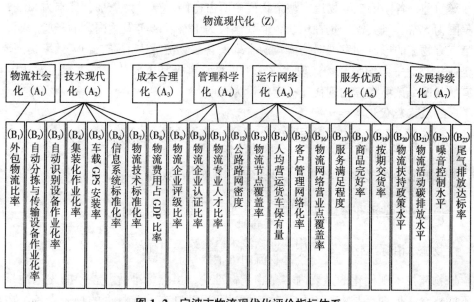

图1-2　宁波市物流现代化评价指标体系

三、指标内容解释

1. 物流社会化指标

$$外包物流比例 = \frac{外包物流量}{全社会物流总量} \times 100\%$$

物流服务的社会化体现在外包物流量的比例上，在一个经济中若大部分物流服务都外包给第三方物流企业来完成，则可以从整体上认为该经济中的物流服务具有社会化的特点。美国、日本等发达国家中物流外包的企业比例达到70%，主要是将物流业务交由第三方物流企业运作。第三方物流企业提供的是社会性的专业化服务，第三方物流企业完成的物流总量占全社会物流总量的比例越大，则物流社会化程度越高。在我国由于物流统计数据缺口较多，这一比例难以获得，可以采用第三方物流总量占全社会物流总量的比例进行替代，由于物流总量目前还没有一个统一换算单位，为消除不同种类物流业务量的差别，可采用物流产出数据衡量。第三方物流产出数据可通过汇总第三方物流企业的收入得到，全社会物流产出的数据可从物流统计数据中获得，见《社会物流统计核算与报表制度》中的核算表"社会物流业务总收入"一项。因此，外包物流比率指标的计算可用第三方物流市场规模比率代替。

其计算公式为：

$$第三方物流市场规模比率 = \frac{第三方物流企业收入}{全社会物流业务总收入} \times 100\%$$

目前，各国第三方物流在整个物流中所占比例，英国为 76%，日本为 80%，美国为 57%，且其需求仍在增长，而我国仅为 18%。欧美发达国家的经验表明，第三方物流的形成和发展对物流资源合理配置、物流成本下降、物流效率提高、企业核心竞争力增强、物流现代化水平提高具有极其重要的作用。参照发达国家的状况，该项指标的现代化标定值设为 80%。

2. 技术现代化指标

$$物流设备作业化率 = \frac{采用物流设备完成的作业量}{全部物流作业量} \times 100\%^{①}$$

$$车载 GPS 安装率 = \frac{安装 GPS 设备的车辆数}{车辆总数} \times 100\%$$

$$信息系统标准化率 = \frac{采用信息系统完成的业务量}{全部业务量} \times 100\%$$

$$物流术语标准化率 = \frac{采用国标物流术语个数}{全部物流用语个数} \times 100\%$$

物流技术现代化的主要内容是物流标准化，虽然标准化与技术的先进性是不同概念，但两者是有联系的。物流标准化要建立在一定程度的物流设备、物流技术、物流术语普及的基础上，否则单靠人力运作难以保证物流标准化的实现，因此，物流先进化要以物流标准化为基础。物流在实现标准化后，便有了大规模复制和产出的先决条件，此时便可通过工业化技术和设备达到先进化。技术的发展是永不停步的，新的技术不断出现并得到应用，从这一特点来看，物流技术现代化更像一个过程而非一种状态，技术现代化程度衡量的是追赶世界水平的距离与现有技术潜力的发挥。因此，在某一发展阶段，只要在技术应用上达到当时的最大限度即可视作达到现代化水平。

物流设备作业化率反映通过物流设备完成的作业量占全部作业量的比例，

---

① 自动分拣与传输设备作业化率、自动识别作业化率与集装化作业化率均可用该公式计算。

这些设备包括运输、仓储、装卸搬运、包装以及流通加工过程中使用的各种工业化机器设备，可以是专用运输车辆、自动化的装卸搬运机械、单元化的包装器械及工具、立体化仓库及传输设备、自动化的分拣系统等。信息系统标准化率反映物流过程中借助信息系统完成的业务量占全部业务量的比例，包括物流企业通过建立的办公管理信息系统、网上交易系统、运输设备管理信息系统、客户管理信息系统、货物报关管理信息系统、仓储（配送）管理信息系统等完成的工作量。在不同的物流服务领域，各种信息技术的应用比例和程度不同，为了去掉这一差别，在评价该领域内物流信息系统标准化程度时，可以用本领域内的信息技术应用覆盖率作为综合考核指标来衡量。物流术语的标准化是指物流过程中概念、专业词语、计量单位等使用的规范化。技术现代化几项指标的现代化标定值均设定为100%。

3. 成本合理化指标

$$物流总费用占 GDP 比率 = \frac{该区域物流总费用}{该区域 GDP} \times 100\%$$

物流总费用占 GDP 比率反映物流总费用在国民经济总量中的大小，该指标是研究物流效率时常用的指标，可以很好地衡量国民经济增长与发展中单位产出里面物流成本的变动情况。从物流的全过程看，物流成本有着"此消彼长"的关系，例如，追求在运输环节节约费用，减少运输趟次，则有可能在仓储量上增加，这会增加仓储费用；反过来，为了节约仓储面积，需要多批次地采购和运输，减少了保管费用但有可能增加采购与运输的支出。因此，无论从物流的哪个环节来考察该项费用的变动都是不科学的，应将物流过程中各部分的总费用相加，考察总费用在经济总产出中所占的比重，即衡量物流总费用占 GDP 的比率，通过这一指标反映全社会物流总成本的变动。无论物流总费用增加还是减少，只有当单位 GDP 包含的物流总费用降低时，才能说明物流成本向合理化方向发展，物流活动向现代化迈进。该项指标的计算数据可从统计年鉴中获得 GDP 数据，从现有物流统计报表中获得物流总费用数据。在发达国家，物流总费用占 GDP 的比率一直保持在一个比较固定的比例，如美国在10%左右，欧洲、日本甚至可以达到7%左右。参照发达国家和地区的情况，该项指标的现代化标定值应设为7%。

4. 管理科学化指标

$$物流企业评级比率 = \frac{评级物流企业数}{全部物流企业数} \times 100\%$$

$$物流企业认证比率 = \frac{经过认证的物流企业数}{全部物流企业数} \times 100\%$$

$$物流专业人才比率 = \frac{具有大专学历的物流从业人员}{物流从业人员数} \times 100\%$$

物流管理科学化主要体现在管理制度和管理人才两个方面。物流企业进行评级与认证对其自身的发展益处多多，通过评级与认证活动可以引领物流企业走上科学管理之路，也有利于物流企业在国际范围内开展业务。一般来讲，通过物流评级和经过物流认证的企业具有比较完善的制度，均建立了完整的经营管理、生产运作、财务核算、客户管理等制度，且达到一定标准或要求，管理相对科学。因此，可选择物流企业评级比率和物流企业认证比率衡量物流管理的规范化程度。在物流高级人才比例方面，较高层次的管理人才队伍是物流行业发展的核心力量，物流行业总的从业人数中高学历人才比例的增加无疑会提升物流行业管理水平的科学化程度，推动物流管理向现代化迈进。对于高学历的界定，可以与物流评级保持一致，以后随着人才学历结构的变化随时做出调整。我国当前开展的物流评级工作中涵盖了该部分指标内容，可提供部分数据。也可采用抽样调查选择若干物流企业，通过问卷调查收集数据，推算整体情况。因此，从现代化指标值设定的前瞻性来看，该三项指标的现代化标定值可设为100%。

5. 运行网络化指标

$$公路路网密度 = \frac{公路通车里程}{国土面积} \times 100\%$$

物流节点个数（取宁波市规划的物流园区个数）

$$人均营业货车保有量 = \frac{本区域营业货车保有量}{本区域常住人口数量}$$

物流网络营业点覆盖率（取已通邮的行政村比重）

$$客户供应链参与率 = \frac{参与供应链管理的客户数量}{所有客户数量} \times 100\%$$

物流运输网络化包括物流基础设施网络化、物流营业网点网络化和客户关系管理网络化。基础设施网络化可用基础设施覆盖率指标衡量，该指标又可分解为公路路网密度、物流节点覆盖率、人均营业货车保有量三个指标。物流中的运输网络绝大部分使用的是公路运输网络，虽然也用到其他运输方式，但在此对物流中的运输选择其主要成分进行分析，忽略其他部分，可选公路网密度来衡量物流线路的密度。物流节点是物流系统的重要组成部分，是组织各种物流活动、提供物流服务的重要场所，在物流基础设施网络中起着衔接作用。物流节点一般被分为物流园区、物流中心、配送中心三种类型，由于物流园区与物流中心服务于一定空间内的多家企业，从性质上更接近于基础设施，而配送中心一般是按照物流企业的市场需求进行布设，更多考虑某个企业的经营需求，所以在研究物流基础设施覆盖率的指标时可选取物流园区和物流中心进行衡量，配送中心可放于物流营业网络覆盖率指标中。物流线路和物流节点的有效连接，共同构成物流运行的基础设施网络；另外，物流移动设施也是确保物流基础设施网络化运行的重要内容，可选取人均营运货车保有量指标来衡量物流移动设施的覆盖密度。物流营业网络的覆盖率反映了物流供给在空间上的分布状况，物流的网络化不仅要求在基础设施的布局上进行连通，更要求物流服务在空间上达到广域覆盖，连通是手段，服务是目的，可选择物流配送中心的覆盖率指标衡量营业网络覆盖率。物流运行网络化还要求将上下游客户纳入供应链管理，客户关系网络化管理是物流网络化运行的内在要求。

这几项指标中，公路路网密度、物流节点数量、人均营运货车保有量数据均可以从交通统计年鉴中提取，物流网络营业网点覆盖率、客户管理网络化率需要开展问卷调查获取数据。由于当前大部分统计数据缺位，考虑到物流营业网点与邮政网点部分指标数据的相近性与易得性，可以用邮政网络营业点覆盖率方面的指标代替，即用"已通邮的行政村比重"代替"物流网络营业点覆盖率"，该指标数据可从统计年鉴中获取。用"第四方物流网络企业注册率"代替"客户管理网络化率"，第四方物流网络企业注册率数据可用"在宁波第四方物流平台注册企业数/宁波所有物流企业数"计算获得。

参照现代物流规划研究院的研究成果（宁波市综合交通运输现代化发展评估，2009），该几项指标的现代化标定值可设为：公路路网密度为 8 公里/平方公里，物流节点个数 11 个，已通邮的行政村比重为 100%，人均营运货车保有量为 10 辆/1000 人，第四方物流网络企业注册率为 100%。

6. 服务优质化指标

$$服务满足程度 = \frac{满足要求数量}{用户要求数量} \times 100\%$$

$$商品完好率 = \frac{交货时完好商品数}{物流商品总量} \times 100\%$$

$$按期交货率 = \frac{按期交货次数}{总交货次数} \times 100\%$$

物流服务优质化是物流现代化的一个不可缺少的内容，物流所有的过程归结到最后一点都是为了更好地满足用户的需求。物流现代化不是目的，现代化的物流服务所凝结的高品质才是追求的结果。从用户角度来看，其对物流现代化水平的感知应该存在于不断提升的服务品质中。因此，物流服务优质化是物流现代化必须追求的目标和达到的结果，并构成了评价物流现代化的重要内容。

物流服务种类很多，去掉各种具体业务类型的差别，归纳出一般性的品质要求，物流服务质量可通过服务满足程度、商品完好率、按期交货率三个指标来衡量。这三项指标考察了物流服务的过程、结果、质量，能较好地衡量物流服务的质量水平。这三项指标在现有的物流统计中未被纳入，需要在物流企业中开展抽样调查获得平均数据，该三项指标的现代化标定值设为100%。

7. 发展持续化指标

物流扶持政策水平

物流活动碳排放水平

噪音控制水平

尾气排放达标率

物流现代化必须具有可持续发展性，扶持物流产业发展的金融、税收、土地等相关政策为行业发展提供保障，可以加快物流发展的现代化进程；物流活动碳排放水平可以成为制约物流发展的"瓶颈"，尤其是未来的低碳经济将形成倒逼绿色物流发展的趋势，也必须予以充分重视；物流活动对环境造成的影响也会反作用于其本身，影响物流现代化的推进。因此，物流产业的上升必须走可持续化发展道路，影响物流可持续化发展的因素及所处的水平也应成为物流现代化评价的构成部分。

物流扶持政策水平是一个定性指标，这一指标可根据政府出台的各个方面的法律、政策的数量和重要程度设定主观评判值，选取一定数量的物流业相关专家和企业家代表开展调查，汇总其对这些法规、政策的主观感觉，并转化为一定的数量表示出来。我国目前对物流活动碳排放的统计还是空白，相关的标准也未出台。尽管物流活动的各个环节均可以产生碳排放，但物流行业整体来看，运输环节的碳排放量无疑占到最大比例。因此，在碳排放统计数据缺失的条件下，可用货车的碳排放水平代替物流活动的碳排放水平（节约1千克标准煤=减排2.493千克"二氧化碳"）。2009年10月28日，欧盟委员会提出一个重要的减少货车尾气排放中二氧化碳含量的建议，要求2014年到2016年每种新的货车型号制造商必须确保二氧化碳排放量不超过每公里175克。该限量要求将分阶段完成，3/4的货车被要求于2014年达到排放标准，4/5的货车时限为2015年，2016年要确保所有货车符合该排放标准。此外，欧盟预计到2020年将实施更严格的135克/公里的限制标准。参照欧盟的标准，可设定物流活动的碳排放限值为135克/公里。物流活动的环境影响用噪音控制水平和尾气处理能力衡量，噪音控制水平根据《宁波综合交通现代化评价研究》中的标准确定，尾气处理能力可用尾气排放达标率指标衡量，也可用区域绿化率水平指标评价，该指标反映了本区域空气净化能力和区域承受空气污染程度大小，可衡量环境对物流持续化发展的支持程度。提高城市绿化覆盖率，能减少因机动车尾气排放造成的空气污染，改善局部环境质量，减少城市热岛效应。噪声水平可用城市交通噪音水平代替，该指标越高，表明该区域承受机动车数量较多，物流活动对环境的负面影响越大，需要抑制，不利于物流现代化的实现；区域绿化面积比率越低，表明该区域处理汽车尾气的能力越低，则需要控制该区域机动车数量、车辆的排污量等，也会对物流现代化构成不利影响。

上述几项指标的现代化标定值设定如下：物流扶持政策水平的高低更多来自对政策效果的定性评价，可通过企业调查获得，若取 1 分为最低水平，10 分为最高水平，则可设定该项现代化标定值为 10 分；物流活动碳排放设定为 135 克/公里；噪音控制水平设定为 60 分贝；尾气排放达标率设定为 100%。

四、指标数据来源

物流现代化统计指标可从交通运输行业统计、社会物流统计、宁波市物流协会统计和企业抽样调查 4 个渠道收集数据，各项指标的来源如表 1-1 所示。

表 1-1　指标数据来源渠道

指标			数据收集渠道
物流现代化	物流社会化	第三方物流比率（%）	社会物流统计
	技术现代化	自动分拣与传输设备作业化率（%）	抽样调查
		自动识别设备作业化率（%）	抽样调查
		集装化作业率（%）	抽样调查
		车载 GPS 安装率（%）	抽样调查
		信息系统标准化率（%）	抽样调查
		物流术语标准化率（%）	抽样调查
	成本合理化	物流费用占 GDP 比率（%）	社会物流统计
	管理科学化	物流企业评级比率（%）	物流协会
		物流企业认证比率（%）	物流协会
		物流专业人才比率（%）	抽样调查
	运行网络化	公路路网密度（公里/平方公里）	交通运输行业统计
		物流节点数量（个）	交通运输行业统计
		人均营业货车保有量（辆/千人）	交通运输行业统计
		物流网络营业点覆盖率（%）	抽样调查
		客户管理网络化率（%）	抽样调查
	服务优质化	服务满足程度（%）	抽样调查
		商品完好率（%）	抽样调查
		按期交货率（%）	抽样调查
	发展持续化	物流扶持政策（分）	抽样调查
		货车碳排放水平（克/公里）	交通行业统计
		主要交通线路噪音均值（dB）	抽样调查
		尾气排放达标率（%）	抽样调查

以上四个数据渠道中现有统计数据覆盖到的地方均可以利用现有资源，不必展开调查。因此，收集物流现代化评价指标数据的主要工作就集中在抽样调查方面。

　　针对本研究所需数据，设计了抽样调查问卷，将问卷发放给各类物流企业填写。最终，本次研究共获得全市44家物流企业的抽样数据。

　　根据抽样调查结果，结合已有其他基础数据，整理汇总的宁波市物流现代化各项评价指标数据值如表1-2所示。

表1-2　宁波市物流现代化评价指标值

				指标	设定值	现状值
物流现代化	A1	物流社会化	B1	第三方物流比率（%）	25.0	24.3
	A2	技术现代化	B2	自动分拣与传输设备作业化率（%）	100.0	8.7
			B3	自动识别设备作业化率（%）	100.0	17.4
			B4	集装化作业率（%）	100.0	50.0
			B5	车载GPS安装率（%）	100.0	82.6
			B6	信息系统标准化率（%）	100.0	87.0
			B7	物流术语标准化率（%）	100.0	100.0
	A3	成本合理化	B8	物流费用占GDP比率（%）	7.0	18.6
	A4	管理科学化	B9	物流企业评级比率（%）	100.0	1.3
			B10	物流企业认证比率（%）	100.0	1.3
			B11	物流专业人才比率（%）	80.0	65.4
	A5	运行网络化	B12	公路路网密度（公里/平方公里）	8.0	5.4
			B13	物流节点数量（个）	12.0	11.0
			B14	人均营业货车保有量（辆/千人）	10.0	3.6
			B15	物流网络营业点覆盖率（%）	100.0	100.0
			B16	客户管理网络化率（%）	100.0	66.7
	A6	服务优质化	B17	服务满足程度（%）	95.0	69.2
			B18	商品完好率（%）	100.0	69.2
			B19	按期交货率（%）	100.0	69.2
	A7	发展持续化	B20	物流扶持政策（分）	10.0	8.0
			B21	货车碳排放水平（克/公里）	135.0	655.6
			B22	主要交通线路噪音均值（dB）	60.0	68.5
			B23	尾气排放达标率（%）	95.0	85.0

第五节　宁波市物流现代化评价

一、评价方法与模型

　　本书对宁波市物流现代化水平测评的思路为，先确定各单项指标的现代化参考值，将现状值与参考值对比后得到发展进程指数，最后线性加权得到物流现代化综合指数。

1. 应用层次分析法确定评价指标权重

层次分析法（Analytic Hierarchy Process， AHP）是美国 Pittsburg 大学 T.L. Saaty 教授提出的一种评价方法，它对各评价因素相互间的重要度，通过两两比较后（两两比较是对若干因素的大小或强弱关系进行比较，比较值原则上取 1~9 的整数或倒数），再进行特征根与特征向量的计算，在允许相容性范围内，按照综合重要度排出其评价顺序。这种方法的特点是：在对复杂的决策问题的本质、影响因素及其内在关系等进行深入分析的基础上，利用较少的定量信息使决策的思维过程数学化，从而为多目标、多准则或无结构特性的复杂决策问题提供简便的决策方法，适用于决策结果难以直接准确计量的场合。

以顶层指标权重计算为例进行具体说明：

第一步：建立顶层指标的成对比较矩阵（判断矩阵）。

为方便构建判断矩阵，先根据专家意见，将各评价指标依据其重要性进行两两比较，得到重要性排序，即技术现代化、运行网络化、管理科学化、服务优质化、发展持续化、成本合理化和物流社会化(A_2、A_5、A_4、A_6、A_7、A_3、A_1)，构造如下判断矩阵(经过循环推算和优化后的结果)：

$$
\begin{array}{c|ccccccc}
 & A_2 & A_5 & A_4 & A_6 & A_7 & A_3 & A_1 \\
\hline
A_2 & 1 & 2 & 3 & 4 & 5 & 5 & 6 \\
A_5 & \frac{1}{2} & 1 & 2 & 3 & 4 & 4 & 5 \\
A_4 & \frac{1}{3} & \frac{1}{2} & 1 & 2 & 3 & 3 & 5 \\
A_6 & \frac{1}{4} & \frac{1}{3} & \frac{1}{2} & 1 & 2 & 2 & 4 \\
A_7 & \frac{1}{5} & \frac{1}{4} & \frac{1}{3} & \frac{1}{2} & 1 & 1 & 3 \\
A_3 & \frac{1}{5} & \frac{1}{4} & \frac{1}{3} & \frac{1}{2} & 1 & 1 & 3 \\
A_1 & \frac{1}{6} & \frac{1}{5} & \frac{1}{5} & \frac{1}{4} & \frac{1}{3} & \frac{1}{3} & 1 \\
\end{array}
$$

第二步：求矩阵的最大特征值：$\lambda_{max} = 7.2221$。

第三步：求出最大特征值 λ_{max} 所对应的成对比较矩阵的特征向量：

$$W = \begin{bmatrix} W_1 & W_2 & W_3 & W_4 & W_5 & W_6 & W_7 \end{bmatrix}^T$$

$$= \begin{bmatrix} 0.033 & 0.349 & 0.063 & 0.157 & 0.234 & 0.101 & 0.063 \end{bmatrix}^T$$

第四步：当人们对复杂事件的各因素采用两两比较时，所得到的主观判断矩阵 A，一般不可直接保证正互反矩阵Ā就是一致正互反矩阵 A，因而存在误差。这种误差必然导致特征值和特征向量之间的误差 $\begin{bmatrix} (\bar{\lambda} - \lambda), & (\overline{W} - W) \end{bmatrix}$。因此，为避免误差太大，就要进行主观判断矩阵 A 的一致性检验：

$$CI = \frac{\lambda_{max} - n}{n - 1} = \frac{7.2221 - 7}{7 - 1} = 0.037$$

通常，CI 值越大，主观判断矩阵 A 的完全一致性越差，用特征向量作为权向量引起的误差越大。一般 CI < 0.1，认为主观判断矩阵 A 的一致性可以接受，否则应重新进行两两比较，构造主观判断矩阵。实际操作时发现，主观判断矩阵 A 的维数越大，判断的一致性越差，故应放宽对高维矩阵的一致性要求。于是，引入修正值 RI 来校正一致性检验指标，即定义 RI 的修正值如表 1-3 所示。

表 1-3　层次分析法一致性指标修正系数 RI

维数	1	2	3	4	5	6	7	8	9
RI	0	0	0.58	0.96	1.12	1.24	1.32	1.41	1.45

从表 1-3 可知，当维数 n = 7 时，RI = 1.32。

第五步：计算一致性比率：

$$CR = \frac{CI}{RI} = \frac{0.037}{1.32} = 0.028 < 0.1$$

当 CR < 0.1 时，认为主观判断矩阵 A 的不一致程度在容许范围之内，可用其特征向量作为权向量。

故一致性检验均通过，所以，顶层指标的权重可以确定为：

$$W = [0.033 \quad 0.349 \quad 0.063 \quad 0.157 \quad 0.234 \quad 0.101 \quad 0.063]^T$$

以此类推，通过层次分析法对各级各因素权重分别计算，可得到表 1-4、图 1-3 和图 1-4 的评价指标权重结果。

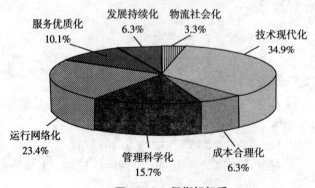

图 1-3　一级指标权重

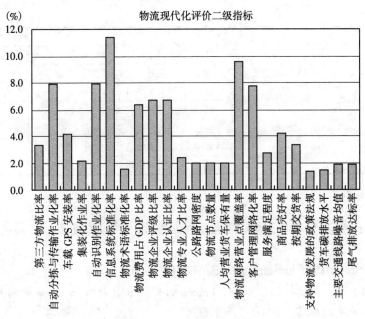

图1-4 二级指标权重

表1-4 评价指标权重

指标			权重（%）
（Z）物流现代化	（A₁）物流社会化	（B₁）第三方物流比率（%）	3.3
	（A₂）技术现代化	（B₂）自动分拣与传输设备作业化率（%）	7.9
		（B₃）自动识别设备作业化率（%）	7.9
		（B₄）集装化作业率（%）	2.1
		（B₅）车载GPS安装率（%）	4.1
		（B₆）信息系统标准化率（%）	11.4
		（B₇）物流术语标准化率（%）	1.5
	（A₃）成本合理化	（B₈）物流费用占GDP比率（%）	6.3
	（A₄）管理科学化	（B₉）物流企业评级比率（%）	6.7
		（B₁₀）物流企业认证比率（%）	6.7
		（B₁₁）物流专业人才比率（%）	2.3
	（A₅）运行网络化	（B₁₂）公路路网密度（km/km²）	2.0
		（B₁₃）物流节点数量（个）	2.0
		（B₁₄）人均营业货车保有量（辆/千人）	2.0
		（B₁₅）物流网络营业点覆盖率（%）	9.6
		（B₁₆）客户管理网络化率（%）	7.8

续表

指标		权重（%）
（A₆）服务优质化	（B₁₇）服务满足程度（%）	2.7
	（B₁₈）商品完好率（%）	4.1
	（B₁₉）按期交货率（%）	3.3
（A₇）发展持续化	（B₂₀）物流扶持政策（分）	1.3
	（B₂₁）货车碳排放水平（g/km）	1.4
	（B₂₂）主要交通线路噪音均值（dB）	1.8
	（B₂₃）尾气排放达标率（%）	1.8

附：层次分析法 MATLAB 计算关键过程函数

```
function  [CR, lamata, w] = SolveAHP_norm (a, RI)
% CR 为一致性指标修正值, lamata 为矩阵 a 最大特征值, w 为对应的权重
% a 为判断矩阵, RI 为修正系数
% 计算判断矩阵的维数
n =size (a, 1);
w=zeros (1, n) + 1;
% 近似计算特征向量
for i = 1: n
for j = 1: n
w (i) = w (i)*a (i, j);
end
w (i) = w (i) ^ (1/n);
end
S = sum (w);
% 归一化处理
for i = 1: n
w (i) = w (i)/S;
end
% 计算特征值
GW = a*w';
lamata = 0;
for i = 1: n
lamata = lamata + GW (i)/w (i);
```

```
end
lamata = lamata/n;
```
% 计算一致性指标 CR
```
CR = (lamata – n)/(n – 1);
CR = CR*(1/RI)。
```

2. 获取指标数值

对于定量分析的指标可通过统计口径取得或经过数据挖掘后得到，对于定性分析的指标，采用下面的量化方法。

因素集 $F = \{f_1, f_2, \cdots, f_n\}$，其中 f_n 为评价因素；

评价集 $\Phi = \{$很差，较差，一般，较好，很好$\}$，5 个评价等级依次对应数值 $\varphi = \{1{\sim}2, 3{\sim}4, 5{\sim}6, 7{\sim}8, 9{\sim}10\}$，$\varphi$ 数值为正整数；然后进行调查打分，在最后的打分总次数中，哪个评价等级的频率最高，就取哪个值。

将各单项指标的取值与现代化设定值进行比较，得到各部分的现代化进程值。

3. 建立综合评价模型进行评测

采用线性加权和函数的方法衡量宁波市物流业发展的现代化程度，将各项指标的具体数值和所占权重相乘，得到每个指标的指数，汇总后得到总指数，计算公式如下：

$$z = \sum_{i=1}^{n} w_i \cdot f_i$$

其中：z 为物流现代化综合评价指数，w_i 为各指标权重，f_i 为各项指标现代化进程量化值。

二、宁波物流现代化现状评测与分析

根据对宁波市 44 家物流企业问卷调查的结果，将各项指标的数据统计汇总，与现代化设定值进行比对，得到现代化进程百分比，最后根据层次分析法确定的各项指标权重加权汇总，从而得到现代化总体水平值为 55.8%。物流现代化综合水平的评测如表 1–5 所示。

根据各项指标评测的结果，结合宁波市物流发展的现状进行分析，总结宁波物流现代化有以下几个特点：

1. 在技术现代化方面

物流设备作业化率的现代化所占权重最高为 34.9%，但该项的现代化程度指数仅为 18%，尚有 17% 的提升空间。促进物流企业的设备作业化率，提高物流过程作业的机械化和技术含量，采用更多的物流通用设备，不仅有助于企业提高作业效率，更可以明显提高技术现代化水平，大大促进物流现代化进程。

表1-5 物流现代化各单项指标现代化进程评测

	指标		权重(%)	设定值	现状值	单项现代化	单项加权(%)	提升空间(%)
物流现代化（Z）	(A₁) 物流社会化	(B₁) 第三方物流比率（%）	3.3	25.0	24.3	97.2	3.2	0.1
	(A₂) 技术现代化	(B₂) 自动分拣与传输设备作业化率（%）	7.9	100.0	8.7	8.7	0.7	7.2
		(B₃) 自动识别设备作业化率（%）	7.9	100.0	17.4	17.4	1.4	6.5
		(B₄) 集装化作业率（%）	2.1	100.0	50.0	50.0	1.1	1.1
		(B₅) 车载GPS安装率（%）	4.1	100.0	82.6	82.6	3.4	0.7
		(B₆) 信息系统标准化率（%）	11.4	100.0	87.0	87.0	9.9	1.5
		(B₇) 物流术语标准化率（%）	1.5	100.0	100.0	100.0	1.5	0.0
	(A₃) 成本合理化	(B₈) 物流费用占GDP比率（%）	6.3	7.0	18.6	37.6	2.4	3.9
	(A₄) 管理科学化	(B₉) 物流企业评级比率（%）	6.7	100.0	1.3	1.3	0.1	6.6
		(B₁₀) 物流企业认证比率（%）	6.7	100.0	1.3	1.3	0.1	6.6
		(B₁₁) 物流专业人才比率（%）	2.3	80.0	65.4	81.7	1.9	0.4
	(A₅) 运行网络化	(B₁₂) 公路路网密度（公里/平立公里）	2.0	8.0	5.4	67.1	1.3	0.7
		(B₁₃) 物流节点数量（个）	2.0	12.0	11.0	91.7	1.8	0.2
		(B₁₄) 人均营业货车保有量（辆/千人）	2.0	10.0	3.6	36.4	0.7	1.3
		(B₁₅) 物流网络营业点覆盖率（%）	9.6	100.0	100.0	100.0	9.6	0.0
		(B₁₆) 客户管理网络化率（%）	7.8	100.0	66.7	66.7	5.2	2.6
	(A₆) 服务优质化	(B₁₇) 服务满足程度（%）	2.7	95.0	69.2	70.6	1.9	0.8
		(B₁₈) 商品完好率（%）	4.1	100.0	69.2	69.2	2.8	1.3
		(B₁₉) 按期交货率（%）	3.3	100.0	69.2	69.2	2.3	1.0
	(A₇) 发展持续化	(B₂₀) 物流扶持政策（分）	1.3	10.0	8.0	80.0	1.0	0.3
		(B₂₁) 货车碳排放水平（克/公里）	1.4	135.0	655.6	20.6	0.3	1.1
		(B₂₂) 主要交通线路噪音均值（dB）	1.8	60.0	68.5	87.6	1.6	0.2
		(B₂₃) 尾气排放达标率（%）	1.8	95.0	85.0	89.5	1.6	0.2
综合指数							55.8	44.2

2. 在成本合理化方面

物流费用占GDP的比率与现代化水平相比还有一定的差距，物流现代化的推进在此方面还有一定的成长空间。节约物流费用，不仅是物流系统本身存在的意义和追求的目标，更是现代化物流要达到的最终目标。

3.在管理科学化方面

物流企业评级比率和物流企业认证比率较低，几乎对物流现代化贡献甚少，严重影响了宁波市物流现代化的总体水平。目前宁波全市有物流企业约5000家，而参加物流评级并获得资质的企业为70多家，物流企业参与评级的比例太少。企业通过物流评级工作可以有效推进企业管理的科学化，但主动参与的企业并不多，一方面是硬件设备受限不达标，另一方面是缺乏积极性。这不利于全市物流行业整体管理水平的提高，也会妨碍物流现代化的进程。

4.在运行网络化方面

基础设施、物流节点、人均货车保有量和物流网络营业点覆盖率均达到较高水平，尤其是在物流节点数量的规划和建设方面比较先进；在客户管理网络化率方面，虽然大多企业可以实现网上查询等与客户建立网络化管理与沟通的渠道，但整体上还有待提高。客户管理网络化率的提高对物流现代化水平较为重要，还有较大的提升空间。

5.在服务优质化方面

客户对服务的满意程度及物流服务质量有待提高，一般来讲，这三项指标是同方向变动的，若整体水平得到提高，则对宁波市物流现代化的水平会有明显提升。

6.在发展持续化方面

宁波市的物流扶持政策和各项环保指标均达到较高水平，仅有货车碳排放水平一项指标偏低，但其所占比重不大，对物流现代化影响不明显。

综上所述，要促进宁波市物流现代化水平的提升，要在提升企业技术水平、管理水平、服务效果方面加大投入和工作力度，鼓励企业采用现代化的物流设备，利用机械化设备和现代化的信息技术及设备代替人工作业，提高物流作业效率，减少出错率，发挥现代物流运作的效果。同时，还要积极鼓励和引导物流企业参与评级工作，通过评级工作提升内部管理水平，进而提高物流企业整体管理水平。在提高物流运行网络化方面，还要鼓励企业积极建立各自的营业网络，充分利用信息网络技术，积极加入宁波市第四方物流平台，通过网络发布交易信息，在提高企业网络化管理的同时也扩大影响。

第六节　宁波市物流现代化指标统计办法研究

一、宁波市物流统计的现状

我国自 2006 年起正式建立社会物流统计核算试行制度，由国家发展和改革委员会、中国物流与采购联合会联合组织实施，并会同国家统计局发布，具体工作委托中国物流与采购联合会承担，定期开展社会物流统计核算工作。统计结果由国家统计局审核，由三家单位联合组织进行发布。浙江省物流统计重点调查全省主营业务收入在 3000 万元以上的法人物流企业（主要是交通运输、装卸搬运、仓储、货代、邮政等），并在不同行业中抽取规模以上若干法人企业（主要是制造业、批发零售业）。统计指标按不同商品种类和企业类型设定，报表分为季报和年报，统计结果通过网络直报到中国物流与采购联合会汇总。

宁波市物流统计还未形成正规的制度，物流数据多来源于全省物流统计报表数据或相关行业统计数据，迫切需要建立物流统计体系，对全市的物流进行行业统计，收集宁波物流发展的一些基础性数据。同时，对一些像物流现代化评价等针对性较强的指标还需进行更详细和深入的统计。

二、宁波市物流现代化统计调查及数据渠道

1. 宁波市物流现代化指标统计方法研究

统计调查是整个统计工作的基础，只有通过调查取得客观真实的资料，才能发挥统计的功能。目前可供选取的统计调查方法主要有以下几种：

（1）统计报表制度，是国家统计系统和各业务部门为了定期取得系统的、全面的基本统计资料，按一定的要求和表式自上而下统一布置、自下而上提供统计资料的一种统计调查方法。统计报表要以一定的原始记录为基础，按照统一的表式、统一的指标、统一的报送时间和报送程序进行填报。

（2）普查，是一种专门组织的、对全体调查对象普遍进行的一次性的全面统计调查。它通过逐个调查一定时点上或一定时期内的社会经济现象的情况，全面、系统地收集整理和提供反映国情、国力的统计数据。

（3）抽样调查，也称样本调查，是非全面调查中的一种重要方法，它是按一定程序从所研究对象的全体（总体）中抽取一部分样本进行调查，获取数据，并以此对总体的一定目标量（参数）做出推断。

（4）重点调查，是在全体调查对象中整群选择一部分重点单位进行调查，

以取得统计数据的一种非全面调查方法。这些重点单位虽然为数不多，但其标志总量在整个总体的标志总量中占较大比重，因而对这部分重点单位进行调查所取得的统计数据能够反映总体的基本情况。

（5）典型调查，是一种比较灵活的非全面调查，它是根据调查目的和任务，通过对调查对象的初步分析，有意识地选出若干有代表性的单位，进行深入细致的调查。一般来说，典型调查不在于取得现象的总体数据，而在于了解与统计数据有关的、生动的具体情况，做到定性分析和定量分析相结合。

（6）科学推算，是利用已有相关资料或通过有关非全面调查取得的总体中的一小部分个体的有关资料为基础，根据事物之间的内在联系和发展趋势对某些统计指标进行科学测算的方法。在运用科学推算方法时必须注意两点：一是必须在各种调查取得丰富数据的基础上进行；二是必须注意分析事物发展的动向和规律，避免理论值和实际值的严重背离。

《统计法》明确提出我国未来统计调查方法改革的目标模式是：建立以必要的周期性普查为基础，以经常性的抽样调查为主体，同时辅之以重点调查、科学推算和有限的全面报表综合运用的统计调查方法体系。

我国现行《社会物流统计核算与报表制度》实施中主要采用重点企业调查法，调查对象根据国家统计局全国经济普查提供的工业、贸易批发企业以及物流相关行业的企业名录选取。

针对宁波市物流现代化评价指标体系数据的收集，可行的方法应该是在当前各项统计框架内解决一般性指标数据，对游离于统计范围之外的部分指标通过调查和推算获得数据。采用的调查方式首选抽样调查，因为抽样调查可以较好地匹配总体的结构，推算结果的精度可控，且可通过权衡调查成本与数据精度来进行选择，达到既简化工作程序、节约调查开支，又保证数据质量的目的。抽样调查广泛应用于当前的交通运输业调查中，事实证明效果良好。

2. 指标数据来源渠道分析

根据前面对现代化评价指标的设定和分析，宁波市物流现代化指标的数据有四个来源渠道，分别是社会物流统计数据、物流相关行业统计数据、行业协会统计数据和抽样调查数据。

（1）社会物流统计。社会物流统计可提供物流活动的宏观性指标，如社会物流总费用、社会物流业务总收入、物流基础设施数量、物流技术装备数量、物流量等反映物流市场规模、物流业对国民经济的贡献等方面的指标。通过这些关键指标的统计与分析，整体把握宁波市物流发展的状况与水平。由于当前物流统计以省为单位联系重点企业开展调查，因此缺少市级层面的物流统计数据，在选择一些宏观性的指标做参考时只能采用近似估计的方法。

（2）相关行业统计。物流业涉及的主要行业有交通运输业、仓储邮电业、商业等，在这些专业性的行业统计中，有一些统计指标可以反映出该领域内物流活动的状况与影响，如交通运输业中的交通线路长度、货运场作业量、车辆运输量、车辆实载率等，仓储邮电业中的仓储面积、仓储周转率、邮政业务量、邮政营业网点服务区域等指标，商业中的全社会零售商品总额等指标，均可以反映出物流活动的效率与影响，可以作为评价物流发展现代化水平明细指标的参考或代替指标。

（3）行业协会。物流协会组织物流企业评级工作，各物流企业在申报评级材料时有部分指标与物流现代化评价指标内容接近，因此，在物流统计数据缺少的情况下，可以采用这些数据作为替代。此外，交通运输协会等物流相关行业协会也有部分运输行业的数据，这些数据也可以为现代化评价所用。对物流现代化评价的一些指标数据可以从物流协会、交通运输协会等行业组织处获得。

（4）抽样调查。物流业务的内容繁多、覆盖广泛、主体宽泛，小到个体大到企业，均可以参与物流，也正是由于物流内容的包罗万象，才使得物流统计工作比较繁杂。现有的行业统计由于分段覆盖，彼此间缺少协作，因此统计数据经常互相矛盾，一些关键性的指标数据甚至不能获得，只能以其他数据进行代替，这造成了物流统计工作反映功能与决策咨询功能的弱化。针对此种情况，对一些关键的指标数据，需要开展抽样调查来收集数据，以确保决策所需信息的获得。所以，物流抽样调查也是获得指标数据的一个重要组成渠道。

三、宁波市物流现代化统计方法研究

通过开展物流现代化统计调查，获得相关指标数据，加强物流行业的统计分析，可以为宁波市物流决策提供参考依据，推进现代物流发展，提升物流整体水平。根据宁波市现有各种统计工作，可整合形成物流现代化统计办法。

1. 数据渠道

物流现代化统计指标数据可从社会物流统计、交通运输行业统计、行业协会统计和企业抽样调查四个渠道收集，各项指标的来源如表1-6所示。

表1-6　宁波市物流现代化统计指标数据及来源渠道

指标	渠道	数据现状
(B_1) 第三方物流比率（%）	抽样调查、社会物流统计	需调查
(B_2) 自动分拣与传输设备作业化率（%）	抽样调查	需调查
(B_3) 自动识别设备作业化率（%）	抽样调查	需调查
(B_4) 集装化作业率（%）	抽样调查	需调查
(B_5) 车载 GPS 安装率（%）	抽样调查	需调查
(B_6) 信息系统标准化率（%）	抽样调查	需调查
(B_7) 物流术语标准化率（%）	抽样调查	需调查

续表

指标	渠道	数据现状
(B_8) 物流费用占 GDP 比率（%）	社会物流统计	已有
(B_9) 物流企业评级比率（%）	物流协会	已有
(B_{10}) 物流企业认证比率（%）	物流协会	已有
(B_{11}) 物流专业人才比率（%）	抽样调查	需调查
(B_{12}) 公路路网密度（km/km²）	交通行业统计	已有
(B_{13}) 物流节点数量（个）	交通行业统计	已有
(B_{14}) 人均营业货车保有量（辆/千人）	交通行业统计	已有
(B_{15}) 物流网络营业点覆盖率（%）	交通行业统计	已有
(B_{16}) 客户管理网络化率（%）	抽样调查	需调查
(B_{17}) 服务满足程度（%）	抽样调查	需调查
(B_{18}) 商品完好率（%）	抽样调查	需调查
(B_{19}) 按期交货率（%）	抽样调查	需调查
(B_{20}) 物流扶持政策（分）	抽样调查	需调查
(B_{21}) 货车碳排放水平（g/km）	抽样调查	需调查
(B_{22}) 主要交通线路噪音均值（dB）	抽样调查	需调查
(B_{23}) 尾气排放达标率（%）	抽样调查	需调查

以上四个数据渠道中现有统计覆盖到的地方均可以利用现有资源，不必开展调查。因此，物流现代化统计的主要工作就集中在抽样调查方面。

2.抽样调查方案设计

通过抽样调查，可获得需要的物流统计数据，为开展现代化评价提供数据支持。物流现代化统计抽样调查设计方案如下：

（1）调查对象：在宁波市注册的物流企业，包括交通运输业、仓储业、物流相关企业等。

（2）调查内容：调查内容为物流现代化评价所需的指标数据，各项指标的计算方法可参见本书前文所述内容。

（3）调查方法：

● 与物流企业相关的指标数据：建立全体物流企业的数据库，在数据库中按照运输型物流企业、仓储型物流企业和综合服务型物流企业分类，每类物流企业选取年产值排名前30位的企业开展问卷调查获得指标数据，该项工作可以和物流企业评级有机结合。可通过物流企业抽样调查获得数据的指标有 B_1、B_2、B_3、B_4、B_5、B_6、B_7、B_{11}、B_{16}、B_{17}、B_{18}、B_{19}、B_{20}、B_{21}。

● 与物流发展环境有关的指标：抽样选取宁波市主要货运交通路段进行现场检测获得数据，可通过该方法获得的指标有 B_{22}、B_{23}。

（4）调查组织：物流抽样调查可由宁波市发改委牵头总负责，由宁波市现代物流规划研究院具体负责，可委托宁波市统计局城调队或高等院校科研单位等具体开展调查。

（5）调查时间：在经费有保障的情况下应当连续开展，确保统计结果和评价的连续性，经费不足时可间隔2~4年开展一次，最好与全市经济社会发展五年规划的时间段保持一致，可为全市物流规划提供必要的数据支持。

3. 资源整合

（1）与交通运输行业统计的整合。为降低调查难度，可考虑将物流抽样调查和当前的运输量抽样调查进行整合。运输量调查每年均开展，调查中会重点联系一批货运企业，借助于运输量的抽样调查工作，将物流调查的指标纳入其中一并解决，可节约经费并减少组织工作量。

（2）与宁波物流协会资源的整合。宁波市物流协会有一定数量的会员单位，且长期开展物流企业评级工作，企业评级时上报的一些数据与物流现代化评价指标吻合，可通过该渠道采集相关指标数据。

4. 结果公布

宁波市物流现代化各项指标调查数据由现代物流规划研究院汇总，并测算物流现代化水平与进程，结果经发改委、统计局等相关部门会审后，由发改委负责发布。物流现代化统计与评价结果可通过3个方式发布：

（1）在政府门户网站发布关键指标数据与现代化评测综合指数，以写实性数据为主，内容简明扼要。

（2）发布宁波市物流行业发展季度报告，对各项调查指标数据进行深度分析和预测，为各项物流决策提供参考。

（3）在宁波市物流发展状况白皮书中列出物流现代化状况章节，着重阐明宁波市物流现代化发展的进程、存在的问题以及相关政策建议，推进全市物流现代化进程。

四、保障措施建议

针对宁波市物流业统计制度的现状，我们在今后的工作中要改革、完善物流统计制度，建立宁波市物流统计办法，形成完整的统计制度，指导宁波市物流现代化统计工作。

1. 制度保障：建立统计制度，明确工作机制

尽快出台宁波市物流统计制度与办法，明确物流现代化统计的工作机制，建立物流统计指标体系及相应的数据采集、分析和发布制度，完善物流基础性数据的统计工作。针对宁波市目前物流统计数据的缺失，应尽快启动和深入物流统计与现代化评价工作，为开展物流行业运行分析提供素材。

2. 机构保障：搞好部门配合，互享统计资源

协调政府统计、交通、商贸等部门，建立相互配合、信息共享的工作机制；充分利用政府各行业主管部门建设的业务管理信息系统，如公安部门和交通运输部门的车辆数据库、贸易部门的商业数据库、工商部门的企业注册数据库等，获取物流各项数据，做到统计资源共享，形成物流统计与现代化评价的基础数据库，为物流统计分析与现代化评价提供更丰富、更翔实的信息。

3. 组织保障：联合多方力量，强化技术支持

将物流现代化统计调查与物流企业评级、运输量调查、经济普查等关系密切的几项工作进行融合，充分利用现有资源，广开渠道收集调查数据。利用高等院校、科研机构等研究力量充实的优点，结合中介协会与物流企业联系较为紧密的特点，选取企业代表、科研院所人员、行业管理人员等建设专家库，定期召开专家咨询会议，为物流现代化统计结果把脉，对统计与评价结果进行分析，发挥咨询作用，推进政府决策的科学化。

4. 技术保障：强化技术手段，提高工作效果

充分利用信息化手段开展调查、进行分析并发布成果，在调查中充分利用网络技术、信息技术、非主动数据收集技术等手段，多方收集数据，充实指标内容。分析成果能够得到政府部门及社会公众的广泛应用，是进行物流现代化评价的最终目的和得以持续的条件。评价分析成果应通过网络及时反馈到各级政府和社会，使政府领导能够更多地了解宁波市物流现代化进程，积极出台相关政策为物流发展创造良好环境；使社会各界能及时了解物流发展状况，并根据相关指标积极推进物流现代化进程。

5. 经费保障：争取领导重视，保障经费投入

物流现代化统计分析与评价工作对政府相关部门出台更有效的物流政策具有重要的参考和借鉴意义，同时也对提升全市物流行业发展水平具有重要意义。因此，要积极争取市领导的大力支持，争取每年能有一定经费投入，以便开展物流统计工作与现代化评价工作。

第七节 宁波市物流现代化水平提升对策

1. 推进"两业联动"

制造业与物流业联动（简称"两业联动"），是指制造企业和物流企业相互深度介入对方企业的管理、组织、计划、运作、控制等过程，共同追求资源集约化经营和企业整体优化的协同合作活动。"两业联动"状况直接影响物流现代

化中物流社会化程度，进而影响到社会物流成本和物流效率的高低。2009 年 3 月，国务院出台的《物流业调整和振兴规划》就把"制造业与物流业联动发展"列为九项重点工程之一。因此，推进"两业联动"对提升宁波物流社会化、现代化水平有直接的作用，制造业与物流业分离分立将是社会发展的必然趋势。为此，宁波市应通过各种手段推进两业联动发展。首先，要提升各界对两业联动意义和作用的认识；鼓励制造业、物流业务分离、物流运作分立或物流业务整合外包，鼓励物流业主动深度介入制造业并为制造业提供一体化的供应链服务。其次，积极培育高端物流企业，缓解企业物流需求和第三方物流供给之间的结构性矛盾，使第三方物流的供给能契合制造业的需求，促进制造业与物流业联动发展。针对石化、钢铁、家电、汽车配件、纺织服装等宁波市的重要产业，应首先鼓励和推进"两业联动"。

2. 更新设备技术

物流设备的现代化水平是物流现代化的重要内容。从现代化评价结果来看，宁波市物流设备技术水平不高是导致物流现代化程度较低的重要原因。因此，在未来工作中，应推进物流企业的设备与技术改造工作，制定财政补贴、优惠贷款、技术服务等优惠政策，鼓励物流企业购置先进设备。对物流企业购置大型搬运、装卸、传送设备按照不低于总价 20%的比例给予财政资金补贴，对企业建造自动化立体仓库的给予土地出让金方面的优惠与减免。

3. 提升智慧水平

现代物流是随着电子信息技术的发展而发展起来的，电脑、互联网、各种物流信息技术和软件的应用让物流业的现代化水平得到飞速提升。可以说，没有各种物流信息技术和手段的物流，就不能称为现代化。近年来，宁波市在物流信息化方面做出了巨大努力，也产生了较好的效果。2010 年，宁波市政府确定了建设宁波市智慧物流系统的目标，已经与 IBM 等国际知名企业合作展开智慧物流建设的相关工作。在智慧物流建设的大背景下，应积极推进第四方物流平台建设，为物流客户提供一定的免费查询、发布信息等服务，扩充物流增值业务种类，采取减免注册客户服务年费等方式鼓励更多用户加入其中；应加强与金融、税务、海关、检验检疫等行业信息系统的合作，为物流企业提供良好的信息环境，推进"大通关"工程，提高通关效率。此外，利用物流信息化建设之便，还应加强物流系统的标准化工作，推进物流各项设施、设备、技术和服务的标准化。

4. 强化行政管理

物流业是基础性产业，经多年的建设，宁波市物流业赖以发展的运输、仓储等基础设施有了快速增长，虽然在设施总量上仍与物流需求有一些矛盾，但从市级各相关行业的中长期规划来看，这一状况将逐渐得到改善。比起基础设施存在的问题，物流行政管理体制的改革严重滞后，这是导致物流社会化程度低、社会物流整体效益差的重要原因。宁波于 2002 年就成立了由发改委、交通局、经贸委等 17 个部门组成的物流工作领导小组，这在全国的物流行政管理机构改革中也走在前列，各区县也在发改局、经贸委或其他相关部门中设立了物流管理办公室，但经过近 10 年时间的检验，该领导小组在物流领域发挥有限。一方面，松散的联合管理机构不利于物流相关政策的制定和发布；另一方面，区、县物流管理的归口单位不一致导致政策执行能力和效率较低。因此，想要加快宁波市物流现代化进程，物流行政体制改革应走在前面。

5. 完善政策体系

从 2002 年制定《关于加快宁波市现代物流业发展的若干意见》开始，宁波市陆续制定了《宁波市现代物流业发展规划》、《宁波市现代物流业发展引导资金管理办法（试行）》、《宁波市现代物流重点联系企业管理暂行办法》、《加快现代物流业发展打造全国性物流节点城市实施意见》等涉及物流产业发展、扶持奖励、财政税收等方面的相关政策。但是，宁波市物流政策体系还不尽完善，与同等城市相比政策扶持力度还不够大，政策执行情况不够理想，执行效果还有待进一步提升。对此，应加快制定和改进物流财政、税收、金融、价格、科技创新等方面的政策，促进政策体系的完善；加大对龙头物流企业、物流新技术、物流领域的各种创新的扶持力度；鼓励物流企业积极参与全国物流企业评级和质量管理认证工作，对达到 A 级的物流企业进行一定物质奖励；建立物流政策绩效评价的长效机制，掌握物流政策的执行情况，及时对政策进行调整以适应形势变化。

6. 注重绿色低碳

节约资源和保护环境是我国的基本国策，绿色低碳发展经济是应对全球变暖的实际行动，从中央到地方，转变经济发展方式，实现节能减排目标成为政府工作的重心。物流业是容易造成环境污染且碳排放量较大的行业。从可持续发展角度，污染严重、碳排放量大的物流设备应该逐渐被节能环保的新设备所取代，从而提升物流运输过程中的环保水平。政府应鼓励物流企业采用清洁能源或生物柴油发动机车辆，设立节能减排考核细则，细化考核指标，明确减排任务，探索建立物流企业碳排放交易市场，鼓励企业通过挖潜改造降低物流活动中的碳排放，实现宁波市物流行业的可持续发展。

第二章 宁波市物流业与制造业联动发展研究

第一节 概　述

一、基本概念

1. 物流业

物流业是指物流资源产业化而形成的一种复合型或聚合型产定。物流资源包括运输、仓储、装卸、搬运、流通加工、包装、配送、信息处理等。运输又包括铁路、公路、水运、航空、管道五种方式。这些资源产业化就形成了运输业、仓储业、装卸业、包装业、加工配送业、物流信息业等。这些物流资源分散在多个领域，包括制造业、农业、渔业、流通业等。把产业化的物流资源加以整合，就形成了一种新的服务业，即物流服务业。它是一种复合型产业，也可以叫做聚合性产业，因为所有产业的物流资源不是简单地累加，而是一种整合。①

2. 制造业

根据我国国家统计局统计标准，制造业包括农副食品加工业、食品制造业等 31 大类。是经物理变化或化学变化后成为新的产品，无论是动力机械制造，还是手工制造；也无论产品是批发销售，还是零售，均视为制造。建筑物中的各种制成品、零部件的生产应视为制造，但在建筑预制品工地，把主要部件组装成桥梁、仓库设备、铁路与高架公路、升降机与电梯、管道设备、喷水设备、暖气设备、通风设备与空调设备，照明与安装电线等，以及建筑物的装置，均列为建筑活动。制造业包括机电产品的再制造，指将废旧汽车零部件、工程机

---

① 丁俊发：《中国物流》，北京：中国物资出版社，2007 年版。

械、机床等进行专业化修复的批量化生产过程，再制造的产品达到与原有新产品相同的质量和性能。①

3. 物流业与制造业联动

物流业与制造业联动（"两业联动"）是指以物流业与制造业的产业关联为基础，以供应链环境为动力，以两大产业的企业本身为主体，以供应链管理为核心，以降低供应链成本和实现供应链价值为目标，共同追求资源集约化经营和供应链整体优化的协同合作，相互深度介入对方企业计划、组织、运作和控制等管理活动的过程，从而提高了制造业供应链物流的整体效率，实现"双赢"的发展。

物流业与制造业联动的具体内容主要包括以下几个方面：

（1）行业战略合作。行业战略合作多种多样，主要包括非股权参与型的松散合作和股权参与型的紧密合作。行业战略合作具体形式包括：签订长期合作伙伴协议、股权参与、物流系统接管、共同投资建立专用性的资产。物流业与制造业的战略合作有助于提升两业各自的竞争力，取长补短，实现"双赢"。由于物流业与制造业之间往往互相联系、密不可分，所以，其合作就显得尤为重要。成功的两业合作是物流业与制造业未来生存发展的必然趋势。

（2）产业资源整合。产业资源整合主要包括物流基础设施、技术装备和人才的整合。物流基础设施整合，是整合制造企业和物流企业现有场站、仓储等物流基础设施，盘活企业闲置的土地和仓储设施。物流技术装备整合，是优化制造企业和物流企业机械装备类型和数量，提高机械装备的使用效率；建立和完善制造业物流标准体系，制修订物流工具器具和技术设备等标准和规范，实现生产技术和物流技术的融合。物流人才整合，是优化物流人才数量和知识结构，教育培训大量既懂制造技术又懂物流管理、理论和实践相结合的复合型人才。

物流业与制造业的产业资源整合有助于更加高效地利用产业资源，更好地发挥物流业与制造业自身物流资源的潜力，提高物流运作效率，实现资源的利用最大化。

（3）两业业务融合。两业业务融合主要包括流程对接、信息共享和交换以及资金流转。流程对接，是制造企业生产流程和物流企业物流流程的无缝衔接，物流流程服从于生产组织方式、产品制造的工艺布局和流程设计以及原料供应的约束条件和产品运输的市场营销要求。信息共享和交换，是推进制造企业和物流企业信息化建设进程，重点支持物流企业物流信息系统与制造企业 ERP 系统互联互通，实现数据实时采集、共享和交换，鼓励制造企业、物流企业参与

---

① 中华人民共和国国家统计局网，http://www.stats.gov.cn。

建设面向上下游客户的物流公共信息服务平台。资金流转，是制造企业和物流企业依托银行等公共金融平台，与供应链上下游企业间建立与业务流程相适应的资金流转程序，保障资金链的安全、及时和快捷运转。

业务融合能够更好地实现物流业与制造业相互的沟通联系，是一种高层次的行业联动。业务融合需要两业之间做到密切配合，对企业结构和人员素质有更高的要求。

（4）供应链管理协同。供应链管理协同主要包括计划协同、组织机构协同和绩效考核协同。计划协同，是制造企业订单采购、库存、配送计划与物流企业的运输、装卸、仓储计划相协同。组织机构协同，是制造企业供应链物流管理部门与物流企业相关部门间建立协同关系，双方人员沟通交流畅通。绩效考核协同，是制造企业和物流企业共同建立合理的物流绩效评价标准体系，对准时发货率、准时交付率、提货准确率、订货完成率、库存准确率、缺货损失等关键绩效指标进行量化考核。

供应链管理协同是两业联动的最高层次。在这种情况下，两业实现了真正的联动发展。对物流业与制造业来说，也就是物流企业真正融入到制造企业中去，两业融为一体，共存共赢。物流企业真正参与到制造企业的管理与运作，以制造企业的供应链绩效最大化作为两业的发展目标。

二、研究背景

在全球经济一体化进程不断发展的今天，制造业在世界各国国民经济中的地位日益加强。随着经济全球化和社会分工的深入开展，物流业的发展在促进工业现代化、提升制造业的竞争力和国民经济的质量及运行水平方面发挥着重要作用。2010年，我国GDP超越日本成为第二大经济强国，但物流费用占GDP的比重依然很高。我国早已成为全球的制造大国，被称为"世界工厂"，然而，与欧美、日本等制造业发达国家相比，我国离"制造强国"的地位还有相当的差距。物流业对制造业的支撑不够是制约制造业发展的重要原因。面对日趋激烈的全球性市场竞争，如何降低运营成本、提高产品质量及缩短响应时间成为制造业面临的首要问题。

2009年3月，国务院出台了《物流业调整和振兴规划》，明确提出"制造业与物流业联动发展工程"。2010年6月，宁波市政府出台了《加快现代物流业发展打造全国性物流节点城市实施意见》，提出推进物流业与制造业的联动，提升制造业物流发展水平。如何发挥第三方物流企业在管理模式创新、整体方案策划、增值服务提供等方面的优势，促进制造业优化内部分工、剥离物流业务、提高核心竞争力、降低物流成本，成为宁波制造业发展亟待解决的课题。

在国外的研究中，Clifford F.Lynch（2000年）从物流供应者和物流需求者的角度研究企业物流外包，分析了物流外包的原因。Joel D.Wisner、G.Keong Leong、Keah-Choon（2005）提出企业使用第三方物流提供商可以帮助企业迅速获得竞争优势，可使企业无须特别专注于供应链管理，而将更多的资源投入在核心能力上。

近年来，关于物流业与制造业联动发展的问题已成为国内学术界研究的热点，从不同角度、不同层面都进行了许多有益的探索。陆江（2008）指出促进物流业发展，要鼓励企业主辅分离、流程再造，分离、外包物流业务；支持物流企业向专业领域渗透。骆温平（2007）从理论层面、行业层面和企业层面对第三方物流与供应链核心成员互动关系进行了系统、全面的研究。丁俊发（2008）认为，为促进我国物流业发展，必须加速第二产业的"第三产业化"进程，把企业非核心业务全部或大部分外包；必须发展高端物流服务，从制造业寻找突破口。

本书的研究目的是通过对制造企业的深入调研，找到物流业与制造业联动的共赢点，从而推动宁波物流业的转型升级，培育能够满足联动需求的物流龙头企业，进而打造全国性物流节点城市，实现宁波经济的转型升级。

三、研究意义

1. 物流业与制造业联动是贯彻国家物流业调整和振兴规划的根本要求

国家《物流业调整和振兴规划》将宁波确立为全国性物流节点城市，并在九大重点工程中提出要实施"制造业与物流业联动发展工程"。要求加强对制造业物流分离外包的指导和促进，支持制造企业改造现有业务流程，促进物流业务分离外包，提高核心竞争力。培育一批适应现代制造业物流需求的第三方物流企业，提升物流业为制造业服务的能力和水平。制定鼓励制造业与物流业联动发展的相关政策，组织实施一批制造业与物流业联动发展的示范工程和重点项目，促进现代制造业与物流业有机融合、联动发展。

因此，加快实施"两业联动"工程，实现两业融合式发展，是贯彻国家物流业调整和振兴规划的根本要求，是当前形势下提高制造业国际竞争力、促进物流业提升国民经济服务能力的重要举措。

2. 物流业与制造业联动是宁波制造企业提升自身竞争力的内在要求

目前，宁波大部分制造企业仍处于"大而全"、"小而全"的运作模式。从原料采购到产品销售的整个物流系统主要依靠企业内部组织的自我服务完成，第三方物流引入的程度还不深。随着国际市场的变化和全球金融动荡的持续，宁波制造企业的产品受到多方面的挑战。为了抵抗金融风暴的冲击，制造企业必须积极引入物流供应链思想，改变原有相对落后、成本高、效率低的物流运作模式，实现物流业与制造业联动，为客户提供高效的、创新性的物流服务，这样才能提高制造企业自身的竞争力，取得更大的成功与效益。

宁波制造企业大多以外向型为主，与国际市场连接紧密，对国际物流的需求也相对较大。由于国际物流时间长、风险大，因此对物流的要求更高。"两业联动"有利于降低企业的物流成本，提高国际市场的竞争力，也有利于扩大销售范围，拓展海外市场。

3. 物流业与制造业联动是宁波实现产业优化升级的必然要求

宁波市"十二五"规划强调，要坚持把推进产业升级作为加强转变经济发展方式的重大任务，加快发展现代服务业，并将现代物流列为服务业十大重点行业之一，将制造业物流列为现代化物流产业体系的重要组成部分。制造业与物流业联动发展，可以推动物流外包业务进程，促进制造企业优化内部分工，专注核心业务，降低物流费用，提高市场竞争力。同时，可以释放物流需求，扩大第三方物流市场规模，优化社会物流资源配置，促进物流企业的优胜劣汰，从而加快宁波产业优化与转型升级的步伐。

产业的转型升级是一个长期任务，产业转型不仅涉及制造业，而且也包括物流业等服务业的转型。只有通过物流业与制造业的联动，才能推动制造业的转型，使其"轻装上阵"。此外，在服务制造业的过程中，物流业自身也会发生转变，实现物流业的转型，从而进入一个"两业联动"、两业共同转型升级的良性循环。

第二节　国内外物流业与制造业联动发展经验借鉴与启示

一、国内外发展经验借鉴

1. 宜家模式

宜家是世界上最大的家居类超市。宜家的价值来源于其背后一整套难以仿制的高效精良的商业运作系统，它维持了这个机构一直高效率、低成本的商业价值链条。

高效、敏捷、低成本的供应链管理是宜家的核心。宜家在全球有 44 个贸易公司，分布在 32 个国家，有 1300 个供应商分布在全球 55 个不同国家。宜家在全球 5 个最大的采购来源地分别是中国、波兰、瑞典、意大利和德国。为保证生产质量，宜家把核心的产品设计部门放在瑞典，家具制造都采用外包。通过自主设计所有产品并拥有专利来控制产业链的上游。所有的供应商根据宜家贸易代表下达的订单生产并保证按时交货。宜家整个供应链的运转，从每家商店提供的实时销售记录开始，反馈到产品设计研发机构，再到贸易机构、代理生产商、物流公司、仓储中心，直至转回到商店。

宜家在全球布局物流中心，把全球市场分为 8 个区域，全球有 28 个配送中心分布在 17 个国家。商品被运送到各地的中央仓库和分销中心，通过科学的计算，决定哪些产品在本地制造销售，哪些出口到海外的商店。每家"宜家商店"根据自己的需要向宜家的贸易公司购买这些产品，通过与这些贸易公司的交易，宜家可以顺利地把所有商店的利润吸收到国外低税收甚至是免税收的国家和地区。

宜家在供应链中处于主导地位，这保证了其采购的低成本，对供应商的严格控制和考核，保证了供应的高效率和高质量，物流方面的创新，如平板包装、DIY 的组配方式等降低了价格，遍布全球交通枢纽的配送中心和中央仓库提供了供应链的效率和反应能力。这些措施使宜家模式成为 20 世纪少数几个令人炫目的商业奇迹之一。

2. 丰田模式

丰田公司是全球最大的汽车生产企业之一，丰田汽车的 TPS（丰田生产方式）和供应链管理闻名遐迩，其精益生产的理念与方法已推广到全球的汽车产业。物流环节是丰田汽车实现 TPS 的重要保障，也是丰田汽车实现利润的源泉之一。

丰田目前基本上专注于对汽车的研发、设计、制造、销售及售后服务等领域，而物流业务都是采取外包的方式，委托物流供应商来实现。丰田为了控制成本，实现标准化生产，在供应链管理中实行"零库存"方式。通过有效地降低物流过程的库存，很好地控制了各环节的成本。

丰田生产方式强调在必要的时间生产出必要的数量。丰田公司充分利用自己在汽车行业中的优势地位，将汽车制造与物流有机结合，设计并建立了完整的精益化供应链，供应链企业之间深入合作、优势互补，互为战略联盟。通过对物流供应商的运输安全、运输品质、环保、人才培养和运输风险控制等过程管理的全面评价，淘汰不合格的物流供应商，也使达到要求的物流供应商明确了解自身不足，并通过改善活动不断提高管理水平，与丰田实现共同的进步。

丰田公司通过供应链环境下的精益生产，使外部物流、内部物流、车辆调度和顾客配送等达到 JIT 要求，从而消除了供应链上的一切浪费，通过组织形式、节点精益化、信息技术支持、信息网络设施以及合作机制等手段，在产品种类、质量、价格以及时间上最大限度地满足顾客的需求。

3. 戴尔模式

戴尔公司凭借其坚持的黄金三原则，即坚持直销、摒弃库存、与客户结盟，目前已成为全球领先的计算机系统直销商，跻身业内主要制造商之列。戴尔公司的成功在于其直销企业模式和供应链管理。

成立之初，戴尔便放弃了批发商—分销商—零售商的传统 PC 分销模式，而是直接由公司把产品卖给顾客。这样便解决了分销模式中，厂商、批发商、经销商以及零售商等处的库存问题，将整条供应链的库存成本降到最低。消费者通过戴尔公司的网站订购电脑，省去了大量的销售中间环节而节省了超过 20% 的费用。

戴尔公司并不生产任何计算机配件，只从事个性化的整机组装，却战胜了IBM、惠普等技术实力雄厚的企业，其成功就源于效率超乎寻常的物流管理。通过网络连接顾客与上游的零件供应商，及时准确地反映产品信息，从而大大降低库存，建立起一条高速、有效的供应链，这就是戴尔的"以信息代替存货"。

戴尔公司在其企业内联网上建立了包括信息搜集、原材料采购、生产、客户支持及客户关系管理、市场营销等环节在内的网上电子商务平台，与供应商共享包括产品质量和库存清单在内的一整套信息。与此同时，戴尔公司还利用互联网与全球超过 113000 个商业和机构客户直接开展业务，通过戴尔公司网站，用户可以随时对戴尔公司的全系列产品进行评比、配置、获知相应的报价；也可以在线订购，并随时监测产品制造及送货过程。这种供应链模式使戴尔成品库存为零，零部件库存期平均只有 5 天，远远领先于其对手。

4. 海尔模式

海尔是全球第一白色家电品牌。目前，海尔在全球建立了 21 个工业园、24个制造工厂、10 个综合研发中心和 19 个海外贸易公司，全球员工超过 7 万人。1999 年，海尔集团成立了物流有限公司。依托海尔集团的先进管理理念以及海尔集团的强大资源网络，海尔物流为全球客户提供最有竞争力的综合物流集成服务，已成为全球最具竞争力的第三方物流企业之一。

物流采取自营为主的模式。通过建立两个现代智能化的立体仓库、自动化物流中心及利用 ERP 物流信息管理手段对库存进行控制，实现 JIT 配送模式。JIT 配送全面推广信息替代库存，使用电子标签、条码扫描等国际先进的无纸化办公方法，实现物料出入库系统自动记账，达到按单采购、按单拉料、按单拣配、按单核算投入产出、按单计酬的目标。海尔物流通过 JIT 采购配送中心整合海尔集团的采购与配送业务，形成了极具规模化、网络化、信息化的 JIT 采购及配送体系。

海尔物流在一级配送网络、区域内分拨网络的基础上建立了区域间配送体系。各配送中心的网络，除了能满足区域内配送外，还建立了直接送达其他配送中心的区域间配送网络，使以前的单点和线，形成星罗棋布的网，形成完善的成品分拨物流体系、备件配送体系与返回物流体系。海尔物流利用 VMI–HUB

（原材料中转集散中心）集中管理供应商的库存，供应商大批量、少批次入库，需求方小批量、多频率订单采购出库，集中物流配送既减少供应商的供货成本又提高供货及时率，既减少需求方仓库面积又提高其生产灵活性。

二、国内外物流业与制造业联动发展的经验对宁波的启示

根据国内外物流业与制造业联动发展的经验，启示主要体现在以下几个方面：

1. 物流业必须适应制造业的发展

制造业的发展是物流业发展的重要基础，物流业的发展又进一步推动了制造业的提升，两者是相辅相成的。在制造业发展的历程中，物流业必须适应制造业的发展程度，满足制造业的需求。物流往往被认为是制造业的成本陷阱，物品从被生产出来到最后送至消费者手中，往往价格会上涨好几倍。其中很大一部分就是物流成本。如何降低物流成本是制造业未来发展的重大课题。这就需要物流业能够跟上制造业发展的步伐，降低自身成本，减轻制造业的成本负担。同时，随着制造业的发展，要求物流业提供更加快捷、高效、便利的物流服务，具备与制造业转型发展相匹配的服务能力，这对物流业提出了更高的要求。

如果物流业的发展跟不上制造业的步伐，那么必然阻碍制造业的效率和竞争力。相反，优质、高效的物流服务，又能提高制造业的发展水平，从而形成新的制造业态模式，促进生产力的发展。因此，物流业作为制造业的服务产业，必须紧跟时代节奏，不断创新发展，提升自身服务能力和服务水平。

2. 供应链协作成为"两业联动"的发展趋势

随着供应链管理理论的发展，人们越来越关注供应链管理的重要性。因此，"两业联动"的发展不再局限于物流企业与制造企业的简单合作，而更多地开始考虑实现供应链层面的协同。大型垄断性制造企业和流通企业，凭借其产品和销售网络优势，往往能够建立起高效的供应链。企业从"拥有"走向"控制"已成为"两业联动"的共同核心价值和追求目标，不同企业共同组成动态供应链联盟，供应链协作成为一种趋势。

供应链协作无论是对制造业还是对物流业都提出了更高的要求。供应链协作需要两业实现深层次的交流和产业融合。要求两业必须以供应链效益最大化为指针，设计产品生产供应渠道、实现信息共享。这样的联动模式能够极大改善整条供应链管理水平，实现供应链效益最大化。这种模式是"两业联动"的发展方向。

3. 标准化和信息化成为提高"两业联动"的主要途径

标准化和信息化一直是制约物流业发展的主要"瓶颈"。物流业具有跨地域、跨地区的特点，标准的不统一会阻碍整个物流系统的运转，增加不必要的

库存和多余的设备配置，同时也会阻碍货物的流转。物流标准化的推进有利于物流资源的共享和利用效率，促进物流业的整合，同时也有利于推动物流业与制造业的无缝对接。"两业联动"之后，又会出现物流业与制造业之间的标准问题，如何解决两业之间的标准问题就更加重要。

信息化的推进能够提高物流信息的获得能力和效率，提高物流业服务制造业的能力和水平。21 世纪是信息化时代，物流业与制造业的发展都需要信息化的推动。"两业联动"关键问题之一就是信息的联动。只有实现信息的沟通，才能实现供应链的整合，才能做到协同发展。目前，物流业信息化应用和信息平台建设不断朝着跨企业、跨行业的信息平台联动方向发展，这将有利于"两业联动"的推进。

4. 可持续发展理念深入人心

制造企业的发展不仅需要重视经济效益，更要重视企业的社会责任。资源消耗、环境保护等问题越来越多地受到制造企业的重视，各国也制定了相关的法律法规。这就促使制造企业更多地寻求物流企业开展回收物流、安全物流和绿色物流业务。这些方面的"两业联动"进一步促进了制造业的可持续发展。

国外都较为重视环境问题。毋庸置疑，物流业与制造业都是环境污染的大户，物流业与制造业的联动不仅要提高两业的经济效益，更不能忽视它对环境的影响。只有对环境友好的联动，才是更好的联动模式，只有降低污染、减少能耗的联动，才是值得推广的联动模式。

第三节　宁波物流业与制造业联动发展现状及存在问题

一、宁波物流业与制造业发展现状及特点

1. 宁波物流业发展现状及特点

"十一五"期间，宁波市物流业总体规模快速增长，物流产业体系初步形成，物流通道网络不断完善，物流中心建设初见规模，物流企业蓬勃发展，信息化水平显著提高，物流业发展环境明显优化，已从传统物流进入现代物流跨越式发展的新阶段。

（1）宁波物流业发展现状。2010 年，宁波市物流总额达到 1.5 万亿元，同比增长 27.5%，全年物流业增加值达到 506.9 亿元，同比增长 22.4%，物流业增加值占地区生产总值比重达到 9.9%，占服务业比重达到 24.6%，物流成本占

GDP 比重下降到 17.8%，物流运作效率高于全国和全省平均水平，进一步确立和巩固了物流业作为宁波市优势产业和现代服务业主导产业的产业地位。

2010 年，宁波市实际从事物流相关业务的企业达到 5000 家，注册资本超过 600 万元以上的第三方物流企业超过 100 家。A 级以上的物流企业超过 70 家，其中 4A 物流企业 6 家，3A 物流企业 40 家。物流企业得到长足发展。

(2) 宁波物流业发展主要特点。宁波物流业总体规模持续扩大，发展质量明显提高，已成为宁波经济发展的重要支撑和新的经济增长点。目前，宁波物流业发展主要呈现出以下几大特点：

1) 物流业需求增长稳定，已成为现代服务业重要力量。2010 年是国内外形势复杂多变、挑战巨大的一年，也是宁波经济走出危机、持续回升向好的一年。总体上，2010 年全年宁波社会物流需求继续保持高位，物流业增加值较上年大幅增长。

2010 年，宁波市完成全社会货运量 3 亿吨，货物周转量 1575.3 亿吨，分别比上年增长 10.0%、27.6%，其中水路货运量 1.2 亿吨，货物周转量 1328.8 亿吨，分别增长 11.0%、20.8%。铁路货物发送量 2059.9 万吨，增长 20.8%。机场货邮吞吐量 8.1 万吨，增长 18.2%。公路货物周转量 246.5 亿吨，增长 25.5%。全社会客运量达到 3.4 亿人次，旅客周转量达到 136.2 亿人公里，分别增长 3%、9.4%。民航旅客吞吐量 451.7 万人次，增长 12.1%，如图 2-1 所示。

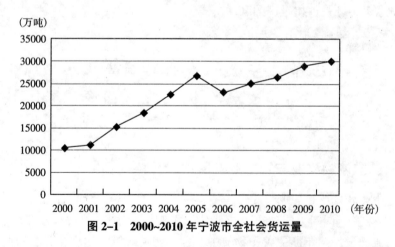

图 2-1　2000~2010 年宁波市全社会货运量

物流业已成为宁波市服务业四大主导行业之一，对宁波市服务业增长带动作用明显。

2) 物流产业体系初具规模、港口物流带动明显。宁波市已初步形成以港口物流为龙头，制造业物流、空港物流和专业物流等为配套的物流产业体系。2010 年，宁波港货物吞吐量突破 4 亿吨，完成 4.1 亿吨，比上年增长 7.4%，其中外贸货物吞吐量 2 亿吨，增长 11.5%。集装箱吞吐量完成 1300.4 万标准箱，增长 24.8%，增幅位居我国 8 大港口和全球 30 大港口之首，吞吐量排名打破了连续 6 年位居大陆港口第 4 的格局，首次跃居第 3 位，并进入世界港口前 6 强，实现了新的跨越。航线航班数量创新高，新增航线 12 条，累计 228 条，其中远洋干线 122 条，近洋支线 54 条，内支线 20 条，内贸线 32 条，月均航班 1153 班，最高月航班 1338 班，如图 2-2、图 2-3 所示。

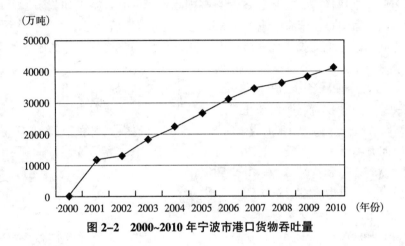

图 2-2　2000~2010 年宁波市港口货物吞吐量

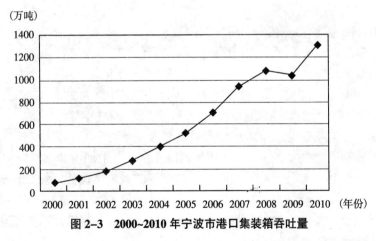

图 2-3　2000~2010 年宁波市港口集装箱吞吐量

港口物流的持续稳定发展，进一步带动了相关行业和临港工业的增长，从而使整个产业体系进入良性的发展态势。

3）物流基础设施不断完善，物流中心布局基本完成。2010 年，宁波市交通基础设施建设投资完成 192.6 亿元，比上年增长 9.6%。全市公路里程达10198 公里，公路网密度达到 103.9 公里/百平方公里，新增公路里程 314.4 公里。新改建农村公路 321 公里。"一环六射"的高速公路网络基本形成，等级公路通村率达 100%。铁路建设不断加速，萧甬铁路直达镇海、北仑港区，为海铁联运等多式联运发展提供条件。空港发展突飞猛进，机场等级达到 4E，共开通航线 51 条，年货邮行吞吐量达到 8.1 万吨。

物流中心建设初具规模。镇海以大宗货物交易市场为依托，将建设成为华东及中西部大宗货物资源配置中心和集散中心；宁波经济技术开发区现代国际物流园依托港口优势，将建设成为高端国际物流中心；空港物流园区、乌隘集装箱海铁联运中心、宁海物流中心等一批特色专业物流中心也将发挥作用。

物流基础设施的投入和物流中心的建设将提高宁波物流业的服务水平和国际竞争力，改善物流业发展的硬件环境。

4）物流企业服务能力不断增强、信息化水平显著提高。世界知名的船舶公司、快递企业、物流巨头纷纷落户宁波，本土物流企业实力进一步壮大。综合型物流企业增长迅速，初步形成了门类齐全、运作高效、竞争充分的市场主体。

第四方物流平台已吸引 6800 多家企业加盟运作，网上交易额达到 10 亿元，促进了物流信息和物流资源的共享和优化。GPS、条形码技术、RFID 技术得到普遍应用，智慧物流发展趋势已经形成。

2. 制造业发展现状及特点

制造业是衡量一个地区经济综合实力和现代化水平的重要标志。宁波要实现新型工业化的发展目标，提前基本实现现代化就离不开先进制造业的支撑。早在 2003 年，宁波市就提出要将宁波打造成为华东地区先进制造业基地。

（1）宁波制造业现状。2010 年宁波市实现全部工业总产值 13171.2 亿元，比上年增长 32.5%。其中规模以上工业总值 10867.5 亿元，增长 35.4%，工业增加值 2141.9 亿元，同比增长 21%，增加总量占全省比重为 20.6%，列全省第二。2010 年，宁波市新设制造企业达到了 7656 户，比 2000 年翻了一番。

目前，宁波制造业基本形成以大项目、大企业为中心的临港制造业和集群式中小民营制造业两大支柱，产业增加值已占到工业增加值的 90% 以上。塑机、纺织服装、模具、文具制造、粮油食品加工等区域传统优势产业已形成集群态势，光电一体化、新材料、电子与信息三大高新技术产业发展迅猛，初步成为华东地区重要的能源、原材料基地和先进制造业基地。宁波市八大产业基地和八大战略性新兴产业如表 2–1 所示。

表 2–1　宁波市八大产业基地和八大战略性新兴产业

八大产业基地	八大战略性新兴产业
石化产业基地	新材料
能源产业基地	新能源
钢铁产业基地	新装备

续表

八大产业基地	八大战略性新兴产业
造纸产业基地	电子信息新产业
汽车产业基地	海洋高技术
服装产业基地	节能环保
家电产业基地	生命健康
电子信息产业基地	创意设计

（2）宁波制造业的特点。2011年，宁波市工商局发布了《宁波市制造业发展分析报告》，报告详细分析了宁波制造业的特点。报告指出，宁波市制造业结构层次相对偏低，重点优势产业仍是低附加值的一般加工业；产业规模化水平低，技术创新能力不强；区域结构和行业结构相对集中；先进制造业的竞争力总体偏弱；出口依存度过大，发展模式相对传统；生产资源要素制约等问题，发展制约明显，转型升级亟须各方努力。同时，该报告指出宁波制造业存在以下特点：

1）内资制造业规模较小，存续率低。宁波市历史上共有制造企业约12万户，但约5万户企业已被注、吊销，占宁波市全部制造企业数量的44%。注、吊销比例较高的是先进制造业和传统制造业，存续率最高的是传统优势制造业。

从资本规模来看，外资企业平均规模较大，注册资金达500万美元以上的企业约占全部外资制造业企业数的17.8%，且多为电子设备制造业；而内资制造业企业在100万元以下的小规模企业数约为48210家，占内资制造企业总数的76.3%；500万元以上的比重仅为5.7%，多为电器机械及器材制造企业。

2）重点产业优势明显，区域分布相对集中。30个行业大类中，内资企业行业排名前六位的分别是通用设备制造业、电气机械及器材制造、塑料制品、金属制品、纺织服装草帽制造业和专业设备制造业。其中装备制造业、电子电器业、汽车及零部件业、石化业和高档纺织服装业五大重点产业分别位列第一、第二、第六、第七和第九；而新材料、新能源、新光源、软件、服务外包和医疗保健设备五大新兴产业虽然有一定的发展，但企业数量仍然较少。

在全市16个区域中，宁波市制造业仍相对集中在鄞州、余姚、慈溪3个区域，三区制造企业户数占全市总量的54.43%。鄞州尤以传统优势制造业和传统制造业为主，余姚、慈溪则是先进制造业相对集中。

3）内资制造业数量占优，经营收入和利润低。截至2010年底，宁波市制造业企业共有68392户，其中内资为63215户、外资为5177户；内资制造企业以92.4%比例在数量上占绝对优势，但在企业经营收入和利润上却并不占优。内资企业经营收入大多低于500万元；而外资企业经营收入基本上高于1000万元。

3. 宁波制造业对物流的需求

根据宁波制造业的特点，我们可以发现，宁波制造业的物流需求主要集中在两大方面：

（1）大型临港制造企业对物流的需求。宁波市拥有天然深水良港，临港制造业比较发达。这些企业多以国有企业为主，往往具有一定规模。单个企业物流需求量较大，并且产品类型相对单一。由于企业本身比较规范，并且有一定的资金实力，产品又具有特殊性，所以往往通过自营物流的方式来解决自身的物流问题。

随着制造业转型升级的不断推进，这些企业越来越意识到物流外包与专注核心业务的重要性。因此，越来越多的此类企业开始谋求对外合作，通过专业物流企业运作自身物流系统。但是，由于企业自身的专业性，在市场上很难找到与之相匹配的具有同等规模和实力的物流企业合作，这一块物流需求往往被搁置。

（2）集群化中小制造企业对物流的需求。宁波制造企业往往呈现集群化状态，如服装、模具、注塑机、化工、钢铁、家电等。集群化中小制造企业由于自身资金和实力限制，往往需要将物流业务整体外包给第三方物流企业。宁波的民营企业较多的就是这种集群化制造企业，这些企业单个规模并不大，但是整体物流规模巨大，这一制造业群体对于物流外包的愿望较强，对物流的需求也较大。这一需求往往具有同质性的特点，同一区域制造业集群中的企业在原材料的采购、运输和成品销售、配送等物流环节上具有较强的相似性。

但实际上将物流业务完全外包的企业数量并不多。这些企业往往内部管理不规范，缺乏供应链管理意识。采购订货、运输、包装、仓储、配送、流通加工等环节的物流活动相对分散、权责模糊，缺乏跨职能的协调，从而导致物流运作成本高，物流外包业务无法全面开展，物流资源无法有效整合。

二、宁波物流业与制造业联动发展现状

宁波制造业与物流业的发展现状为二者的联动发展提供了良好的现实基础。近年来，宁波市制造业和物流业呈现同向快速增长，"两业联动"开始起步，虽然联动的规模和层次很低，但已有了一定的实践成效。制造业物流业务剥离进展迅速，目前，宁波市已有被分离制造企业60余家，分离后新设立生产性服务企业80余家。较好地实现了物流服务外包和物流专业化，为第三方物流发展提供了良好环境，也为两业的联动发展打下了坚实的基础。

宁波把加快物流业与制造业联动发展作为重点工程，以重大项目建设为抓手，以示范试点为突破口，强化政府引导，改善发展环境，积极推动"两业联动"发展，各项工作均取得了明显进展。

1."两业联动"机制不断完善

宁波市政府通过政策引导、会议组织等方式搭建起物流企业与制造企业的沟通交流平台，并协助两业建立了长效合作交流机制，通过大力宣传"两业联动"的理念，及时总结供应链及"两业联动"的典型经验，推进交流与合作；行业协会通过开展"两业联动"行业调查推广、行业科技进步、咨询管理服务等方式，加强供需对接服务，引导制造企业、商贸企业实施流程再造，扩大物流服务外包，实施联动发展。

同时，为了推进两业的联动，提升制造业物流发展水平，宁波市组织实施了一批制造业与物流业联动发展的示范工程和重点项目。积极鼓励钢铁、石化、汽车、家电、纺织等大型制造企业运用供应链管理技术，推进采购、生产、销售等环节或整体的物流整合，提高企业物流运作效率。鼓励制造企业在流程再造基础上分离、分设物流企业，形成物流品牌，并逐步向第三方物流企业转型。

2."两业联动"服务能力不断增强

随着宁波"三位一体"港航物流服务体系的不断建设，大宗货物贸易体系不断得到完善，塑料、液体化工等商品交易市场已具较大规模，区域能源、原材料等大宗物资储备配置中心地位逐步形成。宁波作为浙江大宗商品交易中心的两个平台之一，拥有各类专业市场200多个，拥有工业生产资料专业市场70个，主要有余姚中国塑料城、宁波华东物资城钢材市场、镇海木材市场、镇海钢材交易市场、镇海大宗生产资料交易中心和大榭能源化工交易中心等。这些大宗货物交易市场的建立，为物流企业实现规模化、专业化服务，为两业更好地融合提供了市场和平台。

宁波港口已建成长三角地区唯一的铁路直达集装箱码头前沿堆场的铁路设施，在省内外多个城市布局了"无水港"，开通了宁波—义乌、温州等地的集装箱铁路专列，制造业货物海铁联运的条件基本成熟。大口岸建设的不断开展为制造业货物提供了更便利的通关渠道和服务。

3."两业联动"信息化水平不断提高

目前，宁波约有80%以上的企业建立了内部的管理信息系统，仓储管理、运输管理、采购管理等系统得到普遍应用。电子商务物流受到了企业的普遍重视，企业资源计划（ERP）和供应链管理（SCM）软件应用日渐普及。物流信息安全的防范意识增强，数据库安全技术、密码技术、病毒防治技术、访问控制技术和身份识别技术等不断被企业所使用。

宁波市着力打造的第四方物流平台经过两年的建设和培育已初具规模。推出的GPS物流监控平台、企业信息联网、物流金融、海运通、陆运通、空运通、在线交易支付、在线投保、联通四方物流等物流特色服务，大大降低了物流成本，提高了物流效率。

4."两业联动"人才建设不断推进

目前，宁波市高校都相继设立了物流专业，物流人才规模不断扩大。2007年，宁波市教育局设立宁波市港口物流人才培养基地，由宁波工程学院主持，宁波大学等高校和相关政府、企业合作建设，共同培养港口物流应用型人才，用以满足港口物流和临港制造产业对物流人才的需求。2011年，宁波市教育局又分别设立了宁波市先进制造业与现代服务业公共职业培训平台，其中的物流培训以宁波工程学院与宁波市成人教育学校为主体，开展高端职业培训。这些项目为"两业联动"提供了智力和人才支持，有利于"两业联动"的推进和发展。

三、宁波物流业与制造业联动发展存在问题

宁波物流业与制造业联动发展已具有一定基础，但政策环境还不完善，第三方物流企业社会化服务水平不高，制造企业物流剥离不够彻底。

1. 物流业与制造业发展程度具有差异性

自 20 世纪末从日本引入物流的概念，物流业已经发展了 30 多年，基本走上了市场化的道路。但是，物流业依然是一个新型服务产业。民营经济为主的格局造成了其整体规模较小的现状。众多的物流企业基础设施配套性和兼容性差，信息化建设不健全，大部分是单纯的货运代理、运输或仓储经营者。总体来看，能够提供全方位、多元化的物流服务的企业不多，能够提供专业制造业需要的专业物流服务的企业也较少，服务水平和能力也较低。

总体来看，宁波市的物流业滞后于制造业的发展，无法满足宁波大型临港工业对于临港物流的要求，也无法满足集群化中小物流企业对于物流外包的要求。这严重地阻碍了宁波制造业的发展和走出去的步伐，同时也不符合开放性港口城市、重要物流节点的城市地位。

2. 物流业与制造业的供需不畅，供应链协同困难

目前，制造企业的物流需求分散在各个部门和企业，没有转化为社会化的需求。而社会化需求的不足，又导致专业化物流的发展受到限制，从而造成制造企业与物流企业缺乏有效的沟通和衔接。制造业的物流业务整合与剥离外包亟待推进，第三方市场亟须培育和发展。

物流技术标准化的不统一和物流信息共享平台的缺乏，造成了不同区域和部门的物流服务无法实现无缝链接，物流企业供给信息无法有效获得，严重影响了制造企业有效利用物流基础信息的效率。两业供需问题若不解决，"两业联动"将很难开展，更无法实现供应链的协同发展。

3. 物流业与制造业的合作关系不稳定

随着宁波制造企业物流外包认识的不断提高，越来越多的制造企业开始尝试与物流企业合作。但是绝大多数的两业合作还是停留在短期模式，合作关系

不够稳定。较多企业的合作形式主要是签订合同，开展两业战略联盟合作的比重很少，相互参股等深层次的合作模式并没有得到足够的重视。

没有稳定的合作关系，企业便不会对"两业联动"投入更多的资金和人力，联动便无法顺利运转。这又使企业无法感受到"两业联动"给自身带来的效益提高和实惠，降低了企业联动的积极性和动力。

4. "两业联动"人才紧缺

人力资源是物流发展中的重要生产要素，物流业与制造业联动发展需要多层次物流人才支撑。当前尤其缺乏实用型物流人才、高水平的物流管理人员和物流工程技术人员。构建"两业联动"人才保障体系，已经成为推动物流业与制造业联动发展的当务之急。

物流人才缺乏是目前各大城市都存在的问题，宁波市也不例外。"两业联动"需要既懂物流运作又懂生产管理的复合型人才，这对人才的素质和能力提出了更高的要求。同时，企业不仅要做到招揽人才，还要做到留住人才，这对企业和政府都提出了更高的要求。

第四节 宁波物流业与制造业联动发展形势分析与模式选择

一、宁波物流业与制造业联动形势分析

1. 全球金融危机影响尚未消除

2010 年以来，美国经济并未复苏，欧债危机愈演愈烈，国际市场不断萎缩。随着国际竞争不断加剧，贸易保护主义逐渐抬头，诸多不确定因素将给宁波物流业与制造业的发展带来巨大压力。同时，制造业全球化和我国融入世界制造业的步伐并未减缓。制造业全球采购、全球生产和全球销售的发展趋势对宁波市国际物流的发展带来了新的挑战。

目前，宁波市的制造企业又面临国内银根紧缩的压力，更是举步维艰。这就需要开源节流，从企业内部管理中挖掘发展潜力。而企业物流成本无疑是很大的一块利润空间。危机正好也给了制造企业转变发展结构、整顿企业管理的时间和空间。

加强物流业与制造业联动，有助于宁波物流业与制造业的转型发展，有助于提高"宁波制造"的含金量和国际竞争力，有助于抵御国际金融动荡和市场变化带来的影响和冲击。

2. 政府高度重视两业发展和联动

宁波市政府向来重视物流业和制造业的发展和"两业联动"。物流方面，较早就成立了现代物流业发展领导小组，专门管理宁波市物流业相关规划和管理。2002年，《宁波市现代物流发展规划》出台，提出了宁波市物流业由传统物流向现代物流转变的目标。此后又相继出台了《加快宁波市现代物流业发展的若干意见》、《宁波市现代物流业发展引导资金管理办法》、《宁波市支持发展现代物流业实施办法》和《现代物流示范企业认定和扶持暂行办法》等相关法规和意见。市政府积极推进物流重大项目建设，开展海铁联运、双重运输、RFID技术等先进运作模式、技术及标准的研究、试点、推广、应用，重点打造宁波电子口岸和第四方物流平台，获得了国家和地方各界的认可与肯定。制造业方面，随着国家经济转型升级政策的出台，宁波市也相继出台了《宁波市先进制造业发展专项资金使用管理办法》等相关政策和措施，积极扶持宁波市制造业转型升级。"两业联动"方面，宁波市积极推动"制造业与物流业联动发展示范工程"建设，指导重点行业、重点企业开展制造业与物流业联动发展试点。2010年11月，宁波市交通局、经委、贸易局等部门联合举办宁波市物流业与制造业、商贸业联动发展大会，共同为物流与制造企业交流合作搭建平台。

政府部门的支持和相关优惠政策的出台，极大地调动了物流企业与制造企业"两业联动"的积极性，为"两业联动"的进一步深入开展提供了政策保障。一系列政策的颁布实施，无疑为企业注入了"强心剂"，明确了其发展方向。政策环境的改善也为"两业联动"的开展铺平了道路。

3. 行业整合或加速

2005年12月，中国物流业全面对外开放，国外物流企业全面进入宁波物流市场，世界排名前20的大班轮公司、USP等环球快递巨头纷纷落户宁波。起步晚、规模小、核心竞争力不突出的宁波本地物流企业在与外资物流企业的竞争中处于劣势。这就促使物流企业开始思考如何应对外来挑战，"抱团过冬"。

随着政府部门的重视和市场竞争的优胜劣汰，物流方式落后、流转速度慢、成本高、效率低、损耗大的物流企业将会在国际竞争中退出市场，而那些可以高效满足客户在时间和服务质量方面的要求，优于制造企业自营物流的优质物流企业将在市场竞争中取得主要的市场份额。这就要求物流企业进行纵向和横向的一体化资源整合，提升企业实力和物流服务能力。

外资的涌入势必将引起宁波物流市场主体结构的进一步变革。而物流业的开放对于宁波物流企业来说，既是挑战也是一种机遇。只要物流企业看准时机，迅速发展，也可以将危机变为转机，通过自身努力，开辟国外市场，进一步提升国际竞争力。因此，如何发挥宁波本土物流企业的地方优势，与现代制造业产业集群融合渗透、共同成长成为宁波物流企业需要思考的一个重要关键问题。

二、物流业与制造业联动模式分析

物流业与制造业联动模式是指物流业与制造业联动过程中，所采用的协作方式。在不同的企业之间和不同的合作时期，根据企业间关系的紧密程度，"两业联动"的模式也有不同的特点。物流业与制造业联动的模式主要有：

1. 短期合作模式

短期合作模式是制造企业在生产过程中，将分散在制造部门的单个或多个物流业务以签订短期合同的方式，交由物流企业进行运作。短期合作模式具有不稳定性和多向性，通常作为制造企业物流合作的辅助模式而存在。

2. 基于 3PL 的物流外包模式

基于 3PL 的物流外包模式是指制造企业由于自身物流能力的局限性，从而将物流业务外包给专业物流企业的运作模式。这种合作模式不仅有利于制造企业减少物流运作成本，集中精力搞好主业，还有利于通过物流企业专业化的服务，大大提高企业的物流作业水平。

3. 战略联盟模式

物流联盟是指两个或两个以上的经济组织为了实现特定的物流目标而采取的长期联合与合作。制造业与物流业因物流供需而建立的一种有计划的持久合作关系，就是一种物流战略联盟。物流战略联盟既包括非股权参与型的松散合作，也包括股权参与型的紧密合作，但并不形成独立的法人实体，联盟内各个企业是独立的经营者。制造业与物流业建立物流战略联盟，可以使双方紧密地结合成一体，形成相互信任、共担风险、共享收益的关系。物流战略联盟可以大大降低交易成本，提高物流交易的效率；同时联盟成员的独立性又可以使每个成员都能够专注于自身的核心业务。另外，物流战略联盟的结果可以使物流业与制造业在物流设施、运输能力、物流管理技术等方面，实现优势互补，从而达到整个联盟效益最大化的目的。因此，战略联盟是制造业与物流业联动发展、合作共赢的理想模式。

物流战略联盟的具体合作形式多种多样，可以根据实际情况和制造业的需求，从以下几种方式中进行选择：签订长期合作伙伴协议、股权参与、物流系统接管、共同投资建立专用性的资产等。

4. 交易平台模式

交易平台模式是指通过构建具有公信力的物流资源与制造企业物流需求的交易平台。解决物流供需双方信息不畅的"瓶颈"，消除阻碍制造业与物流业有机融合的因素。通过交易平台实现物流业与制造业之间的资源整合。

这种模式使物流企业与制造企业的联动不再停留于双边的合作，而是扩大到更广泛的空间，形成多边的战略合作。这种合作联动能够调动更多的物流资源，充分实现物流资源的有效配置。

三、宁波物流业与制造业联动发展模式选择

根据宁波物流业与制造业发展的现状和宁波"两业联动"的实际情况，宁波物流业与制造业联动发展应具有宁波自身特点，从宁波港口经济大进大出和民营经济集群化的特点出发，着力打造临港大型制造企业物流联盟联动模式和集群化中小制造企业平台型联动模式，走出宁波"两业联动"的特色之路。

1. 临港大型制造企业物流联盟模式

临港产业是宁波的重要支柱产业，宁波港的优势区位和自然条件使得宁波的临港大型制造产业具有先天的优势竞争力。这些产业往往分布在港区附近的产业园与经济区中，较多地依赖港口而发展，对于港口物流的需求量较大，产品结构较为单一。

针对临港大型制造企业物流量大、产品专业化等特点，应与专业物流企业建立战略联盟，提供特色化物流服务。可以通过长期协议、股权参与或物流接管等方式，协同完成物流业务，也可以整合多家物流企业资源，分别提供具有优势的物流服务，共同完成物流业务活动。专业物流企业能够提供特色化的物流服务，以满足临港企业对企业自身产品和原材料的物流需求。长期稳定的联盟服务能够使物流企业专注于改进物流设备和物流流程，积极投入人力物力，优化供应链结构，实现供应链协同。

一旦联盟建立并发展起来，由于该种模式的物流企业对于制造企业具有依赖性，因此较容易做到以制造企业的供应链作为利益中心，将自身利益与制造企业的发展绑定，实现共同发展。

2. 集群化中小制造企业平台型模式

宁波的民营企业发展继承了浙江经济发展的特点，往往形成区域的集群化。如余姚的塑料产业、慈溪的小家电产业等。这种经济形式也是宁波经济的重要组成部分。由于构成集群的企业规模都较小，具有较强的活力和发展潜力，是宁波经济发展不容忽视的力量，也是宁波产业转型的重要对象。这些企业对于物流的需求具有不确定性和多样性。

对于这些区域化、集群化经济，可以以第三方物流企业为核心，构建中小制造企业物流服务平台。通过全面、完善的物流服务，满足中小企业对物流全方位的需求。同时，针对不同集群的特点，配套设立专业化物流园区，为制造业集群提供运输、仓储、装卸、采购、包装、代理、物流解决方案咨询等全方位的供应链服务。

这种物流企业需要具有一定的规模，可以采取物流园区的模式，实行区域化特色经营。模式建立之后，物流企业往往能够占据供应链整合的主导地位，

通过规模运作降低物流成本，从而进一步增强物流企业与制造企业的竞争力。物流能力的提升又能够对更大范围地区的该种产业产生巨大的吸引力，形成更大范围的产业集聚效应，从而进一步提升该地区制造业的生产能力和市场影响力，实现良性循环。

总之，"两业联动"的模式没有优劣之分。只有适合制造业发展的模式才是应当选择的模式。"两业联动"不仅需要大型物流企业提供全方位专业化物流服务，也需要特色物流企业提供特殊物流服务，更需要大量的中小物流企业提供快速响应和即时可得的便利式物流服务。只有这样全方位的物流服务供应，才能真正实现物流业与制造业的全方位无缝联动，才能促进两业的共同发展。

第五节　宁波物流业与制造业联动发展对策

宁波物流业与制造业联动发展需要调动各方面的积极性，共同协作来实现。需要政府营造良好的政策环境，需要制造企业改变经营观念，也需要物流企业提高自身服务水平。具体来说就是要做到以下几点：

一、加强政府引导，鼓励制造企业外包物流业务

"两业联动"需要政府的大力支持，通过引导制造业物流外包、鼓励"两业联动"等措施，推动制造企业实现转型升级。政府要积极推进物流业与制造业联动工程。根据国家有关制造业和物流业联动的政策规定，积极落实宁波市《关于推进制造企业二三产分离发展的实施意见》、《关于加快宁波市现代物流业发展的实施办法》等地方性政策，有效利用财政、税收、土地等政策，积极引导制造企业物流外包，营造开放、竞争的物流市场环境，促进宁波制造业和物流业的联动发展。

政府部门应加强宣传和协作力度，转变企业发展观念，调动企业联动的积极性，尤其是要让制造企业意识到物流外包和与物流业联动对制造企业降低成本、提高竞争能力的重要性，使其积极参与"两业联动"的改革。发挥市场对物流资源优化配置的能力，推动制造企业物流业务分离试点，引导制造企业自主剥离企业非核心物流业务，实现物流专业化运作。同时，政府要积极培育有实力的物流企业，提升其对制造业的服务能力，鼓励其参与制造业供应链管理。针对宁波制造企业的不同特点，有区别地引导和分配物流资源，实现物流资源利用最大化和物流特色化发展。

此外，政府还应积极创造机会，通过会议、论坛等方式使两业建立长效交

流机制，解决两业交流的"瓶颈"。可以成立相关的咨询部门，随时解决物流企业与制造企业在联动过程中出现的困难和障碍，加速两业磨合。

二、积极培育能够满足制造企业需求的现代物流服务企业

"两业联动"最突出的问题就是物流服务企业服务能力水平无法满足制造企业的需求。目前宁波的物流企业服务能力普遍较弱，还无法适应"两业联动"的需求。因此，要促进"两业联动"的深入开展，就必须培育出符合制造企业物流外包要求的现代物流服务企业。针对宁波制造企业的特点，一方面，要培育能够满足大型临港物流企业需求的专业化物流服务企业；另一方面，要培育面向中小型制造企业的功能齐全的第三方龙头物流企业。

同时，要鼓励物流企业积极创新，努力实现发展模式转变，改变原有的以价格战为主的竞争模式。积极鼓励物流企业在新信息技术应用、管理信息系统开发等方面进行投入。培育出一批既能提供生产制造业产品的简单加工增值服务，也能为客户提供供应链一体化解决方案、价值评估、流程再造等综合服务的业态新颖、特色鲜明的成长型现代物流企业，为制造业的发展和产业结构的升级提供有力保障。

此外，要积极鼓励制造企业参与到物流企业的培育中去。通过合作交流、参股收购等方式，融入到物流企业管理和发展之中，改造物流企业运作模式。使物流企业的发展方向与制造企业的物流需求目标达到一致，从而使其能够为制造企业提供满意的物流服务。"两业联动"的落实最终还是需要靠企业来实现，物流企业的服务能力将起到关键作用。

三、加强物流基础设施建设

物流基础设施建设是"两业联动"得以顺利开展的重要保障。通过完善物流公共基础设施建设，能够提高"两业联动"的物流供给能力和服务水平。必须加强道路、铁路、运河等通道建设，使货物能够物畅其流。必须统筹规划宁波市物流园区建设，优化物流运输网络体系。根据宁波市制造产业的布局和不同产业的特点，鼓励物流产业集群化发展，实现物流资源整合，提升物流服务功能，提高物流服务水平。重点建设为临港制造业服务的北仑现代国际物流园区，为制造产业集群服务的杭州湾新区物流中心、余姚姚北综合物流中心、慈溪家电专业物流中心等。

同时，要提高"两业联动"的信息化水平，要加强"两业联动"服务平台的服务能力和对物流资源配置的功能，解决制造企业与物流企业供需信息畅通问题。通过不断完善宁波第四方物流信息平台功能，为制造企业和物流企业提

供全面、及时的物流服务信息，并积极打造电子商务和政务为一体的物流信息网络，实现政府、企业间的信息共享。

四、实施物流业与制造业联动示范工程

示范工程实施能够有效地调动企业的积极性，起到引导促进"两业联动"快速发展的作用。选择一批优质的制造业与物流企业，进行"两业联动"的示范。尝试联动模式的探索与创新，并积极向国家和省有关部门申报"两业联动"示范工程。政府对参与企业采取优惠政策和鼓励措施，提高其积极性，并使其在联动中得到实惠，促使其他企业也参与到联动中来。要选择具有宁波制造企业特色的重点企业开展示范工程。重点选择以临港大型制造企业为对象的专业化物流联动模式和以集群化中小制造企业为对象的平台型物流联动模式为突破口，形成具有宁波特色的"两业联动"模式。

同时，在示范工程实施的过程中，应当及时总结联动过程中出现的问题。组织专家学者开展关键问题的攻坚，为"两业联动"的可持续发展扫清障碍。通过"两业联动"示范工程，发掘宁波优秀的物流企业，对其给予进一步的扶持政策，鼓励其做大做强。通过"两业联动"示范工程，探索符合企业实际情况的联动模式，改造原有的落后模式，实现"两业联动"的创新发展。

五、加强"两业联动"服务体系建设

"两业联动"服务体系建设需要考虑到多方面的问题。首先，必须建立起具有权威性的物流业诚信监控体系。在"两业联动"过程中，制造企业通常会因为担心物流企业的诚信问题而选择自营物流。因此，通过对物流企业资质、信誉度的权威评价来规范物流企业的运作行为，能够有效地提高制造企业的联动信心。使制造企业在引入第三方物流时没有后顾之忧，降低制造企业的物流外包风险。其次，要加快市场和技术标准的统一规范进程，在完成物流业标准化的过程中，需要考虑与制造企业的对接，实现物流业与制造业标准的统一，从而提高"两业联动"效率。这里的标准不仅是装备与基础设施的统一，在供应链协同的环境下，还需要实现信息、管理等方面的标准统一，真正实现两业融合发展。最后，要加快融资平台建设。尤其是在当下货币紧缩的背景下，中小企业往往无法得到金融支持，"两业联动"开展将遇到资金"瓶颈"。因此，通过融资平台建设，对"两业联动"进行专项资金扶持，将推动"两业联动"的开展，调动企业的积极性。可以通过试点开展"两业联动"融资租赁等创新模式，提供对"两业联动"的金融支持。

此外，要积极发挥行业协会的作用。通过行业协会实现政府、制造企业、物流企业的无缝交流。组织相关行业协会开展"两业联动"问题研讨会，搭建

人员沟通和信息交流的平台，建立"两业联动"行业协调机制，及时有效和有针对性地解决联动过程中出现的问题，保障"两业联动"的推进。

六、培养复合型专业物流人才

"两业联动"，人才是关键。物流人才是紧缺型人才，复合型物流人才更是缺少。宁波市要开展"两业联动"，就必须解决好人才的问题。一方面，要积极引进国内外高端物流人才，通过引援的方式，快速提高两业联动的物流管理水平，从而有效提升物流服务能力。另一方面，要建立多层次的物流人才教育培养体系。一是加强高等教育，积极扶持本市高校培育优秀物流管理人才；二是加强职业培训，利用宁波市公共职业培训平台，开展社会公共培训服务，培养一批专业物流人才。

目前，宁波企业普遍存在引人容易、留人难的问题。因此，在考虑培养和引进人才的同时，还需要考虑如何留住人才的问题。具体的就是要做到在给予优惠条件的同时，营造良好的行业环境，培养人才的归属感和认同感，使其能够真正安心服务于宁波发展。

总之，"两业联动"是一个涉及面较广的复杂工程。联动是一种趋势，是制造业转型升级的必然要求。宁波市要实现物流业与制造业联动发展，提升城市经济实力，就需要各方面共同努力才能完成。

第三章　培育物流龙头企业的策略

第一节　宁波市物流企业发展现状

一、宁波市物流企业总体状况

截止到 2010 年，根据工商部门企业注册数据，宁波市目前拥有物流企业近4000 家（不包括外地物流企业在宁波的办事处、分公司等，如表 3-1 所示），其中运输类企业（包括运输企业和航运企业）1400 多家，约占宁波市物流企业总数的 40%，为宁波市内数量最多的一类物流企业；综合类物流企业近 900 家，占宁波市物流企业总数的 24%；货代企业数量与综合性物流企业相当，也占到了企业总数的 24%，尽显宁波物流的港口特色。

表 3-1　宁波市物流企业数量与注册资本（2009 年）

企业类型		企业数量（家）	比例（%）	注册资本（亿元）	注册资金 100 万元以上企业数（家）
综合类物流企业		893	24.31	74.74	503
运输类企业	运输企业	1282	34.90	9.20	135
	航运企业	160	4.36	3.20	21
仓储类企业	仓储型	144	3.92	7.20	71
	储运型	72	1.96	3.10	36
快递企业		52	1.42	0.07	3
货运代理		891	24.26	16.40	本地注册国际货代 292 家
装卸企业		50	1.36	0.20	5
物流设备		129	3.51		
合计		3673	100.00		

从注册资本方面来看，综合类物流企业的注册资本占总量中的比例最大。从企业规模方面来看，综合类企业规模普遍较大，约 500 家企业注册资本在 100 万元以上，占到综合性物流企业总数的一半以上；运输类企业和仓储类企业规模也相对较大；本地注册的装卸类企业、快递类企业规模普遍较小。从物流企业的业务范围来看，宁波物流企业主要服务范围包括：仓储、物料加工和分拨、装卸服务，运输业务相关的仓储设施建设、经营，国际海运货物仓储、国际集装箱运作与堆场业务、国际货物运输代理、报关、报检以及货物运输等，多数业务跟港口有一定联系。

二、宁波市龙头物流企业发展状况

截至 2009 年底，宁波市注册资金在 1000 万元以上的物流企业为 117 家，其中注册资金在 1000 万元以上的综合类物流企业为 72 家，占到了总数的 60% 以上；运输类物流企业有 16 家（其中航运企业为 12 家），仓储类物流企业有 23 家，货运代理企业 5 家，装卸企业 1 家。虽然也有 50 多家快递企业在宁波市注册，然而快递企业规模都很小，大部分注册资本都在 100 万元以下，注册资本超过 100 万元的企业仅为 3 家，超过 1000 万元的到目前为止还没有。

2003 年，国家经贸委、国家发改委和国家统计局等部门联合发布的《中小企业标准暂行规定》对交通运输和邮政业的中小企业标准进行了规定（目前还未有专门针对物流业中小企业标准的国家规定）。根据该《规定》，交通运输业中小型企业为：职工人数 3000 人以下，或销售额 30000 万元以下。其中，中型企业须同时满足职工人数 500 人及以上，销售额 3000 万元及以上，其余为小型企业。邮政业中小型企业须符合以下条件：职工人数 1000 人以下，或销售额 30000 万元以下，其中，中型企业须同时满足职工人数 400 人及以上，销售额 3000 万元及以上；其余为小型企业。将宁波市物流企业状况与上述标准相对照可发现，宁波市物流企业绝大部分为中小物流企业。目前，宁波市员工人数小于 100 人的物流企业占到总数的 93.2%，[①] 营业额过亿元的企业约为 35 家。[②] 营业额超过 3 亿元的物流企业仅为宁波市汽车运输有限公司、浙江中外运有限公司、宁波神化化学品经营有限公司、宁波海运集团有限公司、宁波外运国际货运代理有限公司、宁波富邦物流有限公司、宁波金辉物流有限公司等少数几家。这几家物流企业都是以运输、仓储业务为主的传统物流企业，缺乏能够提供全程物流服务和现代化物流服务的行业领导者。

为促进物流信息化水平和服务水平的提高，2003 年，宁波市政府、宁波交

---

① 宁波市物流办：《宁波市物流企业发展现状及物流产业统计指标体系研究》。
② 宁波市发展和改革委员会、宁波市现代物流规划研究院：《宁波市现代物流业发展规划》，宁波市。

通投资控股有限公司、宁波海关、宁波国检、宁波港集团、中国电子口岸数据中心宁波分中心等单位共同出资 2000 万元组建了宁波国际物流发展股份有限公司（当时公司名称为宁波波特国际物流信息有限公司，2005 年正式更名为宁波电子口岸物流信息有限公司，2008 年宁波交通投资集团参股，公司改制并更名为宁波国际物流发展股份有限公司）。公司运营宁波电子口岸（www.nbeport.gov.cn）、四方物流市场（www.4plmarket.com）两大公共信息平台，是国内一流的综合性现代物流信息服务企业。该公司结合电子政务、电子商务、电子物流，为客户提供优质的大通关、大物流全程信息服务，提高客户信息化水平，帮助客户提高供应链竞争能力，降低社会物流成本，提高物流效率，进而提升区域竞争力。该公司已注册会员企业 6850 家，是宁波规模和影响力最大的物流信息服务企业。

2007 年，为充分展示宁波市物流企业风采，鼓励、扶持、培育物流企业做大做强，营造现代物流业发展的良好氛围，促进现代物流业又好又快发展，宁波市现代物流业发展领导小组办公室评选出了"宁波市十强物流企业"和"宁波市十佳成长型物流企业"。被评为"宁波市十强物流企业"的企业分别是：宁波港集团有限公司、宁波市汽车运输有限公司、浙江中外运有限公司、宁波致远国际货运有限公司、宁波海运集团有限公司、宁波中通物流有限公司、镇海石化物流有限责任公司、宁波大港货柜有限公司、宁波船务代理有限公司、宁波富邦物流有限公司。被评为"宁波市十佳成长型物流企业"的分别是：宁波海联物流有限公司、宁波市宇达物流有限公司、宁波龙星物流有限公司、宁波天地物流有限公司、宁波市舜发国际物流有限公司、宁波市金星物流有限公司、宁波市大众物流有限公司、宁波保税区安信国际集装箱储运有限公司、宁波外运国际集装箱货运有限公司、浙江旭日国际货运代理有限公司。这些"十强"和"十佳成长型"企业主要为运输、仓储和货代型企业，具有较强的经济实力和网络基础。这些企业在政府相关政策的引导下容易成长为具有区域影响力的龙头企业，但传统的、低端的业务类别将限制企业的发展。需要注意的是，由于有些符合条件的物流企业未参与评选，所以这里的"十强"企业并未涵盖宁波市所有规模较大的物流企业。

同年，根据《物流企业分类与评估指标》（GBJT 19680-2005），在宁波市物流发展领导小组的领导下，宁波市开展了物流企业分类评估工作，评估指标主要涉及申报企业的经营状况、资产、设备设施、管理、服务、人员素质、信息化水平等方面。截至 2009 年底，经全国物流企业综合评估委员会审定通过的宁波市国家 A 级物流企业共有 48 家，其中 4A 级企业 5 家（全部为综合服务型），3A 级企业 21 家（其中综合服务型 16 家、仓储型 5 家），2A 级企业 22 家（其中综合服务型 6 家、仓储型 13 家、运输型 3 家）。宁波还没有 5A 级企业，

表 3-2 反映了 2009 年底宁波市 A 级企业的数量与分类。

表 3-2　2009 年底宁波市 A 级企业数量及分类

单位：个

类型	AAAAA	AAAA	AAA	AA
综合型	0	5	16	6
仓储型	0	0	5	13
运输型	0	0	0	3
小计	0	5	21	22
总计		48		

综合上述信息说明，宁波市物流业还处在"多、小、散、弱"的发展阶段，具有一定的区域影响力和行业竞争力的领导型企业较少，急需政府层面的扶持和培育以使这些中小物流企业能跳出恶性竞争的怪圈，实现跨越式发展，提升行业整体竞争力。

三、宁波市物流企业发展存在的问题

经过对宁波市物流企业的状况分析发现，宁波物流企业在现阶段还存在一些问题有待解决。

1. 以中小型物流企业为主，缺乏领导型物流企业

套用国家对交通运输及邮电中小企业的标准，宁波目前的物流企业绝大部分为中小企业。另外，宁波 A 级物流企业总数虽然较多，但没有一家 5A 级物流企业，而且没有全国知名度较高的物流企业。同为港口城市的深圳市，拥有物流企业近 4200 家，其中年营业额超过 1 亿元以上的企业达 40 家，从事国际物流业务出口额超亿美元的物流企业达 17 家，其中怡亚通供应链、飞马国际物流已成功上市，具有 5A 级资质物流企业有顺丰速运（集团）有限公司、深圳市亦禾供应链管理有限公司两家，相邻的杭州市也拥有传化物流和浙江华瑞物流股份公司两家 5A 级物流企业。

这说明，宁波物流企业仍以中小物流企业为主，缺乏行业领导者引领整个物流业的发展。以中小物流企业为主的现状是由宁波物流业发展特点和发展阶段所决定的，但是对于物流业这样一个具有网络经济和规模经济效应的行业来说，行业集中度越高意味着行业发展程度越高。因此，政府需要出台一些政策措施对一些具有潜力的物流企业进行扶持，培育出引领市场健康发展的龙头企业，对提升整个行业的竞争力具有重要意义。

2. 以传统物流企业为主，缺乏现代第三方物流企业

传统第三方物流指由第三方专业物流企业以签订合同的方式为其委托人提

供的包括运输、储存、搬运、分拣、包装、加工等多个环节在内的所有的或一部分的物流服务。现代第三方物流是相对于传统第三方物流而言的，它是在传统第三方物流的基础上，引入高科技手段，即运用计算机进行信息联网，并对物流信息进行科学管理，从而使物流速度加快，准确率提高，库存减少，成本降低，以此延伸和放大传统物流的功能。

从 20 世纪 90 年代起，宁波市一大批从事运输、仓储、货代的企业向物流企业转型。然而，由于传统第三方物流行业进入门槛较低，发展现代第三方物流企业又具有人才、技术、市场等各方面的困难，因此有些企业虽然将自己冠以第三方物流的头衔，但并不具备现代第三方物流企业应具备的能力，主要还是从事传统的运输和仓储业务。

从我们调查获得的物流企业数据也可看出，运输类、仓储类物流企业数量是宁波市物流企业数量中最多的，约占总数的一半，而综合类物流企业仅占总数的 1/4，且综合类物流企业中仍然有大批企业主要从事传统运输、仓储业务。据此，宁波物流企业目前仍以传统物流企业为主，这种局面不利于社会物流成本的节约和宁波物流总体水平的提高，政府在物流企业培育方面的政策应向那些具有创新技术、创新能力和现代第三方物流服务发展潜力的公司倾斜，以引导宁波物流产业整体层次的提高。

3. 以资产型物流企业为主，缺乏技术型领导者

虽然宁波物流企业在信息化建设、仓储自动化建设方面做出了许多努力，然而大部分企业的竞争力还是来自于其拥有的资产数量，包括车辆台数、仓库面积、运输线路条数等。运用先进的信息技术和管理技术的企业是少数，将先进技术作为企业核心竞争力的物流企业也是少数，而在物流相关技术上具有自主创新能力并将其推广应用的企业更少，这也是宁波市物流成本居高不下的原因之一。

因此，政府在扶持和培育龙头企业时，应摒弃传统重资产、重规模的老套路，倾向于那些具有先进技术或者引进和应用先进技术的企业，让它们引领物流成本的降低。

4. 以中低端物流服务为主，缺乏高端物流服务企业

从宁波物流企业的经营范围中可以看出，目前宁波市大部分物流企业仍以传统的中低端服务为主，缺乏高端、优质的物流服务。中低端的服务产品同质性较强，容易让市场变成近似完全竞争市场，从而"价格战"成为企业获取客户的重要手段，由于提供的服务本来就是中低端服务，服务产品附加价值少，价格本来就低，这必然导致市场的恶性竞争。

因此，培育一些具有高端物流服务水平的企业，以此带动市场形态向高级化方向演变，利用差异化、个性化的物流服务产品，针对不同客户需求提供不同档次和种类的增值服务，可以避免市场的恶性竞争。

5. 以某一环节物流服务为主，缺乏全程物流提供商

由于目前宁波物流企业仍然以传统的第三方物流企业为主，因此，宁波物流企业能够提供的服务最常见的是仓储、运输和货代等业务形式，服务内容比较单一，局限于整个供应链上的一个环节，缺乏能够提供整套供应链解决方案的全程物流提供商。

根据对宁波物流企业的相关调查发现，车队和货代仍是企业物流部门的主要业务，其比例分别达到77.2%和62.7%。在问及"影响企业发展的主要内部因素"时，24.1%的企业选择了"服务内容单一"，这说明以供应链上某一环节的单一服务为主要业务内容已经限制了许多物流企业的发展，并且许多企业已经意识到单一的服务不利于企业的发展壮大。然而，物流业发展特点决定了一个物流市场内也不可能充斥着许多大型的能提供全程物流服务的供应商，培育出少数具有全程物流提供能力的龙头企业，依靠龙头企业的力量来整合和提升市场内的单一服务提供者，提高整个物流市场的物流服务水平。

第二节　物流龙头企业的认识与评判

一、对物流龙头企业的认识

1. 龙头企业的内涵

龙头企业是在产业化经营环节中处于关键地位、发挥关键作用、市场把握力强、辐射面广、带动力强的自主经营、自负盈亏、自我约束、自我发展的企业或其他经济实体的总称。龙头企业为具有特色优势的产业集群，如果某区域其产业规模大、市场占有率高、技术创新能力强、能够引领该行业的发展，这样的企业就称为龙头企业。龙头企业并非一定是高新技术产业，传统产业通过运用高新技术或先进适用技术改造，在制造技术和研发方面保持先进水平，同样可以成为龙头企业。另外，作为龙头企业需主导行业优势明显，具有较高的行业集中度和较高的市场集中度，也就是说主导行业在全省、全国甚至全球市场具有相当的占有率。

目前，我国对物流龙头企业的定义还没有界定，本书根据龙头企业的定义，把物流龙头企业定义为：物流龙头企业是指具有一定的规模、盈利能力和市场网络控制能力并处于行业领先地位，管理、技术水平比较先进，服务质量和信誉良好，有创新机制和自主创新能力，发展前景好的企业，能对物流行业的发展和进步起到积极示范作用的企业。

2. 宁波市物流龙头企业具备的基本条件

物流龙头企业作为物流产业发展过程中的引导者、带动者、市场开拓者，应具备以下条件：

（1）企业类型。依据《公司法》登记设立的以物流业务为主、具有独立法人资格的企业，其形式包括国有、集体、私营企业以及中外合资经营、中外合作经营、外商独资企业等公司注册在宁波市内的各类物流企业。

（2）企业规模。企业的指标必须全部达到宁波市物流龙头企业所规定的标准，是同行业的利税大户。

（3）服务功能。具有为工商企业提供物流系统解决方案的能力，建立了跨区域、辐射力强的物流运作网络，能提供多种运输方式和运作模式的一体化物流服务。

（4）具有完善的经营管理机制和健全的科学管理体系。龙头企业应该建立产权分明、责权明确、政企分开、科学管理的现代企业经营机制和内部管理体制，能够充分调动职工的积极性，通过企业的有效运作，提高其经营决策水平和科学管理水平。

（5）具有先进的技术水平和较强的带动能力。物流龙头企业必须对国内外市场有全面深刻的了解，而且必须能够以市场为导向，根据市场的需求变化，不断采用先进的技术和组织管理方式提供客户满意的服务，不断开拓市场。同时，物流龙头企业能形成自己的品牌和知名度，从而在市场的竞争中立于不败之地，更好地为地方经济服务。

（6）企业效益。企业的总资产报酬率应高于同期银行贷款利率，企业应不欠税，不欠工资，不欠社会保险金，不欠折旧，不亏损。

（7）企业信用。依法经营，照章纳税，守合同，重信用，银行信用等级在 A级以上。

3. 物流龙头企业的作用

物流龙头企业有较大的经营规模、较强的带动辐射作用，是可形成产业链和产业集聚的支柱企业，是产业经济的灵魂，是物流产业的中坚力量，也是物流服务体系的支撑。物流龙头企业的作用主要体现以下几个方面：

（1）物流龙头企业能够促进物流产业结构调整。产业结构高级化的本质是技术的集约化。物流龙头企业作为物流产业内先进技术的载体，为了提高其市场中的竞争能力，必然会引进新的生产方式和新的生产技术，从而直接或间接提高整个物流产业的技术集约化程度，导致产业结构向高级化方向演进或优化原来的产业结构，促进经济的发展。

（2）物流龙头企业能够优化资源配置。目前，宁波市物流企业以"小、散、弱"为主，企业规模化、集团化程度不高，物流服务水平和能力较低，网络化、国际化经营水平不高。物流龙头企业的规模化、集团化、网络化、国际化的发展能够推动宁波市物流企业服务水平和经济效益的提高，使生产要素从效率低的企业向生产效率高的企业转移，促进人才、技术、资金、土地、劳力等生产要素跨区域、跨行业、跨所有制流动，从而使物流产业的资源能够得到优化配置。

（3）物流龙头企业可以提高产业集群的核心竞争力。由于物流企业经营规模小，很难抵御市场风险，产品经营手段落后，难以适应市场激烈竞争，物流龙头企业将分散经营的中小物流企业集结成产业集群，吸引到为自己配套的产业链条上来，增强了企业进入市场的能力，有助于解决大市场与小企业的矛盾。同时，将本地资源整合到产业链条中，形成相互需求的合作网络，提升产业集群的核心竞争力。

4. 培育物流龙头企业的意义

现代物流产业是现代服务业的重要内容，是经济发展中最活跃的增长因素。物流龙头企业是现代物流产业的主体组织，从上述分析可以看出，物流龙头企业具有发展潜力大、市场竞争力强、示范带动作用明显等优势，对制造业及其他产业具有服务和支撑作用。因此，培育物流龙头企业对促进物流产业优化升级，增强区域经济实力和综合竞争力，具有十分重要的意义。从国内外经验看，物流业较发达的国家和地区均特别重视物流龙头企业的培育，政府将物流龙头企业的培育工作列为物流业振兴规划的重要手段之一。2003 年以来，深圳、广州、山东、江苏和浙江等省市都不断推出了培育物流龙头企业的举措。对宁波市来说，培养物流龙头企业具有以下几个方面的重要意义与作用：

（1）物流龙头企业的培育有利于"大物流"体系建设。受国际金融危机影响，物流业重新洗牌、收购重组，实施网络化、专业化、品牌化经营成为趋势，促使宁波物流业调整结构。同时，宁波市委、市政府明确要建立对接海内外的现代营销物流体系，大力发展现代物流市场。因此，物流龙头企业的培育能够整合宁波市物流企业的资源，实施网络化、专业化、品牌化经营，构建大口岸、大通关、大流通、大辐射的大物流体系，推进物流产业的发展。

（2）物流龙头企业的培育有利于宁波经济社会发展。当前，宁波已经步入工业化中后期阶段，处于全面提升工业化、信息化、城市化、市场化和国际化水平的关键时期，经济社会保持稳定增长，产业结构持续优化，进出口贸易保持快速增长，城镇居民消费需求平稳增长，长三角区域一体化格局加速形成，对物流业发展提出了更高要求。物流龙头企业的培育，可以形成以物流龙头企业为主体的现代物流服务体系，保障和支撑全市经济社会快速发展。

（3）物流龙头企业的培育有利于提升物流业的竞争力。随着国外物流企业进入宁波市场，宁波物流行业国际化竞争的压力逐步增大。外资企业在资金、技术、管理、运营经验等方面有明显的优势，随着物流市场的开放，宁波物流企业面临的挑战日益增大。物流龙头企业的培育，可以使宁波市物流企业做大做强，向全国性、全球性网络化经营发展。这样既有利于宁波物流企业应对外资企业的竞争压力，也有利于宁波物流企业实现"走出去"战略，提高了物流行业的整体竞争力。

（4）物流龙头企业的培育有利于进一步提升宁波港口竞争力。宁波港正面临东北亚港口群的竞争，同时上海港、江苏港口群、浙江港口群也在合作中竞争。上海港几年前就已经开始实施"长江战略"，先后与长江沿线的武汉港、重庆港、芜湖港、南京港、南通港合作，将长江上、中、下游港口基本纳入其腹地范围，利用"水水中转"这一便捷、廉价、高效的方式，确保对规模庞大的洋山港区的货源供给。同时，温州港、台州港、嘉兴港等省内港口建设也正在快速推进，这些港口与宁波港有着共同的经济腹地，也使宁波港口物流发展面临更大的竞争压力。培育物流龙头企业，形成全国性的物流网络，可以降低物流成本，吸引更多的货源，拓展宁波港的经济腹地，提升宁波港口的竞争力。

二、宁波市物流龙头企业的分类

宁波是国际港口城市，也是全国性物流节点城市之一，港口物流是宁波物流产业的支柱。宁波物流企业依托港口优势，国际货运代理、航运及船舶代理业务成为宁波物流业发展的一大特色，同时整合物流资源的第四方物流平台已形成了"宁波模式"。结合宁波物流业的特色和物流企业主营业务的类型，可以将宁波市物流龙头企业分为道路运输型、综合服务型、信息平台型三种类型。

1. 道路运输型物流龙头企业

运输型物流龙头企业是以从事货物运输业务为主，包括货物快递服务或运输代理服务，具备一定规模，可以提供门到门运输、门到站运输、站到门运输、站到站运输服务和其他物流服务，企业自有一定数量的运输设备，具备网络化信息服务功能，应用信息系统可对运输货物进行状态查询、监控的物流企业。

道路运输型物流龙头企业还包括具有某专业运输服务的对象或行业，细分为危险品物流龙头企业、医药物流龙头企业、冷链物流龙头企业、汽车零配件物流龙头企业等。

2. 综合服务型物流龙头企业

综合服务型物流龙头企业是从事多种物流服务业务，可以为客户提供运输、货运代理、航运及船舶代理、仓储、配送等多种物流服务，具备一定规模；能够根据客户的需求，为客户制定整合物流资源的运作方案，为客户提供契约性的综合物流服务；能够按照业务要求，企业自有或租用必要的运输设备、仓储设施及设备；具有一定运营范围的货物集散、分拨网络，配置专门的机构和人员，建立完备的客户服务体系，能及时、有效地提供客户服务，具备网络化信息服务功能，应用信息系统可对物流服务全过程进行状态查询和监控的物流企业。

就宁波市而言，此类龙头企业主要是口岸综合服务型第三方物流企业，主要业务围绕港口节点开展的综合物流服务。

3. 信息平台型物流龙头企业

信息平台型物流龙头企业是通过拥有的现代信息技术和整合能力将物流信息集中到统一、安全、高效的平台上，实现政府与企业、企业与企业、企业与中介组织之间的信息变换和共享，实现物流政务服务和物流商务服务的一体化，范围涵盖海运、陆运、空运等多种运输方式，其功能支持运输、仓储、分拣、配送等物流供应链全过程。它能够提供政务信息、物流新闻资讯与货源、车源、仓库等信息，并且依靠优秀的第三方物流供应商、技术供应商、管理咨询以及其他增值服务商，为客户提供独特的和广泛的供应链解决方案。

宁波市初步形成的第四方物流信息平台服务企业属于此类物流企业。

三、宁波市物流龙头企业的评判标准

1. 宁波市物流龙头企业的评判指标体系的设计

根据物流龙头企业的内涵和具备的条件，设计物流龙头企业的评判指标体系。我们可以设计的指标体系包括规模状况、经济效益、企业经营理念与品牌、信息化水平、设施与设备、管理及服务、人员素质7个一级指标，22个分类指标，如图3-1所示。

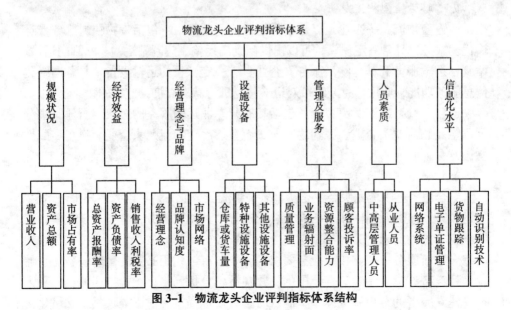

图3-1　物流龙头企业评判指标体系结构

评判指标说明：

（1）规模指标。规模指标反映物流企业经营规模状况、现有的总资产额或者固定资产额的情况以及企业在市场中的地位。该指标通过营业收入、资产总额和市场占有率等数据来体现。

（2）经济效益指标。经济效益指标是反映物流企业生存、盈利能力以及企业为社会贡献程度的指标，经济效益低下会严重影响物流企业的发展。该指标主要包括总资产报酬率、资产负债率、销售收入利税率等。

（3）经营理念与品牌指标。经营理念与品牌指标是反映物流企业未来发展潜力的重要指标。该指标包括物流企业的经营理念、品牌认知度、市场网络等。

（4）设施与设备指标。物流设施设备就是进行各项物流活动和物流作业所需要的设备与设施的总称。它是组织物流活动和物流作业的物质技术基础，是物流服务水平的重要体现。该指标通过自有仓库面积或自有货运车量、特种设施设备和其他设施设备来体现。

（5）管理及服务指标。物流管理及服务指标就是为了满足物流顾客的服务需要，对物流企业进行组织、计划、实施、检查、监督、审核的管理活动。该指标主要包括质量管理、业务辐射面、资源整合能力、顾客投诉率等。

（6）人员素质。人员素质指标是物流企业从业人员在学历层次、技能水平等方面的构成，人员素质结构直接影响物流企业未来的发展。该指标主要包括中高层管理人员和从业人员的学历及技能水平。

（7）信息化水平。信息化水平指标反映了信息技术在物流企业的应用程度，表现为物流信息收集的代码化、信息处理的计算机化、物流信息传递的标准化和实时化、物流信息储存的数字化。该指标主要包括网络系统、电子单证管理、货物跟踪、自动识别技术等。

2. 宁波市物流龙头企业的评判标准

根据物流龙头企业的评判指标体系，我们设计评估指标体系的量化标准。该指标体系中有核心指标和附属指标，核心指标是物流龙头企业必须达标的数值，附属指标是物流龙头企业的参考指标。

（1）道路运输型物流龙头企业评判标准。运输型物流龙头企业的评判量化标准如表3-3所示。

（2）综合服务型物流龙头企业评判标准。综合服务型物流龙头企业的评判量化标准如表3-4所示。

（3）信息平台型物流龙头企业评判标准。信息平台型物流龙头企业主要提供物流信息服务、整合供应链上的各种资源，并为客户提供供应链解决方案。信息平台型不一定要具备实体资产（如仓库、车辆、船舶等），但必须具备全国性的品牌、声誉、市场网络，优秀的技术提供商、第三方物流公司，能够提供

表 3-3　运输型物流企业评判标准

评估指标		运输型龙头物流企业标准
规模状况	1. 年货运营业收入*	3 亿元以上
	2. 资产总额*	2 亿元以上
	3.市场占有率*	30%以上
经济效益	4. 资产负债率*	不高于 70%
	5. 总资产报酬率	30%以上
	6. 销售收入利税率*	15%以上
经营理念与品牌	7. 经营理念	企业有先进的经营理念
	8. 品牌认知度*	省内外有较高的品牌认知度
	9. 市场网络*	形成全国性的市场网络，运营网点 30 个以上
设备设施	10. 自有货运车辆*（或总载重量）*	400 辆以上（2000 吨以上）
	11. 特种设施设备	占自有货运车辆 30%以上
	12. 其他设施设备	具备配套的其他设施设备
管理及服务	13. 管理制度	有健全的经营、财务、统计、安全、技术等机构和相应的管理制度
	14. 质量管理*	通过 ISO9001-2000 质量管理体系认证
	15. 业务辐射面*	全国范围
	16. 顾客投诉率（或顾客满意度）	≤0.1%（≥95%）
人员素质	17. 中高层管理人员*	60%以上具有大专以上学历或行业组织物流师认证
	18. 业务人员	50%以上具有中等以上学历或专业资格
信息化水平	19. 网络系统*	货运经营业务信息全部网络化管理
	20. 电子单证管理	70%以上
	21. 货物跟踪*	70%以上
	22. 自动识别技术*	企业能够已经使用条形码或 RFID 等识别技术

　　注：标注 * 的指标为企业达到评判标准的必备指标项目，其他为参考指标项目；货运营业收入包括货物运输收入、运输代理收入、货物快递收入；市场占有率是专业性的物流公司（如冷链物流、汽车零配件物流、医药物流、特种物流）在宁波市内所占该行业的市场份额；特种设施设备主要针对专业性物流龙头企业拥有的设施设备；运营网点是指在经营覆盖范围内，由本企业自行设立、可以承接并完成企业基本业务的分支机构；顾客投诉率是指在年度周期内客户对不满意业务的投诉总量与企业业务总量的比率；顾客满意度是指在年度周期内企业对顾客满意情况的调查统计。

表 3-4 综合服务型物流企业评判标准

评估指标		级别
规模状况	1. 年综合物流营业收入 *	2 亿元以上
	2. 资产总额 *	1 亿元以上
	3. 市场占有率 *	20%以上
经济效益	4. 资产负债率 *	不高于 75%
	5. 总资产报酬率	30%以上
	6. 销售收入利税率 *	15%以上
经营理念与品牌	7. 经营理念	企业有先进的经营理念
	8. 品牌认知度 *	省内外有较高的品牌认知度
	9. 市场网络 *	形成全国性的市场网络，运营网点 50 个以上
设备设施	10. 自有或租用仓储面积	3 万平方米以上
	11. 自有或租用货运车辆	500 辆以上
	12. 其他设施设备	具备配套的其他设施设备
管理及服务	13. 管理制度	有健全的经营、财务、统计、安全、技术等机构和相应的管理制度
	14. 质量管理 *	通过 ISO9001-2000 质量管理体系认证
	15. 业务辐射面 *	全国范围
	16. 资源整合能力 *	提供物流规划、资源整合、方案设计、业务流程重组、供应链优化、物流信息化等方面服务
	17. 顾客投诉率（或顾客满意度）	≤0.1%（≥95%）
人员素质	18. 中高层管理人员 *	70%以上具有大专以上学历或行业组织物流师认证
	19. 业务人员	50%以上具有中等以上学历或专业资格
信息化水平	20. 网络系统 *	物流经营业务信息全部网络化管理
	21. 电子单证管理 *	80%以上
	22. 货物跟踪 *	70%以上
	23. 自动识别技术 *	企业能够已经使用条形码或 RFID 等识别技术

注：标注 * 的指标为企业达到评判标准的必备指标项目，其他为参考指标项目；综合物流营业收入指企业通过物流业务活动所取得的收入，包括运输、储存、装卸、搬运、包装、流通加工、配送等业务取得的收入总额；运营网点是指在经营覆盖范围内，由本企业自行设立、可以承接并完成企业基本业务的分支机构；顾客投诉率是指年度周期内客户对不满意业务投诉总量与企业业务总量的比率；顾客满意度是指在年度周期内企业对顾客满意情况的调查统计；租用货运车辆是指企业通过契约合同等方式可进行调配、利用的货运专用车辆；租用仓储面积是指企业通过契约合同等方式可进行调配、利用的仓储总面积。

增值服务，所以信息平台型物流龙头企业的评判标准与前两类不同。信息平台型物流龙头企业的评判标准如表 3-5 所示。

表 3-5　信息平台型物流企业评判标准

	评估指标	级别
规模状况	1. 年综合营业收入 *	
	2. 市场推广 *	4000 家以上会员单位
经营理念与品牌	3. 经营理念	企业有先进的经营理念
	4. 品牌认知度 *	国内有较高的品牌认知度
	5. 市场网络 *	形成全国性的市场网络
现代信息技术	6. 信息平台 *	统一、安全、高效
	7. 信息平台功能 *	支持运输、仓储、分拣、配送等物流活动
	8. 信息技术供应商 *	拥有信息技术供应商的支持
	9. 其他信息技术	GPS、GIS、EDI、条码、RFID 等信息技术的应用
管理水平	10. 管理制度	有健全的经营、财务、统计、安全、技术等机构和相应的管理制度
	11. 业务辐射面 *	全国范围
	12. 资源整合能力 *	提供物流规划、资源整合、方案设计、业务流程重组、供应链优化、物流信息化等方面服务
服务水平	13. 物流信息准确率 *	95% 以上
	14. 物流信息及时性 *	能够动态、及时地更新物流信息
	15. 顾客投诉率 （或顾客满意度）	≤0.1% （≥95%）
人员素质	16. 中高层管理人员 *	70% 以上具有本科以上学历或行业组织物流师认证
	17. 业务人员	50% 以上具有大专以上学历或专业资格

注：标注 * 的指标为企业达到评判标准的必备指标项目，其他为参考指标项目；综合物流营业收入指企业通过物流业务活动所取得的收入，包括信息服务、会员收费、供应链资源整合、各种增值服务等业务取得的收入总额；市场推广通过省内外第三方物流企业加入物流信息平台的成员数；顾客投诉率是指在年度周期内客户对不满意业务的投诉总量与企业业务总量的比率；顾客满意度是指在年度周期内企业对顾客满意情况的调查统计。

四、宁波市物流龙头企业的特征

根据物流龙头企业评判标准及对宁波市物流企业的经营规模、经济效益、经营理念和品牌、设备设施、管理、服务、人员素质、信息化水平等方面进行初步评估，目前宁波市基本具备龙头地位物流企业有近 10 家，如浙江中外运有限公司、宁波海运集团有限公司、宁波外运国际货运代理有限公司、宁波富邦物流有限公司、宁波金星物流有限公司、镇海石化物流有限责任公司、宁波市汽车运输有限公司、宁波国际物流股份有限公司等。还有 20 多家物流企业通过几年的发展，将能够达到区域的龙头物流企业标准和各行业的专业性物流龙头企业。

从企业的类型、企业业务范围、产权性质等方面来看，宁波市初具龙头地位的物流企业具有以下特征：

1. 企业主要围绕港口开展物流业务，以综合型企业为主

港口是宁波最具优势的物流基础资源，宁波大多数物流企业围绕港口开展物流活动，这也是宁波物流龙头企业的特色之处。目前，物流龙头企业主要开展各类散货物资运输、集装箱运输、国际货物运输代理、船舶代理、装卸仓储、中转配送、信息处理等与港口相关的物流服务。如宁波富邦物流有限公司就是一家集铁路、水运、集装箱运输、公路运输、仓储管理、货运代理等功能服务为一体的专业化运输物流企业，并逐步开展船运代理、货运代理、报关通关等系列配套服务。同时，物流龙头企业为临港产业提供散货运输和为危险品提供运输、储存等服务。

在港口物流的业务的基础上，宁波市物流龙头企业大都是综合型的物流企业，能够从事多种物流服务业务，可以为客户提供运输、货运代理、仓储、配送等多种物流服务。从规模来看，2008 年 7 家龙头物流企业平均营业收入为5.85 亿元。从分布地区来看，物流龙头企业主要分布在宁波市主城六区。

2. 物流龙头企业以国有成分为主导

根据工商部门企业注册数据，从企业产权构成来看，私营企业、有限责任公司占所有企业比重达到 80% 以上，国有控股企业所占比重小，外资、合资企业主要在宁波开设办事处。

但宁波物流龙头企业产权结构主要以国有控股为主，从其来源看，一是传统的运输、仓储企业转型为物流企业，如宁波市汽车运输有限公司，改变原有单一的货运和仓储服务，依托原有的业务基础和客户、设施、经营网络等方面的优势，通过不断拓展和延伸其物流服务，积极扩展经营范围，逐步向专业物流企业转化。二是集团公司控股的物流公司，将自己的物流部门独立出来，建立自己的物流体系，以整合分布在不同部门的物流资源，降低企业的物流成本，提高企业的效益，促进企业物流合理化，同时利用现有的市场网络和闲置资源对外开展第三方物流业务，如宁波富邦物流有限公司、镇海石化物流有限责任公司等。三是按照现代物流理念和经营模式建立的新型的物流服务企业，以民营资本和股份资本为主，如宁波海运集团有限公司、宁波金星物流有限公司等。

3. 物流龙头企业资源整合能力不够

宁波市物流龙头企业的发展都是依靠自身的实力发展起来的，没有通过资源整合而发展起来的物流龙头企业。浙江传化物流基地集交易中心、信息中心、运输中心、仓储中心、配送中心、转运中心及配套服务功能于一体，吸引全国各地 420 多家物流企业入住，整合了近 40 万辆的社会车源从事干线运输、短途配送和零担快运专线等运营，这些不同类型、规模的物流企业在基地内形成了一个提供全方位的运输、仓储、装卸、包装、配送、信息整合等一体化物流服务的物流企业群。宁波可以依托"第四方物流"的信息平台，整合宁波市现有

物流资源，建立"非资产型"的第四方物流企业模式。

4. 宁波物流龙头企业发展得到的政策优惠

（1）资金的支持。宁波市现代物流业发展领导小组办公室和宁波市财政局于 2005 年 9 月联合发布了《宁波市现代物流业发展引导资金管理办法》。该《办法》根据 2003 年宁波市政府办公厅《关于加快宁波市现代物流业发展的实施办法》规定，现代物流业发展引导资金主要用于扶持物流中心、物流项目、物流信息化及物流高新技术应用项目等的建设，优先资助宁波市重点物流企业及通过中华人民共和国《物流企业分类与评估指标》认定的 2A（含 2A）以上的物流企业。

（2）税收优惠政策。宁波市地方税务局 2008 年 7 月发布《关于促进经济又好又快发展的若干意见》。该《意见》明确提出："国家 A 级物流企业，如按规定纳税确有困难的，可报经地税局部门批准，减免房产税、城镇土地使用税和水利建设专项资金。"对 A 级物流企业在税收方面实行多方面的优惠。

（3）扶持奖励政策。鄞州区、慈溪市、余姚市在 2008 年根据市委、市政府《关于加快发展现代服务业的若干意见》，为了促进商贸物流业的发展，分别制定了促进物流业发展的奖励政策，出台了对物流龙头企业的扶持奖励政策。

第三节　国内外培育物流龙头企业的经验和启示

了解国内外培育物流龙头企业的做法和实践经验，有助于宁波市发现自身在培育物流龙头企业过程中存在的问题和政策上的不足。通过借鉴和学习国外先进理念和国内兄弟城市的政策，为我所用，对于宁波市培育国际性物流龙头企业具有重要的意义。

一、美国、日本培育物流龙头企业的经验

国外的政府在培育物流龙头企业的问题上，采取了不同的方针。较早发展物流的国家如美国等，政府并不直接介入物流，甚至不直接提"物流"一词。而在物流后起市场国家和地区如日本等，政府介入物流业的程度较深，对于企业的影响也比较大。纵观这些物流先进国家的政策，都有值得借鉴的地方。

1. 美国

欧美政府一般都没有制定特别的专门扶持物流企业的政策和法规。它们采取的措施主要是排除物流龙头企业在发展过程中的政策、基础设施建设瓶颈，

促成公平的市场竞争环境和消除地区进入障碍。这些方面的做法值得我们参考和学习。

(1)完善物流涉及的各行业立法，从法律上保护物流企业成长。在美国，从事铁路、公路、航空以及内河运输必须遵守汇编在《美国法典》中的运输法和联邦法规，而从事海上运输则必须遵守《美国法典》的航运法和联邦法规汇编中的法案。美国运输部明确指出："美国大部分货物运输都根据通常的贸易合同进行，只是海运要受到来自FMC的某些特殊约束。贸易合同或运输合同出现的任何问题都可由法院像处理其他私人商业纠纷一样依照一般商法加以仲裁。"从美国物流业发展的实际状况看，沿袭以往的各种法律从各个不同的业务环节来管制物流服务，仍是十分有效的。物流服务的本身主要是一些传统运输方式的经营者将其业务范围向前后两端延伸所致，因而国家相应的原有法律对之的整体约束并未发生本质的变化，仍可通过"分块包干"的方式对物流业进行法制管理。

通过对物流各行业法律的修订和完善，美国的物流企业有法可依，从立法上保护了物流行业做大做强。

(2)减少国家对物流企业的控制，营造公平竞争的市场环境。20世纪80年代起，美国国会陆续通过并出台了《汽车承运人规章制度改革和现代化法案》、《斯泰格斯铁路法》等一系列运输改革的法律。90年代后，又相继通过了《协议费率法》、《机场航空改善法》和《卡车运输行业规章制度改革法案》。同时，修改了《航运法》(1984年)，推出了《航运改革法》(1998年)。这一系列的法律改革，在很大程度上减少了国家对运输企业的控制和约束，推动运输业建立更接近于自由市场的体系，从而为充分发挥物流业的整体效应和实现供应链的一体化，提供了广阔的发展空间。

美国对物流企业的自由政策对于美国物流龙头企业的发展起到了巨大的作用。在当今世界，美国的物流企业占据了主导地位。世界前10大物流企业中美国占有5家，其中包括两家最大的公司UPS和FedEX，同时这5家的收益之和占前10大企业收益的2/3，可见美国物流策略的成功之处。

案例：世界排名第一的物流企业——UPS在其发展史上受到的"政府关照"

UPS是全球最大的速递机构，全球最大的包裹递送公司，同时也是世界上一家主要的专业运输和物流服务提供商。该公司其主要业务是在美国国内并遍及其他200多个国家和地区。

20 世纪 50 年代，UPS 决定通过获取在所有客户之间递送包裹的"公共承运人"权利来扩展其服务。这个决定使 UPS 直接与美国邮政服务竞争，而且直接与州际商业委员会（ICC）的规章对立。1953 年，UPS 开始在那些无须该州商业委员会与 ICC 授权的城市开展公共承运人业务。芝加哥成为其第一个在加利福尼亚州以外提供公共承运人服务的城市。同时，UPS 在加利福尼亚州使用法律手段寻求授权的业务扩展。这触发了一系列空前的法律大战（针对监督委员会与法庭）。接下来的 30 年间，UPS 不懈地进行了 100 次以上的申请，最终获得了其他业务授权。

20 世纪 50~70 年代，UPS 奋斗了 30 年，以求获得在所有 48 个相邻州内自由运输的授权。1975 年，州际商业委员会终于授权 UPS 开始从蒙大拿州到犹他州的州际服务，并将其在亚利桑那州、爱达荷州和内华达州的部分服务区域扩展至全州。UPS 还获授权将这 5 个州内的服务与太平洋沿岸以及东部所有州的现有服务连接起来。结果，UPS 成为第一个在美国 48 个相邻州内的每个地址提供服务的包裹递送公司。这个历史性的服务区域汇合在 UPS 内被称为"黄金链接"。

1988 年，联邦航空管理局（FAA）授权 UPS 运营自己的飞机，这样 UPS 成了一家正式的航空公司。通过聘用能够聘用到的最佳人选，UPS 将许多文化与程序合并为一种无缝业务，称为 UPS 航空公司。UPS 航空公司是 FAA 历史上发展最快的航空公司，在几乎不到一年的时间内就形成了所有必要的技术与支持系统。如今，UPS 航空公司是全美十大航空公司之一。

从 UPS 的发展史上我们发现，每一次政府对物流业的放松管制都促成了 UPS 在业务上的飞速发展。

2. 日本

我国的物流引进自日本，物流的发展也在很大程度上受到日本的影响。日本政府在物流政策制定和引导、推动物流发展和培育物流企业等方面的措施值得我们借鉴。

（1）政府明确制定纲领性文件，引导本国物流企业的发展。早在 1965 年 1 月，日本政府就在《中期五年经济计划》中强调要实现物流的现代化。1977 年，日本运输省流通对策部公布了对推进企业物流管理有着深远影响的《物流成本核算统一基准》。1997 年 4 月 4 日，日本政府又制定了一个具有重要影响力的政策文件——《综合物流施策大纲》。目前，该文件已成为日本物流向现代化、纵深化发展的指针。

这些政策促进了日本国内物流企业的发展，给物流企业指明了发展方向，通过政府引导，实现了物流业的有序发展和物流企业的有序竞争。

（2）政府补贴基础设施建设，促进物流企业健康发展。日本政府对交通基础设施建设相当重视，仅从其港口建设政策就可见一斑。日本政府对港口的投资比例一般占港口总投资的 50%~100%。日本公用港口的建设与改造由政府年度预算提供基金，即每年在中央财政收入中设立"港口建设专项基金"，对出现亏损的港口政府还会给予补贴。

对于基础设施建设的补贴，解决了物流企业的后顾之忧，减少了物流企业发展的成本，提供了物流龙头企业迅速发展壮大的坚实基础。

（3）组建物流园区，提高物流经营的规模效益。日本是建设物流园区最早的国家。自 1965 年至今，它已经建成了 20 多个物流园区。这些物流园区能够从城市整体利益出发，解决城市功能紊乱，缓解城市交通拥挤，减轻环境压力。物流园区通常是一个大型配送中心或多个配送中心的聚集地，一般以仓储、运输、加工等用地为主，同时还包括一些与之配套的信息、咨询、维修和综合服务等设施的用地。

除日本外，在其他后起市场经济类型的国家或地区中，韩国也在富谷和粱山分别建立了物流园区，各占地 33 公顷。建设物流园区已经成为各国物流业发展的重要手段，这些物流园区也毋庸置疑地成为这些国家的物流龙头。

3. 小结

总结以上美、日现行的物流政策与法规。可以得到以下两个主要的结论：

（1）虽然各国较少有制定针对物流的专门法规，但是当地政府都在采取相应的政策来促进本国物流业的发展。这些政策虽然各有侧重，但大同小异，方向和目的是一致的。

（2）对物流业的管理，完全市场经济类型的国家和地区倾向于依赖市场调节功能，而后起市场经济类型的国家和地区则更倾向于政府用大政方针加以明确引导。从世界物流业发展的实际情况看，这两种政策取向在其典型的国家美国和日本中，都分别取得了良好的经济效益和社会效益。

二、我国培育物流龙头企业的经验

随着国务院《物流业调整和振兴规划》的出台与实施，各地都推出了相应的政策和措施。一些物流发达的地区在物流规划布局、发展第三方物流、扶持龙头物流企业和物流企业管理等方面都有不少的亮点，课题组先后奔赴广东、江苏、上海等地，实地调研了这些地区的物流发展状况和政府对物流企业，尤其是对龙头物流企业的扶持策略。分析其他省市扶持物流龙头企业的实例，可以让我们分享其物流业发展的成功经验，有利于宁波市更好地整合物流资源，提升物流企业竞争力。

1. 广东省

广东省是我国经济增长最快的地区之一，随着对现代物流业发展的认识和了解以及经济全球化的推动，广东省的现代物流业迅速发展起来。目前，广东省的物流服务已从传统的交通运输服务，扩展到有关管理和信息技术的综合性物流服务，广泛涉及社会经济活动的生产、交换、分配、消费的全过程。随着广东物流业的发展，当地也培育出了一大批国内外知名的物流龙头企业、明星企业，尤其是深圳、广州等地更是物流企业云集。

（1）深圳培育物流龙头企业的经验。深圳物流业的发展从开始到现在，经历了 20 多年的时间，其发展速度非常惊人。深圳物流业以港口基础设施建设起步，从以传统的港口、运输、仓储、代理的物流服务为主体，发展成以综合物流、第三方物流为代表的现代物流产业。深圳港口集装箱从零起步，到 2008 年达到 2141.63 万标准箱，连续 6 年位居全球集装箱港口第 4 位。深圳机场通航至今 10 多年，也成为全国第 4 个客流量过千万人次的机场和航空货运中心。

创造奇迹的"双港"、数以千计的物流企业、特色物流园区，都是深圳物流业步入繁盛的象征。深圳在短短十几年时间内，实现了物流业的跳跃式发展，并且建成华南地区现代物流中心，还培育出了一批如中海物流、顺丰等全国知名的龙头物流企业。这些对于宁波物流业发展具有很大的启示作用。

1）政府引导扶持与企业的市场运作相互结合。① 由于深圳在我国是一个市场经济发育较早且市场化程度较高的城市，因此深圳在发展物流业的过程中，虽然政府也在一定程度上发挥了一些推动作用，但总的来说政府的导向和调控力度较小，主要是企业独立运作。深圳的做法有利有弊，有利之处在于政府给了物流企业一个比较自由的发展环境和空间，刺激了物流业的快速发展，培育出了中海物流、盐田港等一批实力较强的大型现代物流企业和物流园区。而不利之处也是明显的，特别在现代物流业发展的早期，政府的导向和调控力度太小，很容易造成重复建设、资源浪费和诸多不规范问题。

深圳市政府已认识到这一问题，并做出调整。在最近深圳建设现代区域性物流中心的发展战略中，就明确提出："要遵循政府推动、企业运作的指导思想，以推动高新技术产业发展的胆识和气魄，加大政府对物流业发展的扶持力度，完善物流市场运行环境，增强物流企业独立运营能力，形成市场、企业和政府有效组合的物流业发展格局。"

2）引导传统物流企业向第三方物流企业发展。20 世纪 90 年代后期，随着深圳物流基础设施的飞速发展，一批原来的传统仓储运输企业抓住市场机遇，纷纷向集商品信息系统管理、采购调度、订货管理等综合服务为一体的第三方

---

① 钟淑云：《深圳物流业发展的经验及启示》，《合作经济与科技》2009 年第 1 期。

物流企业转型。在企业的市场转变过程中，深圳市政府较早地认识到发展现代物流业对经济发展的重要作用，通过政策上的支持，促进了第三方物流的迅速发展。当内地一些传统运输企业刚刚进入物流领域时，深圳已经培养出一批出色的物流企业，率先与国际物流企业接轨，并向供应链管理转型。

3）建立物流企业联系和服务制度。政府按照"不干预，多支持；分级联系，分类指导"原则，与信誉高、服务好、经营规范的物流重点企业建立定期报表报送、重要信息发布等相对固定的动态跟踪制度，落实重大项目责任制，加大对龙头企业和重点项目的服务力度。建立物流产业数据库、网上统计直报系统、产业评价指标体系和行业预警机制，搭建关于物流产业的数据共享平台，加强物流产业运行态势的统计、监测和研判，及时为企业提供行业发展信息服务。

4）资金扶持与政策扶持并举。市政府建立了物流产业专项资助资金，用于帮助港航、航空、物流和集装箱运输等物流企业调整产业结构、提高企业信息化程度。重点在拓展内外需市场、发展两岸直航业务、促进产业优化升级、加强产业宣传推介等方面开展工作。同时，在减免规费、产业用地、生产用房、技术创新、产业升级、节能减排、总部经济、企业融资、人才引进、技能培训、加快基础设施建设和提高通关效率等方面都先后出台了一系列优惠政策措施，减轻了企业经营负担，增强了企业应对危机、稳定发展的信心。

5）实施物流总部带动战略。按照"内聚外联"的思路和策略，以"内聚"培育一批总部型企业，以"外联"引进一批总部型企业，加快发展物流总部经济，放大产业集聚效应，构建一个在国内具有领先优势和较强国际资源配置能力、国际商务运营能力的物流总部企业群。对符合资助条件的新增亚太地区总部、华南地区总部分别给予最高限额500万元、400万元人民币的一次性资助，对符合资助条件的新增地区配送中心和货代地区总部分别给予最高限额为400万元人民币的一次性财政资助。

6）大力开展物流产业宣传推介活动。精心筹备中国（深圳）国际物流博览会，鼓励支持港口、航空和现代物流企业走出去，赴国内外大中城市参加推介会、经贸会和交流会等各种形式的宣传活动，大力宣传推介该市物流产业的扶持政策、投资环境、重点项目，进一步提升国际知名度和影响力。在市政府用于支持产业宣传推介费用中拿出部分资金，用于补贴和减免物流宣传推介会的相关费用。支持深圳机场公司、深航和南航深圳分公司宣传推介深圳机场异地城市候机楼和"经深飞"项目，对广告费和宣传资料印刷费给予50%的补贴。

案例：解读《深圳市关于支持物流企业应对金融危机的专项资金措施》中扶持物流龙头企业的相关措施

深圳市在发展物流业的政策中，十分重视对物流龙头企业的培育。在2011年出台的《深圳市关于支持物流企业应对金融危机的专项资金措施》中，有不少措施是专门用于培育和扶持物流龙头企业的。

（1）支持发展总部物流企业，对现代物流企业在国内外两个市场布设物流网络予以奖励。鼓励物流企业以深圳为总部基地和结算中心，到内地和境外布设物流网络，对现代物流企业考核期内在深圳市以外设置的全资或控股的分支机构（子公司或分公司）运营期 6 个月以上的，注册资金在50 万元人民币以上的，每个分支机构奖励 5 万元。

（2）引导物流行业整合优化，对现代物流企业兼并重组给予奖励。对完成兼并重组物流企业、兼并资产在 200 万元以上并绝对控股的现代物流企业，给予一次性奖励 20 万元。

（3）扩大重点物流企业资金贴息额度，缓解物流企业融资难的困境。对经市政府物流业主管部门认定的重点物流企业，其中 2008 年度经营收入不低于 1 亿元的综合型物流企业以及 2008 年度经营收入不低于 500 万元的技术服务型物流企业，按其在考核期内实际发生的用于物流相关业务的银行贷款利息，给予最高额度为 500 万元的贴息支持。

（4）对在深圳机场旅客运输量较大且增长率相对较高的航空公司予以奖励，提高航空公司在深圳市场增加运力投放的积极性。对考核期内在深圳机场旅客运输量排名前 5 名且增长率不低于深圳机场旅客吞吐量增长率的航空公司，分别给予 600 万元、550 万元、500 万元、450 万元、400 万元的奖励资金。

（5）对在深圳港出口重箱的深圳市国际货运代理经营人（简称货代经营人）进行资助。依照深圳市国际货运代理协会对货代经营人海运集装箱量和纳税总额等指标综合评分排序结果，对排名第 1 至第 10 的企业分别给予 50 万元资助、排名第 11 至第 20 的企业分别给予 30 万元资助、排名第21 至第 50 的企业分别给予 20 万元资助。

（6）对国际班轮航线经营人港口装卸量贡献度排名第 1 至第 3 名的，奖励 200 万元；排名第 4 至第 7 名的，奖励 160 万元；排名第 8 至第 10 名的，奖励 100 万元。分别对沿海内支线经营人、外贸驳船航线经营人港口装卸量贡献度排名第 1 至第 3 名的，奖励 160 万元；排名第 4 至第 7 名的，奖励100万元；排名第8至第10名的，奖励60万元。对内贸班轮航线经营人港口装卸量贡献度排名第1至第3名的，奖励160万元；排名第4至第7名的，奖励100万元；排名第8至第10名的，奖励60万元。

这些政策使物流龙头企业在金融危机的冲击下，不仅没有削弱，反而加速了扩张、整合，进一步提高了企业的竞争力。同时，深圳市物流市场结构也进一步优化，为下一步的经济复苏打下了坚实的基础。

(2) 广州市培育物流龙头企业的经验。作为华南地区经济最发达的城市之一，广州国内生产总值的年增长率常年保持在10%以上。经济的快速发展对物流商品有巨大的生产能力、吸引能力和消化能力，广州的物流市场潜力巨大，物流发展空间非常广阔。据统计，在广州落户的世界500强企业有112家，且大部分为制造企业。这些企业一般没有自己的运输车队，需要从社会物流企业购买相关服务。另外，广州本地的一些大型制造企业也开始逐步剥离其物流业务，改变"大而全、小而全"的生产经营模式，以便集中精力开发新产品，降低生产成本，提高产品市场竞争力。这些均为广州物流业的发展提供了契机。

作为珠三角和华南地区的中心城市，广州的地位日益重要。广州经营储运的企业有上千家，如广州储运、宝供物流等知名物流公司开始向跨地区、集团化、网络化方向发展，提供网络设计以及货物的采购、仓储、加工和配送等全套服务。在培育物流龙头企业方面，广州有其成功之处。

1) 政府主导制定物流产业政策。广州市政府将现代物流业作为未来的主要基础产业和重要支柱产业，依据国家产业政策，制定物流业的相关法规，规范物流市场行为。政府不干预企业的经营，不限定物流企业的所有制形式，鼓励和保护多种经济成分（包括外资和民资独资、控股、参股的物流企业）的正当竞争。制定对国际枢纽型物流园区、区域综合型物流园区、物流运输平台、物流信息平台、物流龙头及骨干企业、第三方物流企业、大型专业物流中心等重点物流项目的扶持政策，制定物流市场准入规则和规范物流企业扶持标准，放宽对物流业的准入条件，减少对物流业的限制。

2) 加强财政税收政策扶持。对列入市重点扶持的大型现代物流龙头企业的技术改造，市财政将根据当年财力的实际情况和公平原则，给予适当扶持。对列入市重点发展的大型物流企业、中高级批发市场和第三方物流企业的国有或国有控股企业，经市政府同意后，可根据国有资产收益及土地出让金收入情况安排资金，用于补充注入国家资本金。

3) 给予用地政策支持。将物流园区用地列入土地利用总体规划。在列入市规划的大型物流园区（基地）内设立的物流配送中心和物流企业新增用地，土地出让金及市政基础设施配套费按标准下限征收。企业以原划拨土地为条件引用资金和设备建设物流配送中心，可按规定补交最低标准的土地出让金后，将土地使用权作为法人资产作价出资。企业经批准对旧仓库等设施进行易地改造，新建物流中心时，原土地由政府依法收回重新出让，所得土地出让金返还企业用于抵缴新建物流配送中心应缴的土地出让金（超出部分不返还）。

4）资金筹措对策。优先将物流园区、物流配送中心、物流运输平台、物流信息平台等相关基础设施列入各级政府投资计划和重点项目计划，在资金上予以倾斜。积极引进外资、港澳台资发展广州现代物流业。鼓励民营企业投资现代物流业，积极吸引非国有资本和非国有企业参与物流园区、物流运输平台、物流信息平台等的开发、建设。积极扶持有发展前景的股份制物流企业上市，借助国内外资本市场的资金发展现代物流业。

2. 江苏省

进入 21 世纪以来，江苏省物流业快速发展，规模不断扩大。2008 年，全省社会物流总额达 9.1 万亿元，占全国的 10.1%；物流业实现增加值 1882 亿元，占全省服务业增加值的 16.2%，占全省地区生产总值的 6.2%。"十一五"前 3 年，社会物流总额年均增长 22%，物流业增加值年均增长 16.8%。物流基础设施逐步完善，形成了由公路、铁路、水运、航空和管道组成的运输基础设施体系。装备自动化和信息化水平不断提升，为物流业快速发展提供了有力支撑。一批各具特色的物流基地（园区）初步形成，为全省物流业发展搭建了良好的载体平台。一批现代物流企业快速成长，形成了多种所有制形式、多种服务模式的物流企业群体。工商企业积极实施流程再造和物流服务外包，物流企业实行功能整合和服务延伸，服务质量逐步提高，物流效率不断提高。部门协调机制逐步形成，重点物流基地和企业的认定工作进一步规范，物流发展环境明显好转。省内各地物流业协调发展，长三角区域物流一体化进一步推进，物流资源配置不断优化。

在 2011 年的《江苏省物流业调整和振兴规划》中，江苏省提出了以下目标：2009 年至 2011 年，全省物流业增加值年均增长 12% 以上。建成一批功能完备的物流基地（园区），物流集聚效应显著增强；培育一批第三方物流企业品牌，物流社会化程度明显提高；实施一批带动作用大、社会经济效益好的重点物流项目，物流发展水平整体提升。全社会物流总费用与地区生产总值的比率下降到 15% 左右，物流整体运行效率显著提高。

（1）南京培育物流龙头企业的经验。南京市物流业发展大体经过两个阶段。20 世纪末连锁业态的迅速发展，形成了一批为企业内部产供销服务的物流（配送）中心，其中规模较大的有苏果公司、麦德龙卖场、南京华诚超市、华联超市、联华超市等内部配送中心。进入 21 世纪以来，国内物流业开始升温，物流业在经济发展中的地位和作用越来越引起人们的关注，南京市以第三方物流为主体的现代物流业也有了较快发展。

南京是我国华东地区唯一五种运输方式齐全的综合性交通枢纽中心。早在2002年南京市就制订了现代物流业发展规划，在"十一五"规划中，南京把现代物流业作为构筑战略性优势产业体系的重要组成部分加以扶持。南京市政府十分重视对物流龙头企业的培育，采取的主要政策有：

1）实施物流行业月报制度。与已认定的省市重点物流企业建立联系工作网络，明确联系人员。每月月度运营完成情况于次月12日报送南京市经济委员会。这些统计监测数据作为重点物流企业认定和考核、申报扶持项目的重要依据。

2）支持大型物流项目建设。重点培育的骨干物流企业项目、物流信息平台项目及其他投资额1000万美元以上物流项目，经批准，免征或缓交城市市政公用基础设施配套费等。

3）支持重点物流园区。南京目前确定的重点物流园区为龙潭、王家湾物流园区和禄口空港物流园区。其中，王家湾、禄口物流园区已投入使用，并具一定规模，龙潭物流园区正在建设之中。为了吸引更多的资本参与南京的现代物流发展，"支持重点物流园区发展"优惠政策规定，凡到龙潭、禄口、王家湾三大物流园区注册经营的物流企业，南京市政府权力范围内的相关规费一律免除，经南京市市政府批准的重点物流企业，土地出让金市留成部分亦全免。

4）扩大物流业对外开放。营造高效率、低成本的投资运营环境，加快引进国内外知名物流企业，积极吸引国际集装箱承运人、国际快递企业、跨国公司等设立地区物流营运中心或采购中心，鼓励外商参与物流园区开发建设和公共物流节点的运营。

南京借助现有经济、科技文化、教育等方面的优势，具有承接东部发达经济向中西部地区辐射的重要战略地位。随着南京一小时都市圈的建立，南京对周边地区的辐射力将更强。南京市政府充分认识到高起点、大手笔地科学规划物流产业发展的现实意义，为加速南京现代物流产业的发展，培育物流龙头企业，在政策上创造了良好的物流发展氛围。

（2）昆山培育物流龙头企业的经验。昆山作为长三角地区的经济重镇，生产制造能力强，经济总量大，经济发展以外向型为主要特征。昆山交通地理位置优越，陆上交通非常便利。沪宁铁路、沪宁高速公路、312国道、苏沪机场路以及绕城高速公路，构成了发达的道路规模网络，与上海、苏州、嘉定、太仓等周边城市形成良好的呼应和互通，为发展现代物流提供了良好的外部条件。

昆山市抓住经济全球化和长三角区域经济一体化发展机遇，尤其以上海建设国际航运中心为契机，有效利用苏台经贸合作、昆太联动良好机制，充分发挥昆山有利条件，全力推进制造业与物流业联动发展，积极培育物流龙头企业。

1) 政府政策扶持。在市服务业发展引导资金中设立现代物流业发展专项资金，纳入市财政预算。通过贴息、补助、奖励等形式扶持现代物流业发展。

2) 鼓励物流企业加大技改投入。对物流企业研制或引进先进物流专用设备，设备投资在500万元以上的项目，参照市工业企业重点技改项目贴息标准，给予一年期银行基准利率贴息，单个项目贴息金额最高为200万元。对企业采用物流信息管理系统等先进物流技术，按技术项目投资总额的20%给予补助，最高补助30万元。鼓励区域间物流平台的信息共享，支持有条件的物流企业建设物流公共信息技术服务平台，按平台建设投资总额的30%给予补助，最高补助100万元。

3) 鼓励物流企业创建品牌，争创省级重点物流基地和省级重点物流企业。按照国家《物流企业分类与评估指标》标准，对新评为国家AA、AAA、AAAA和AAAAA的物流企业分别给予一次性20万元、30万元、50万元和100万元奖励。对新获得省级重点物流基地或省级重点物流企业称号的单位，分别给予一次性50万元、30万元奖励。

4) 鼓励物流企业做大做强对年度营业收入在2亿元以上，且入库税金比上年度新增10%以上的物流企业，给予企业20万元奖励。市有关部门全力支持有条件的企业积极申报国家试点物流企业，用足用好国家实行的物流营业税抵扣政策。物流企业为扩大经营规模新建、扩建、改建生产性用房，涉及行政性收费项目的予以减免，服务性收费项目的予以减半收取。

5) 鼓励物流企业拓宽融资渠道，积极上市。位于昆山张浦镇的江苏新宁现代物流股份有限公司成为创业板上市的首家物流企业，为物流龙头企业解决融资问题、做大做强提供了榜样。

案例：昆山保税物流龙头——新宁物流成为首家创业板上市物流企业

新宁现代物流公司前身是昆山新宁公共保税仓储有限公司，始建于1997年，2000年4月经海关总署批准为公共型保税仓库。公司主营业务以电子元器件保税仓储为核心，并为IT产业供应链中的原料供应、采购与生产环节提供第三方综合物流服务，主要包括进出口货物保税仓储管理、配送方案设计与实施，以及与之相关的货运代理、进出口通关等。目前，该公司主要客户有泰科、东芝、富士康、仁宝、纬创、微盟等电子信息产品上下游制造企业。

目前，昆山形成了完整的IT制造产业链，集聚了上千家笔记本电脑、数码相机整机生产以及元器件配套上下游企业，为现代物流企业发展提供了难得的机遇。与此同时，市委、市政府重点推进现代物流业发展，在扶持传统物流做大做强的同时，支持现代物流企业拓展服务网络，加快形成以供应链服务企业为主的物流产业群。作为具有独特竞争优势的一流专业保税仓储服务商，新宁现代物流公司开展的高端综合物流服务，具有较强的业务延伸和区域扩张能力，2008 年实现营业收入 1.42 亿元。

10 月 30 日，新宁物流在创业板上市。公开发行 1500 万股，募集资金 1.4006 亿元。推进企业上市，是集聚社会资本、促进企业做大做强的重要手段，也是提升企业竞争力、增强区域经济竞争力的重要途径。新宁现代物流成功上市后，将进一步增强其他物流企业的上市信心，壮大上市梯队规模，推动物流业又好又快发展。

3. 浙江省

浙江省是典型的"两头在外"型经济，商品大进大出，经济持续快速增长，物流市场发育具有较大潜力。浙江省的物流设施条件逐步改善，省内已形成"四小时公路交通圈"，已建成万吨级以上泊位 57 个，铁路、内河等运输网络建设进一步加强，信息基础设施规模、技术等水平居国内前列，无水港、配送中心等一批现代物流设施加快建设。

浙江省目前已有物流园区 45 个、A 级物流企业 53 家，分别占全国的 9.5% 和 14.3%，均居全国第一。目前，浙江大物流建设抓住物流基地、龙头企业和信息平台三个"牛鼻子"，培育出了一批国际物流、区域物流、配送物流的龙头企业。

浙江省培育物流龙头企业的主要政策有：

（1）积极提供财政扶持。各级政府应根据现代物流发展需要和财力可能，建立现代物流发展引导资金，用于支持重点物流发展企业、重大物流设施和重要物流信息服务系统建设。省财政每年安排一定资金，建立现代物流发展引导资金。

（2）加强建设用地支持。对省重大现代物流项目，在符合当地土地利用总体规划的前提下，所需农用地转为建设用地的计划指标由省国土资源厅在省留机动指标中给予安排，其用地价格按照实际用途给予适当优惠。

（3）引导社会资金投入。积极运用财政贴息等手段，引导信贷资金，增加现代物流发展投入；鼓励融资担保机构为现代物流企业提供信贷担保，支持骨干物流企业特别是重点第三方物流企业股票上市，或到境外资本市场直接融资；鼓励民间资本投向现代物流，并在财税、投融资、土地等政策方面享受同等待遇。

（4）大力培育重点企业。选择一批在现代物流领域已经起步并取得明显成效的优势企业作为"浙江省现代物流发展重点联系企业"，加强引导、扶持和服务，促进其更好更快地发展，发挥典型示范作用，带动全省现代物流的快速健康发展。"十五"期间，省里重点抓好100家左右现代物流发展重点联系企业。

（5）提供税收优惠。根据国家物流企业税收试点工作办法，在纳入试点名单的物流企业中落实试点物流企业税收政策。落实国家有关企业购置用于环境保护、节能节水、安全生产等专用设备投资抵免的企业所得税政策。对占地面积较大的现代物流企业，如按规定纳税确有困难的，报经地税部门批准，可减免城镇土地使用税。对在浙江省设立总部的大型物流企业确有困难的，可按管理权限报经批准，给予减免水利建设专项资金。新引进的国际知名物流公司地区总部和省外物流公司总部，报经地税部门批准，可给予3年免征房产税、城镇土地使用税和水利建设专项资金。

案例：传化物流成功打造浙江物流龙头企业

传化物流——是中国知名民营企业"传化集团"的四大产业之一。传化集团从1997年开始涉入物流业，经过多年的探索与实践，目前已形成由"传化物流发展有限公司"进行平台投资、管理，"浙江传化物流基地有限公司"、"苏州传化物流基地有限公司"、"成都传化物流基地有限公司"等多个现代化综合物流基地协同运营的企业组团。

浙江传化物流基地，是传化集团投资建设和运营管理的首个基地。该基地总投资3亿元，总面积560亩，位于浙江萧山经济技术开发区沪杭甬高速公路萧山出口处，目前已实现了"管理服务、信息交易、运输、仓储、配送、零担快运"以及完善的配套服务所构成"6＋1"功能体系。2004年被评为"交通部重点联系企业"，2006年被评为中国物流示范基地。

传化物流定位于"物流平台整合运营商"，在"与您共同成就事业，推动区域经济发展"的经营理念指导下，致力于整合"物流服务、物流设施设备、管理服务和物流需求"四大资源，通过为众多物流企业提供"信息交易、商务配套和物业"等系统服务，倾心培育专业第三方物流企业，以推动物流产业发展，优化和促进社会分工合作体系，从而推动区域经济的和谐快速发展。作为一家物流供应商的集聚平台，传化物流基地集聚了400多家物流企业，业务范围涉及公路、水路、铁路运输以及仓储的各个方面。从事公路运输的企业，形成了干线运输、短途配送和零担运输的专业分工，以及干线运输中的某个省份、某个地区的专业分工。零担快运整合了 100 多条专线资源，编织了杭州至全国各地的专线运输网络。

对于其他物流园区以传化基地为模板复制后的失败，浙江传化物流基地"当家人"姚文通给出的答案是：

物流平台的建设需要"三·三"条件，不具备建设条件的地区要严格管控。

首先，要具备三个优势条件，即经济圈的优势、交通圈的优势、政策机制优势。物流业的发展前提是社会化大生产的形成，一个地区如果经济还不够发展，就盲目去搞物流园区，只能以失败告终。物流园区的建设离不开政府的支持，"政府搭台、企业运作"的建设模式是物流园区成功建设运营的政策环境条件。

其次，需要三种资源的足够支撑，即物流企业服务资源、物流设施设备资源、货主企业货物资源。

再次，三种职能协同到位，即政府行政管理职能、中介服务机构功能、企业营销服务职能。

最后，还要把握物流平台服务的辐射半径。物流产业的竞争主体是第三方物流企业，物流平台不是物流市场的竞争主体。

三、国内外培育物流龙头企业对宁波的启示

通过对国内外培育物流龙头企业政策的研究，我们可以明确宁波市培育物流龙头企业的方向和路径。从国内外物流发达地区的政策来看，以物流龙头企业为带动，促进地区物流发展已是一种趋势。宁波市作为国家级物流节点城市，从国内外培育物流企业的经验中可以获得一定的启示。

1. 加强政府引导，实行市场化运作

作为物流后起国家，中国的物流发展适合借鉴日本政府的运作模式。通过政府制定指导性的政策和发展规划，从总体上把握物流发展的方向和大局，防止物流企业无序竞争造成的重复建设和资源浪费等现象。

同时，也要发挥市场的作用，学习深圳模式，引入市场竞争机制。用市场考验物流企业的生存能力。当今世界的知名物流企业无一不是经历了市场的考验才成长起来的，也只有通过市场的法则、优胜劣汰、存活并发展壮大的企业，才能够屹立不倒，成为名副其实的百年老店。

2. 发挥区位优势，发展特色物流龙头

但凡物流企业的发展，都必须以本地的资源为依托。例如，深圳物流企业的发展就是以深圳丰富的港口资源为依托，以蛇口港、深圳港为有力基础，打造大型综合性物流园区。从深圳的经验来分析，港口货运不仅可以成为物流业

发展的核心部分，而且还具有实施物流业发展战略的突破口性质。又如昆山，则以制造业为基础，形成了一批以当地经济为依托的一大批物流龙头。创业板上市的新宁物流就是电子行业物流仓储的龙头。

宁波拥有同样的港口资源优势，发挥港口特色，培育港口物流龙头是宁波与其他地区相比最大的优势所在。

3. 开发社会化物流市场，培育第三方物流龙头

培育第三方物流市场是物流发展的方向。中国物流市场的潜力巨大，目前与物流相关的总支出约 19000 亿元，国内运输和物流费用超过 2000 亿元，并继续以较高速度增长（年均增长率超过 8%）。但是，第三方物流市场的规模有限，只有大约 400 亿元，国内企业外包物流的比例也只有约 15%。由于地区和部门的分割，以及众多的工商企业和物流企业各自为营，市场被极度分散，没有形成社会化的物流大市场，也难以产生能够提供综合服务的、规模化经营的物流大集团。

深圳在短时间内建立了较为成熟的物流业，开发了较为完善的社会化物流市场。政府管理体制的改革、相关政策的支持，以及物流业相关概念的引进和推广，都为深圳物流业的发展提供了必要条件。

4. 鼓励兼并重组，实现资源优化配置

并购是企业发展扩张的有力法宝。从国内主要物流发达地区的经验来看，兼并重组是培育物流龙头企业重要的途径。广东、江苏等地的物流扶持政策都支持物流企业的兼并重组，采用了政府资金奖励，鼓励物流企业做大做强。

从国外物流企业的成长史来看，也有不少这方面的例子。自 2001 年起，UPS 通过收购"飞驰"，扩大物流服务范围；并购银行，开拓资金链增值服务；吞并零售店，实现多层次信息链。马士基先后收购海陆、铁行渣华等船公司，确立了集装箱航运企业不可动摇的龙头地位。这些先例值得宁波物流企业借鉴。

5. 引进国内外先进物流企业，带动本地物流发展

新兴产业在对外开放的初期，都会面临不可避免的冲击和压力。但是，正因为是新兴产业，企业的水平不高、实力不强，因此必须引进国外先进经营管理和开发实力，而这就需要物流业的对外开放。

目前，进入我国的国际物流公司的主要服务对象是外资企业。引进外资进行开发，有利于改善物流环境。对国内物流企业来说，可以在竞争中寻求合作。合作不仅能带来直接的经济利益，还能带来先进的经营理念和管理机制，促进物流人才的成长。

6. 规划物流园区建设，整合物流资源

国外物流园区的发展程度已经非常高，在多年的建设经营当中积累了丰富宝贵的经验，其经营模式早已处于世界先进水平。日本为本国的物流园区提供

优惠的土地使用和政府投资政策、良好的市政设施配套及投资环境。德国在物流园区的建设上采取联邦政府统筹规划、州政府和市政府扶持建设、公司化经营管理、入住企业自主经营的发展模式。法国物流园区是以政府和私人伙伴合作的形式加以规划建设，再实行公司化经营管理。

国内的物流园区如南京的龙潭、王家湾物流园区和禄口空港物流园区，深圳的龙华、机场、盐田港等物流园区的发展都已初具规模，具有了一定的影响力。因此，培育物流企业，物流园区是当之无愧的龙头。

第四节　宁波市培育物流龙头企业的思路与策略

一、培育物流龙头企业的目标

依据宁波市物流业发展的特征及物流企业的现状，提出培育物流龙头企业的目标。

（1）坚持市场化、产业化、社会化的方向，大力扶持符合市场经济发展需求、有发展潜力的物流企业，重点培育竞争力强、示范作用显著的物流龙头企业。3~5年内，重点培育几个具有国内影响力和竞争力的物流龙头企业，重点培育一批服务区域物流、具有区域竞争力的龙头企业。

（2）促进物流龙头企业形成核心竞争力。通过政策和资金引导，推动物流龙头企业应用先进物流设施设备、信息化技术和组织运营模式，提高龙头企业现代化水平。重点在物流企业运输合理化、仓储自动化、包装标准化、装卸机械化、加工配送一体化等方面，不断提高物流专业化服务水平，提高企业市场竞争力。

（3）推动物流行业转型升级。发挥龙头企业的行业带头和市场整合作用，推进重要物流项目建设和应用，规范市场经营行为。发挥龙头企业的示范带头作用，以点带面，促进行业整体水平的提高，加快行业转型升级，提高宁波市物流产业的市场份额。

二、培育物流龙头企业的模式

宁波市所培育的物流龙头企业是指注册地在宁波的企业。除了本地企业外，也可考虑引进适合宁波物流业发展需要的市外或国外品牌企业，经培育成为宁波市物流龙头企业。培育过程着眼区域龙头，逐渐成为全国性龙头。也就说，应先在宁波区域内培育壮大，逐渐向长三角再向全国发展业务，制定一个由小到大、由弱到强、由区域性龙头企业变成为全国性龙头企业甚至国际性企业的发展过程。

结合宁波物流产业与物流企业发展的特征和趋势，宁波市培育物流龙头企业可采取分类、分层次培育方式，重点扶持培育三种业务领域物流企业。一是道路运输型第三方物流企业；二是综合服务型物流企业；三是第四方物流信息平台型企业。对分类龙头企业可确定不同的培育目标。

在培育企业层次上，一方面，形成几个大型、特大型集团企业，以集中力量，采用现代化科学技术和现代化管理手段，提高服务质量，满足社会需求，降低社会物流总成本和抵御市场风险，引领行业发展潮流。另一方面，筛选出一批运作灵活的基础类或专业类小型企业，以拾遗补阙，满足社会各层次的需求，同时，增加社会就业机会。最终使宁波市物流业形成少数大型、超大型运输企业与大量小型私营物流企业并存的稳定结构。

1. 道路运输型第三方物流龙头企业

道路运输物流企业是宁波市目前物流业的重要支撑，大多是从传统的公路运输企业转变而来，具有较好的设施条件，经过近几年的发展已逐步成为以运输服务为主的第三方物流企业。该类企业对宁波市现代物流业发展与转型升级具有很大的影响作用，目前宁波该类国家 A 级企业有一大批，4A 级企业也有几家，基本具备培育龙头企业的基础。在培育该类物流企业时，应扶持其做大做强，创造条件扩大全国业务网络覆盖面，形成兼具信誉与服务质量的第三方物流企业。

2. 综合服务型物流龙头企业

此类龙头企业主要是口岸综合服务型物流企业，主要业务围绕港口节点开展综合物流服务。

港口物流是宁波市物流业发展的主体，依托港口优势，国际货运代理、航运及船舶代理业务成为宁波物流业发展的一大特色，注册企业有 1000 多家，有几家企业的规模名列前茅。但该类企业港口物流服务功能还不够完善，增值服务能力不强，整合配置能力薄弱，关联带动效应不够，辐射集聚能级不高。根据该类企业的现状与特点，在扶持培育时，应重点发展其综合服务能力与增值服务能力，引导企业围绕口岸服务开展船货代理、通关检验、保税仓储、中转配送、国际物流流程方案设计等综合物流业务，并与国际接轨，形成国际性品牌与国际竞争力。

3. 第四方物流信息平台型龙头企业

第四方物流平台是集物流信息发布与交换、市场交易与结算、政府监管与服务等于一体的综合性服务平台，是最重要的物流资源整合和运营商。第四方物流代表着现代物流产业的发展方向。宁波市目前已初步建成第四方物流平台，这是宁波市现代物流业发展的一项重大突破，我们可以第四方物流发展为突破口，进一步扶持培育该类企业成为第四方物流信息平台型龙头企业，向长三角区域拓展服务并辐射国内外，打造品牌。

三、培育物流龙头企业的策略

宁波市的物流企业（主要指道路运输型、仓储型和货运代理型企业）规模小，过于分散，经营结构雷同，经营范围相近，整个行业缺少对市场有影响力的大企业，这是当前宁波市物流行业发展中的突出问题。没有符合经济规模的骨干大企业和企业集团，就不可能使现代化的物流技术得到充分应用。从当今世界发达国家经济发展来看，大型企业集团、跨国公司左右着市场，代表着行业发展方向，是行业的中坚力量，处于有利的竞争地位。因此，扶持培育宁波市物流企业做大做强是首要策略。发展物流龙头企业，应以现有骨干企业为基础，以资产为纽带，通过联合、兼并、股份制改造等途径，在较大范围进行资产重组和结构优化，组建区域性的企业集团，逐步走上规模经营的发展道路，实现规模化、集约化和网络化经营。同时，要引导企业创立品牌，使企业之间的竞争向服务质量竞争、品牌竞争转化。

1. 总体策略

（1）确立培育物流龙头企业对象。宁波市道路运输型物流企业、仓储型物流企业和货运代理型物流企业众多，应公开、公平、公正地筛选一批物流企业作为重点培育对象。被选拔的物流企业必须是具有长远发展潜力和广阔市场前景的领先企业，必须具有现代物流理念并具有创新性经营管理思维的骨干企业。具体可参照前述各类型物流龙头企业的评估标准进行择优选择。

（2）引导龙头企业兼并重组。企业做大做强的主要途径应通过收购、兼并或强强联合等方式整合资源，同时，企业必须扩大运营网点布局，实行公司化经营，建立起以资本为纽带，跨县区、跨行业、跨所有制的第三方物流集团，建立现代企业制度，提高企业的竞争能力和抗风险能力。

基本策略是：政府出台政策鼓励和支持物流龙头企业通过增资扩股、加盟连锁和委托管理等方式对众多中小物流企业进行兼并重组。兼并重组过程中，遇到的流动资金、债务核定、人员安置等方面的问题，有关部门应协助解决，对重组企业增设网点、技术改造、发行股票和债券、申请贷款等提供方便。要支持物流龙头企业重点项目建设，支持企业对场站、码头、机场、仓库、车辆等物流资源的兼并重组和整合利用。鼓励物流龙头企业加快技术改造，拓展原有业务与增值服务业务，加快向一体化物流服务转型。要鼓励中小型物流企业与大企业规模化服务相配套，开展专业化的特色服务，满足多样化的物流需求。

（3）扶持龙头企业促进技术进步，提升核心竞争力。从长远看，物流企业能否"成龙"取决于其核心竞争力。来自市场的竞争压力是推动企业改进和提高管理水平最有效的力量。企业发展壮大要靠核心竞争力，也就是说，企业在市场竞争中要有明确、合理的定位，要具备其他企业不具备的竞争优势。资金、设备已经不是衡量企业竞争能力的主要指标，企业核心竞争力体现在技术进步、管理水平、服务质量、人力资源等方面。

因此，培育宁波市物流龙头企业，首先，应扶持道路运输型物流龙头企业逐步实现装备现代化，重点发展集装箱运输、冷藏车运输、保税仓储等专业化物流。引导企业注重利用电子信息技术，充分发掘和利用信息资源，全面提高运输能力和运输效率。为用户提供集运输、仓储、包装、加工、配送等于一体的综合物流服务，加快向第三方物流企业发展。其次，对综合服务型企业扶持其扩大国内外服务网络，拓展其在通关、检验、保税、质押、物流金融、转口贸易等方面的增值服务。最后，对第四方物流信息化平台经营企业，应整合更多各类企业的市场资源，对物流关键过程实施标准化，借助信息技术、网络创新实现成本最优。要以第四方物流信息平台为突破口，带动宁波市整个物流企业网络平台的建设，提升物流信息化水平，让"信息流"主导"物品流"，从而实现提高物流运作效率，降低全程物流成本的目的。

（4）引导物流企业和工商企业实行战略合作，扩大物流网络覆盖面。从国内外发展经验看，物流龙头企业必须是网络化发展的企业。与欧美等发达国家相比，我国物流运输、代理服务效率相对较低，一个重要的因素是发达国家的物流企业网络大、网点密，这样才能优化运输组织，使车辆的运行调度与货物的流向达到最佳的匹配，使车辆的空驶最少、里程利用率最高，这是降低运输成本最有效的措施。建立业务网点主要的功能是组织货源和车辆管理，而第一位的是组织货源，车辆管理主要是外包或组织社会车辆等。

制造业和商贸企业，是物流业发展的需求基础。现在的问题是，一方面，制造企业和商贸企业沿袭"大而全"、"小而全"运作模式，内部资源缺乏有效整合，物流外包多有顾虑；另一方面，物流企业总体上来说，一体化服务的能力还不强，迫切需要引导物流企业和工商企业实行战略合作，共同建立现代物流服务体系，扩大物流网络覆盖面。因此，应努力引导大型制造和商贸流通企业集中精力做强做大主业，与物流企业加强各种形式的战略合作，推进物流需求社会化。要在发挥市场机制作用，调动企业积极性的基础上，积极营造促进物流业与工商企业战略合作的政策环境。要鼓励工商企业逐步将原材料采购、运输、仓储等物流服务业务分离出来，交由专业第三方物流企业承担。

（5）加快物流产业基地重大项目的建设，引导龙头企业整合资源。国内外经验证明，政府加大物流产业基地（或物流园区）的建设，是培育物流龙头企业整合资源做大做强的重要举措。宁波物流龙头企业发展过程中，面临的主要问题之一即是场地、仓储等平台的制约，难以扩大规模，尤其是难以整合各方资源形成竞争合力，市场辐射力不强。当前，一方面，要加快海、陆、空各类物流产业基地重大项目（如宁波镇海大宗货物海铁联运枢纽港、梅山保税港区、空港物流基地等）的建设；另一方面，要积极创造条件吸引物流龙头企业参与建设，为龙头企业入住基地经营和整合资源给予政策优惠或资金扶持。采取物流基地项目龙头带动物流企业龙头发展的方式，培育龙头企业做大做强。

（6）鼓励金融、保险业为物流企业提供金融创新服务。物流企业普遍面临融资瓶颈，严重制约着龙头企业的做大做强。政府除积极引导商业银行放宽物流龙头企业贷款融资条件，降低其融资成本外，还应采取积极措施鼓励各类金融、保险业为物流龙头企业提供好的金融创新产品。例如，某地方银行提供的"物流直通车"产品，大受企业欢迎。该产品是银行专为物流企业推出的"物流直通车"系列信贷融资业务。这种贷款模式整合银行、物流协会、企业三方资源，借助联保金、抵押物、企业互相担保、三方协议等机制，帮助中小物流企业融资。

（7）打造龙头企业品牌。品牌战略是龙头企业做大做强极为重要的策略。提起世界著名的物流巨头，人们自然会想到 FedEx、TNT、DHL、UPS 等企业，提到我国知名的物流企业会想到中外运、中远物流、中海物流、中邮物流以及宝供物流。这些物流企业的知名度正是实力的象征。宁波市物流企业要做大做强，就必须树立品牌意识，制定品牌战略，并利用当今中国物流发展的大好时机，结合国情，充分发挥品牌战略的作用，努力打造自己的品牌。

在宁波众多的物流企业中，基本上没有被大家熟悉的品牌，经营同质性严重。物流主管部门和物流协会组织应积极引导龙头企业强化品牌意识，通过诸如"品牌联合战略"创建宁波物流品牌。同时，政府创造条件鼓励龙头企业品牌和管理输出，开展连锁复制，加快服务网络的延伸，提高市场份额。

打造企业品牌的过程也是企业壮大发展的过程，在培育物流企业品牌过程中，要树立讲信誉和优质服务的形象。服务质量是物流企业参与市场竞争的法宝，是企业成为品牌企业的基本条件，而服务质量的一个重要指标是国际质量认证体系，如 ISO9000。政府管理部门应鼓励企业开展这项工作。打造企业品牌还应扶持企业加大硬件设施和人才队伍方面的建设。作为现代物流龙头企业，要在相应的硬件设施上下工夫，如构建物流园区、增大仓储面积、购置专用货柜车辆、配送专用货物、与铁路港口合作、在其内自建中转仓库基地等。

（8）培养高层次物流经营人才。培养物流人才，特别是高层次的物流经营人才，是提升物流企业"软实力"的重要措施。宁波市物流企业发展过程中面临的主要"瓶颈"之一，就是缺乏具有现代物流观念和先进管理思想与管理技术的高层次经营人才。这类人才也可称为物流职业经理人。应通过政府、企业和个人多方联动的方式着力培养一大批物流职业经理人。鼓励物流龙头企业培养、引进物流职业经理人，全面提升企业的经营能力和管理能力。

2. 分类实施策略

依据上述总体策略，根据分类培育的模式，制定龙头企业培育目标，并进一步分类制定培育物流龙头企业的实施策略，如表 3-6 所示。

表 3-6　分类培育物流龙头企业的实施策略

龙头企业类型	实现目标	策略要点
道路运输型物流企业	培育企业做大做强，扩大全国网络覆盖面，形成最具信誉与服务质量的第三方物流企业，成为全国性龙头或区域性龙头	1. 引导企业兼并重组 2. 实现装备现代化，引导企业运用先进的信息技术，重点发展集装箱运输、冷藏车运输、保税仓储等专业化物流 3. 与工商企业战略合作，扩大业务网络 4. 建立大型物流基地或园区，构建多式联运体系 5. 引导企业实施甩挂运输等先进组织方式
综合服务型物流企业	提升企业港口物流综合服务能力与增值服务能力，与国际接轨，形成具有品牌与竞争力的全国性龙头或区域性龙头企业	1. 加强与港口、航运企业合作，扩大国内外服务网络，引导企业做大做强 2. 引进国际上知名企业，整合港航资源，形成国际品牌企业 3. 培育一体化港口物流服务体系，充分利用口岸信息平台，拓展国际物流服务链 4. 优化通关、检验、保税、结算等系统，提高物流效率、降低成本
第四方物流信息平台型企业	培育第四方物流信息平台，有效整合全市物流资源，提升物流信息化水平，成为辐射长三角区域的龙头企业	1. 扶持企业开发适应市场需求的信息化平台，优化各类信息服务 2. 制定物流过程信息化标准，低成本或免费推广信息平台的应用 3. 培育信息平台企业成为技术型企业，形成有影响力的和创新能力的品牌，辐射长三角或全国

第五节　宁波市培育物流龙头企业的政策

物流龙头企业具有发展潜力大、市场竞争力强、示范带动作用明显等优势，对制造业及其他产业具有服务和支撑作用。培育龙头企业有利于提高生产力水平、提高管理水平、带动全行业的发展，培育龙头企业的过程，就是一个促进行业管理水平、技术水平全面提高的过程。龙头企业在管理、技术、资金、人才等方面均具有突出优势，体现着整个行业的发展水平。物流龙头企业能够充分整合物流设施、货源、人员、信息网络、资金等各方面的优势资源，以先进的企业管理手段和科学的物流组织方式，降低物流运营效率、提高劳动生产率、减少运营成本和能源消耗等，能够最大化地创造经济效益和社会效益。因此，培育物流龙头企业的策略是推进现代物流业发展，提升物流行业竞争力的重要手段。

对宁波市而言，应以培育物流龙头企业为重要抓手，迅速壮大现代物流业规模、以点带面优化现代物流业结构、提升现代物流业的影响力和带动力，推动宁波长三角区域物流中心、全国性物流节点城市和国际物流枢纽城市的建设。结合国内外经验，本书提出以下政策措施：

1. 进一步明确支持物流龙头企业做大做强的政策导向

要培育和扶持物流龙头企业做大做强，首先要进一步明确支持物流企业做大做强的政策导向。建议从工商登记、财政税收、统计信息、法律事务等经济管理的各个层面，对物流企业进行界定，明确物流行业的主体地位和主管部门。根据物流业一体化运作、网络化经营的实际，完善或调整现有政策思路，明确支持物流企业规模化、一体化、网络化、国际化发展。有计划、有重点、有政策地培育一批服务水平高、区域竞争力强的大型现代物流企业。

2. 提高宁波市物流业发展及物流企业培育已有政策的效用

宁波市已出台了一系列物流业和物流企业培育的扶持政策，但政策的效用偏低，需要加强已有政策落实并提高政策效用。

为促进物流产业发展，宁波市在全国较早探索相关发展策略和出台相关扶持政策。宁波市分别于 2002 年出台了《关于加快宁波市现代物流业发展的若干意见》、2003 年出台了《关于加快宁波市现代物流业发展的实施办法》、2004 年出台了《宁波市现代物流业发展引导资金管理办法（试行）》、2005 年出台了《宁波市现代物流业发展引导资金管理办法》、2007 年出台了《宁波市现代物流重点联系企业管理暂行办法》等。这些不同层面的政策，为宁波市现代物流业的发展和物流企业的培育营造了良好政策环境。

但在政策的落实方面执行力度还不够，其效用也不太理想，或者说效用偏低。例如，2004~2006 年期间，宁波市分别下拨了 698 万元、1326 万元、1020 万元的物流业发展引导补助资金。但到 2007 年以后，这一引导补助资金就没有再安排了。从国内其他城市看，宁波市政府对物流企业的扶持力度不算大，而且这些扶持资金没有发挥最大效用，没有真正解决企业发展的关键问题。

3. 进一步完善和调整物流企业扶持的相关政策

（1）加大财政金融支持力度。一是继续实施《宁波市现代物流业发展引导资金管理办法》，确保专项资金落实到位。但引导资金不宜太分散，应发挥资金的规模效应。二是建立物流龙头企业发展专项基金。扶持物流龙头企业做大做强，扩大市场占有率。三是研究税费减免政策。如给予物流企业过路、过桥等费用上适当减免。四是鼓励金融、保险、信用担保等机构加大对物流产业的支持。

五是积极为物流企业上市、发行债券和其他融资创造方便条件。

（2）创新土地政策，加强物流项目建设用地支持。一是在符合《宁波市现代物流业发展规划》框架下，物流龙头企业建设物流中心或仓储中心等物流项目时，给予建设用地支持。二是要努力降低物流企业用地成本。物流建设项目用地出让年限可在法定最高年限范围内按需设定，出让金按设定的出让年限计收，采取出让、租赁、作价出资或入股方式，提供土地使用权，以减少企业一次性用地成本投入。三是研究提高物流企业用地单位产出的开发模式。在按照工业用地标准优惠供地的同时，要对现有物流用地进行整合和提升，提高土地利用的效率和集约化水平。

（3）完善并实施优秀物流企业以奖代补政策。培育物流龙头企业的目的不只是龙头企业自身的发展，更重要的是通过龙头企业带动全行业的整体技术水平和物流服务能力提升，从而提升物流行业的竞争力。为此，还应该完善并实施优秀物流企业评选与奖励政策，以奖代补，促进物流行业有序竞争。一是评选优秀企业，引导物流企业做大做强品牌。评选市内各项优秀物流企业，同时对于获得省、国家级奖励或在某些方面取得突破性发展的物流企业予以奖励。完善奖励形式，加强优秀物流企业的新闻报道和媒体推广，促进优秀物流品牌的市场迅速推广。二是设立物流技术改造专项奖励资金，对于在物流技术装备、物流信息化等方面发展较快的企业予以专门奖励。三是加强信用管理，评选行业诚信经营企业，促进全行业诚信经营，自律发展。四是鼓励物流企业通过多种形式扩大经营规模和企业资本。对于通过强强联合，收购、兼并或重组一些濒临破产或规模较小的物流企业，盘活闲置物流资产，实施低成本扩张的物流龙头企业予以专门奖励。

4. 完善政府服务的管理机制

（1）设立宁波市物流业统一管理的职能机构。目前，宁波市物流业发展领导机构或缺，统筹协调工作机制仍不完善。可以说，宁波市还尚未建立完全符合物流业协调发展的工作机制。由于对物流功能和要素的管理涉及港口、海关、国检、交通、铁路、航空、外经贸委、发改委等诸多主管部门的协调，为了确保政府部门政策的一致性，必须建立政府部门间的协调机制，克服管理不一致等制约物流产业发展的因素。建议成立物流业统一管理的职能机构，统筹协调物流业发展的重大问题，打破行业、部门之间的条块分割，改变多头分散管理的局面，形成横向配合、上下联动的物流业工作推进机制。物流业管理职能部门要扎实承担起宁波市物流业发展的整体规划、项目推进、政策出台等综合组织管理和协调督察工作，发挥职能部门对物流业直接领导和行政服务的功能。

（2）发挥行业协会的功能，组建宁波市新的物流协会。宁波市现有市物流协会、交通运输协会、港口协会和货代协会，四个协会功能相近，对物流业管理促进作用不但没有形成合力，反而互有削弱。建议在上述四个协会基础上组建新的物流协会。协会的组建要发挥龙头企业作用，给龙头企业提供工作平台，通过行业协会，反映行业需求，维护行业利益。

物流行业协会及相应的专业委员会，在市物流业统一管理的职能部门指导下，充分发挥其在制定行业管理规范、推广技术标准、交流行业发展信息、沟通和联系行业内企业等作用，推动企业联盟的建设，促进行业自律，加大物流市场的监管。要以物流行业协会为主体，积极推进物流行业信用体系建设，开展物流企业信用评级工作，加强物流行业 A 级评估工作，推进物流企业标准化建设等。同时，通过物流协会建立物流企业"联保"、"互保"、"互信"、"互担"等制度，为物流企业融资、保险创造更便利条件。

（3）加强对物流业发展的对外宣传工作，积极推介龙头企业的品牌。政府、行业协会应加强宁波市物流业发展的对外宣传工作，积极创造条件推介宁波市物流龙头企业品牌，鼓励品牌输出。

5. 建立物流龙头企业动态管理与评估机制

在培育物流龙头企业工作中，要建立物流龙头企业动态管理与评估机制。一是按确立的龙头企业评价标准体系公开、公平、公正地筛选物流龙头企业。二是对龙头企业建立优上劣下的动态管理机制。物流龙头企业享受规定的政策优惠和项目扶持，同时也应承担相应义务。为了确保政策的引导作用并发挥龙头企业的示范效应和资源整合作用，应该对物流龙头企业的成长状况定期评审，采取不定期调整机制。要定期对龙头企业进行检查、评估，鼓励先进，淘汰落后，对于资源整合没有进展、项目投资效益不明显、示范带动效应不显著的龙头企业，要及时提出批评、建议其整改或取消其龙头企业培育资格。三是适时总结龙头企业培育工作绩效。要加强目标管理，对照物流龙头企业培育工作目标，适时评估龙头企业培育工作绩效，总结成功经验并大力推广，对于工作中的偏差则应及时予以纠正。

第四章 港口供应链的构建与协调研究

港口是水陆交通的集结点和枢纽,是船舶停泊、装卸货物、上下旅客、补充给养的场所。随着经济与贸易的全球化,港口已经成为各种运输方式交汇的高效集散中心和功能强大的综合性物流枢纽,国际贸易中90%以上的货物运输是通过港口实现的。[①] 20世纪50年代以来,港口功能不断拓展,港口地位日益突出,现代港口已由传统的以装卸运输为主发展为集装卸、转运、仓储、拆装箱、管理、加工和信息处理为一体的综合物流服务中心,成为商品流、资金流、技术流、信息流的集散地,是现代综合交通运输体系中不可或缺的一环。

第一节 港口供应链

一、港口供应链的内涵

港口在国际贸易和物流方面的作用不断突出,功能也日益广泛,已从单一的货运生产转变为综合运输体系网络中的核心节点,成为商品流、资金流、技术流、信息流与人才流汇聚的中心,港口供应链就产生于这样的背景下。港口作为多式联运的结合点,具有连接陆运、空运和水运等多种运输方式以及贯通国内、国际两个市场的作用,集中了供货方、货代、陆运方、船公司、船代、储运方等各种相关参与方的物流信息。同时,由于港口通过两边的运输商(船公司和陆上运输商)与世界各地的供应商、消费者相连,形成一条集多种运输方式和物流形态于一体的港口供应链,成为对供应链进行协同式管理的相对最佳主体和环节。[②]

---

① 王玖河:《港口企业供应链结构优化与分析》,北京:燕山大学学位论文,2007年。
② 陈焕标:《港口供应链及其构建》,《水运管理》2009年第10期,第9~10页。

阳明明认为港口供应链是指以港口为核心企业，将各类服务供应商（包括装卸、加工、运输、仓储、报关、配送，甚至金融、商业服务等企业）和客户（包括付货人和船公司等）有效结合成一体，并把正确数量的商品在正确的时间配送到正确地点，实施系统成本最低。各类服务供应商依赖港口但又独立于港口，他们是港口的服务供应商，在经济上有自己的利润目标。

王玖河（2007 年）认为，港口企业供应链是指以信息技术为手段，以系统集成化和协同化为指导思想，以建立一种战略合作伙伴关系达成共赢目的，以港口企业为盟主或核心企业，实现信息流、物流、资金流在整个供应链上的畅顺流动，由上下游相关企业所形成的紧密合作的服务型的企业供应网链结构。其港口供应链流程如图 4-1 所示。

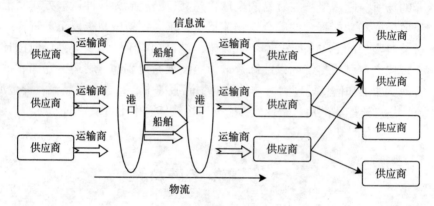

图 4-1　港口供应链流程

李建丽、真虹（2009 年）认为，港口供应链涉及港口、物流渠道及贸易渠道，包括了港口物流价值链的全部环节与功能，是以供应链上供需双方的需求变化为主导，并与供需双方的运作协调、整合而形成的价值功能体系。港口是供应链上供应商与客户之间众多物流服务商中的重要一员，介入到供应链中，为供应链上的各节点提供更高价值。港口供应链与港口物流价值链如图 4-2 所示。[①]

上述三个概念都突出了以港口为核心企业的供应链，港口供应链包括服务供应商、港口企业和客户。本书结合服务供应链的概念，将港口服务供应链定义为：港口服务供应链是以港口企业为核心，以信息技术为手段，将各类服务供应商、港口和客户进行集成的服务型供应链，如图 4-3 所示。

港口供应链具有以下的内涵：

---

① 李建丽、真虹、徐凯：《港口供应链的价值体系分析》，《中国管理科学》2009 年第 10 期，第 442~443 页。

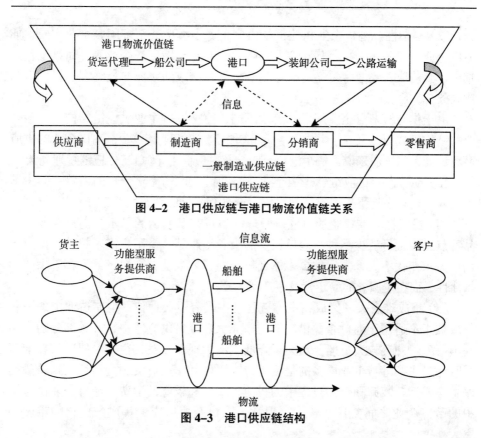

图 4-2　港口供应链与港口物流价值链关系

图 4-3　港口供应链结构

（1）以港口为核心的供应链：主要包括供应商（货主）、船公司、港口企业、陆上运输公司、功能型物流供应商等，其核心企业是港口企业。

（2）服务供应链：港口并不生产新的商品，其收益主要是通过提供物流服务（装卸和仓储）来创造，因此港口供应链是服务型供应链。

（3）以信息技术为手段：港口供应链的各成员企业是独立的企业，需要通过信息技术将它们进行集成。信息技术是港口供应链集成的重要手段。

二、港口供应链的特征

港口供应链属于服务供应链，是由所有加盟的节点企业所组成的网链结构，节点企业与节点企业之间是一种供需关系。与典型制造型供应链不同的是，港口供应链没有制造环节，它是以港口作为主导供应链的核心企业，港口供应链结构具有以下几个特征：

（1）双向性。以港口企业为节点，处于供应链上游的货主是客户，处于供应链下游的船公司、用户也是客户。因此，不论是处于供应链上游，还是处于供应链下游，只要存在对港口企业的资源需求，需求方都可以定义为其客户。

（2）复杂性。港口企业供应链是由多个、多类型甚至多国家企业构成，如港口企业、船公司、货运代理企业、陆运企业、仓储配送企业等，而且也包括货主。其构成关系非常复杂，核心企业可以直接或间接面向最终客户提供产品或服务。

由于供应链节点企业组成的跨度不同，使得港口企业供应链结构比一般企业的结构模式更为复杂，增加了协调的难度。从管理上来看，港口企业的供应商数量庞大（一般来说，一个港口企业涉及供应商上千家），供应链管理复杂。

（3）动态性。供应链管理因企业战略和适应市场需求变化的需要，其中节点企业需要动态地更新，这就使得供应链具有明显的动态性。

（4）稳定性。港口企业供应链管理的重点在于质量的稳定。港口企业的产品特点是大批量、少品种，港口提供的服务型产品，受用户需求拉动，但由于用户需求变化不大，其运作更多体现较强的计划推动，产品特征不在于生产的敏捷性，而在于服务的稳定性及生产率。

（5）集成难度大。集成在供应链管理中具有重要地位，但制造业中的一些集成技术不适用于港口企业供应链的集成。在港口供应链中，其各部分的目标并不一致，冲突较大。船公司为了降低成本和提高收益，往往希望船舶在港停留时间最短，港口企业更多的是希望最大限度利用港口资源，而货主则希望确保整个搬运、装卸和仓储过程中的快速、安全和较低的运费。港口企业供应链中的节点企业之间差异性较大，因此，港口企业供应链集成与优化的难度将更大。

三、港口供应链的形式

港口供应链按其战略伙伴关系的紧密程度，可分为 4 种形式。[①]

1. 基于"内部集成化"的港口供应链

"内部集成化"的港口供应链模式是通过纵向兼并将上下游企业"内部化"，从而实现企业内部供应链与外部供应链中供应商和用户管理部分的集成，形成内部集成化供应链，达到降低交易成本的目的。

构建基于"内部集成化"的港口供应链是为了加强港口企业对运输、装卸、报关、仓储、加工、配送等全过程的控制和协调，使港口企业能在竞争中掌握主动，增加各个业务活动阶段的利润。

基于"内部集成化"的港口供应链主要采用供应链计划和港口企业内的资源计划系统来实施集成化计划和控制。有效的供应链计划集成企业所有主要的计划和决策业务，包括需求预测、库存计划、资源配置、设备管理、优化路径、

---

① 陈焕标：《港口供应链及其构建》，《水运管理》2009 年第 10 期，第 9~10 页。

基于能力约束的生产计划和作业计划、物料计划、采购计划等。企业资源计划系统集成企业业务流程中的主要执行机构，涵盖订单管理、财务管理、库存管理、生产制造管理、采购管理等职能。两者通过基于事件的集成技术连接在一起，采用同步的需求管理，将用户需求与制造计划和供应商的物料管理同步化，减少不增值的业务，通过广泛的信息网络获取巨大的利润。

从理论上来说，在市场环境相对稳定的条件下，采用这种模式是十分有效的，但在科技发展迅速、市场竞争日益激烈、客户需求不断变化的现实中，这种模式已暴露出无法快捷响应运输市场机会的不足之处。这是因为采用这种模式，港口企业需对上下游的其他企业拥有一定的管理权，而做到这点并非易事，港口企业或者自己投资，或者出资控股，但这样一来港口企业就要承担过重的投资负担和过长的建设周期带来的风险。与此同时，港口企业还要从事自己并不擅长的业务活动，应对每一个物流环节领域中的竞争对手，从而使管理成本大幅增加，甚至削弱对自身核心业务的管理，导致企业陷入困境。

2. 基于"分包制"的港口供应链

"分包制"的港口供应链模式是一种以供应链合作伙伴之间订立长期交易契约为基础的"准结合"方式，它以契约将存在供求依赖关系的企业"衔接"起来，从而有效解决"内部集成化"存在的内部摩擦、反应迟缓、效率不高等问题。这种模式的组织保证是一组存在于供应链上所有企业之间的正式或非正式的"关系型契约"。

基于"分包制"的港口供应链以面向最终需求的灵活调整运输能力为核心，与目前客户需求的多样化相适应。通过长期交易纽带所结成的一条从初级供应商到最终销售商和消费者的链条，能够实现港口供应链诸环节之间的"无缝衔接"。

3. 基于"合作协议制"的港口供应链

"合作协议制"的港口供应链模式是供应链上的相关企业通过签订一系列业务或战略协议来结成联盟的一种合作组织形式。

基于"合作协议制"的港口供应链，以港口为核心企业，为了某一共同的特定目标，由港口供应链上下游企业形成合作协议或组成网络式协作关系，旨在运用港口的核心资源，通过结盟更好地降低整个港口供应链的成本，实现"双赢"，并在合作中提升竞争力。

基于"合作协议制"的港口供应链的出现，主要是由于外部环境发生了巨大的变化。其一，港口之间竞争日益激烈，客户需求出现高级化、个性化、多样化的发展趋势，面对变化如此之快的市场环境，港口供应链上各节点之间协调行动的能力就显得更加突出和重要，而分包制联盟由于过分依赖既有交易伙伴，面对快速变化的运输市场显得缺乏足够的创新活力和反应能力。其二，互联网的出现和通信成本的降低使港口企业可以建立内部网络 Intranet，港口供应链的企业之间则可通过专用的电子数据交换（EDI）系统或借助互联网 Internet 进行信息传递和交易。其三，标准化、通用化、模块化、组合化正成为新的潮流，使港口供应链的企业之间可以采用标准接口技术进行组合，这不仅降低了企业之间的交易成本，也使港口供应链上的所有企业能以前所未有的紧密程度联系起来。

4. 基于"集成化动态联盟"的港口供应链

"集成化动态联盟"的港口供应链模式是基于一定市场需求，根据共同目标组成，通过实时信息共享来实现集成化的形式。它应用的主要信息技术是 Internet/Intranet 的集成，同步化的、扩展的供应链计划和控制系统是其主要工具。

基于"集成化动态联盟"的港口供应链是指港口供应链的上下游企业为了实现特定的战略目标，在信息集成的基础上，采取任何股权或非股权形式，共担风险、共享利益的联合行动。它是一个能够快速重构的动态组织结构，因此能很好地适应市场变化的需要，无法适应需求的企业将被从供应链联盟中淘汰。在集成化港口供应链动态联盟中，企业通过 Internet 等信息技术集成在一起以满足用户的需求，一旦用户需求消失，联盟也随之解体，而当另一需求出现时，这样的组织结构又将由新的企业重新动态组成。

基于"集成化动态联盟"的港口供应链是把各企业化为整个港口供应链的一部分，在按照客户要求为其提供最大价值的同时，也使港口供应链的总利润最大化。

显然，港口供应链上的所有企业都是相互依存的，但现实中彼此的合作却难尽如人意，主要是因为在整个港口供应链上，不可能所有环节同时达到利益最大化，很可能在追求整体利益最大化时弱化某一或某几个环节。多数时候，这些被弱化的经济实体会因为得不到满意的补偿而降低其参与港口供应链的积极性。

四、港口供应链的形成动力机制

港口供应链的形成不仅是社会分工的结果，也是各种动力相互作用的结果。这其中既有港口内部的因素，也包括港口外部的因素。[①] 下面就港口供应链的三方面动因（外在驱动力、内在驱动力和催化作用力）进行分析，其形成动因机制模型如图 4-4 所示。

---

① 张何、真虹：《引导第三代港口向第四代港口演变的驱动力研究》，《中国港口》2009 年第 6 期。

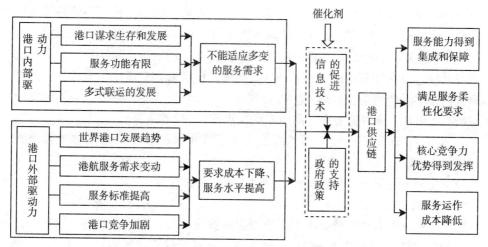

图 4-4 服务供应链的形成动因机制模型

1. 外部驱动力

（1）世界港口发展趋势。随着港口功能的不断完善，世界港口发展从运输枢纽中心向全球资源配置枢纽转变。作为现代港口的供应链，更加强调多个港口以及物流链功能的整合。特别是当供应链管理正日趋成熟之时，港口在供应链中所扮演的角色也正发生着剧变。港口作为全球资源配置中心，其发展会联动整个腹地经济。

（2）港航服务需求变动。随着社会分工的精细化程度不断加深，产品生产对各国的依存度不断增加，反映在货物运输上就是货物的种类越来越多，货量越来越不规则（小件货、拼箱货越来越多），成品货运输越来越多，装卸要求越来越高，并要求港口能够提供分拣、贴标签、包装等简单加工。货主对时效性的要求也越来越高，货主也要求港口货物的通关等各种手续简便快捷。

（3）服务标准提高。船公司更加注重港口提供的服务质量和时效性，希望港口能够帮助自己降低运营成本。有些较大的船公司为了方便自己船舶的靠泊作业，降低运营成本并可为其他船舶服务赚取利润，投资建设港口或者与港口合作形成港航联营。

（4）港口竞争加剧。许多港口为了求得有限的生存和发展，纷纷只顾眼前利益，采取降价措施。面对竞争，享有共用经济腹地的港口将采取同样降价行为，这样就破坏了行业间价格机制的平衡。港口为了吸引更多航线挂靠，相互争夺原本就十分有限的船公司的货源，最终演变为港口之间恶性竞争。港口只有被嵌入到港口供应链中，为货主提供更大的价值，才能在竞争中取得优势。

2. 内部驱动力

（1）港口谋求生存和发展。随着港口之间竞争加剧，港口为了自身的生存及发展，越来越追求差异化、个性化的高质量服务。特别是货主和船公司在市场中占主导地位，港口要生存就必须与货主和船公司建立更紧密的合作关系。

（2）服务功能有限。从目前的港口企业服务功能来看，往往只能将自己的服务功能定位在物流功能，如装卸、仓储等。但随着客户需求的柔性化，其他相应的很多增值服务也伴随而生，服务越来越多样化，单一港口企业不可能穷尽所有的服务。港口需要和其他功能性服务商建立合作关系。

（3）多式联运的发展。为了降低成本，减少风险，港口与其他运输方式（如公路、铁路、航空、管道）联合运输，形成多式联运，为客户提供更广泛的选择和更便捷的服务，与其他运输营运商分享运输收入。

3. 催化作用力

（1）政府政策的支持。为了促进城市的快速发展，政府需要港口带来的推动作用。这样政府会给予港口更多的关注，注重宏观的规划和政策的引导。政府会制定有关鼓励优惠政策，给予如土地使用的便利和优惠、资金的支持、一定的减免税收政策等，以吸引有实力的企业进驻港区或者来港作业。

（2）信息技术的促进。现代信息技术的飞速发展也给港口发展变革提供了催化剂的作用。港口管理越来越离不开有效的信息技术支持，各种物流信息技术的应用（如 EDI）和物流信息平台的构建，为港口提高服务质量和服务水平，进而为强化整体竞争实力提供了重要手段。

第二节　港口供应链的发展现状

在全球港口供应链发展的背景下，我国沿海港口特别是大型枢纽港对全球经济和区域经济的促进带动作用越来越明显，港口承担着 90% 以上的国际贸易货物量。港口供应链正在逐步形成和发展，供应链各环节不断完善，港口物流规模不断扩大。截至 2010 年底，全国规模以上港口数量为 96 个，拥有生产用码头泊位 32148 个，其中万吨级及以上泊位 1659 个。2010 年，全国港口完成货物吞吐量 89.32 亿吨，同比增长 16.7%；全国完成集装箱吞吐量 1.46 亿 TEU，同比增长 19.4%，我国港口吞吐量和集装箱吞吐量已经连续 8 年保持世界第一，拥有 20 个亿吨大港。在世界排名前 20 位的国际港口中，我国占一半，已经成为世界上港口吞吐量和集装箱吞吐量最大的国家。港口建设取得显著成效，成为带动临港工业、促进区域经济发展的引擎。

我国大部分港口形成了现代化的物流体系。港口设施与管理不断完备，港口布局日趋合理、结构不断优化升级，基本形成布局合理、层次分明、功能齐全、河海兼顾、优势互补、现代化程度较高的港口体系。港口正在由传统的装卸、转运业务向包装、加工、仓储、配送、提供信息服务、保税、金融、贸易等高附加值综合物流功能延伸和发展。

集装箱运输已成为主要运输方式，集装箱、干散货和液态散货运输船舶向大型化发展，泊位向深水化、专业化发展。跨国公司的加入，对港口提出了及时服务、零库存等要求，围绕着供应链的起始点，港口活动的范围已大大超出了传统的港口界限。为适应经济全球化的趋势，我国港口供应链也已经在整合社会物流资源，针对市场差异化，制定个性化物流服务。

然而我国港口供应链发展起步晚，在运作及管理上存在相当程度的不完善性，具体表现在以下几个方面：

（1）缺乏有效的协调机制。港口企业与上下游企业联系还不够紧密，尚未建立稳定的联盟关系。港口供应链中的企业缺乏良好的沟通平台，严重影响了整个供应链环节的协调。供应链是一个整体，需要各个供应链企业之间的活动形成整体，才能取得最佳的整体绩效。协调的目的是使满足一定服务质量要求的信息可以连续地、流畅地在供应链中传递，从而使供应链能实时响应顾客的需求。目前，港口管理基本上是各自为政，相互脱节。港口企业服务系统在设计时只考虑服务过程本身，而没有考虑服务过程以外的因素对企业竞争能力的影响，更没有考虑整个供应链。另外，地域范围内的港口群企业之间缺乏有效的协同与合作，各自为政，缺乏整体的竞争力，缺乏港口资源的整合，甚至会进行低效率的恶性竞争。

（2）运作流程中存在着资源浪费。港口供应链物流模式各节点在信息、职能、技术、人力资源、设施设备的业务衔接上存在着不完善性，导致港口供应链的整个流程中存在着不同程度的浪费，主要包括超过增加产品价值所必需的物料、设备和人力资源、场地、时间等各种资源的浪费。例如，调度不合理造成的船舶排队待泊；装卸效率低而造成船舶在港停泊时间长，货物积压在港；因供应链上游不能按时交货或提供服务而等候；货损货差，不满意的客户服务；不必要的材料移动、作业人员走动；实际不需要的流通加工程序。此外，还有人力资源的浪费、能源的浪费等等。基于此，迫切需要对港口供应链管理方法与模式进行改革，最大限度地消除浪费，提高效率，改善流程，提高客户的满意度。

（3）供应链联盟建设滞后。现阶段港口物流的活动范围有限，与相关的海运、铁路、公路等大型物流企业没有建立战略合作伙伴关系，很难使物流服务快捷、准确及柔性连接。与工业企业、加工企业的联系也较少，物流联盟程度不高。

（4）港口经营管理水平较低。我国港口物流企业大多还停留在利润理念阶段，顾客服务理念淡薄，加之缺乏有生命力和号召力的企业文化，缺乏供应链管理的实际经验，致使港口物流业的整体经营管理水平较低。在全球运作环境下，港口必须将其运作流程的所有成员纳入到供应链系统中，重新构筑其价值链、信息链、组织链，以提高运营效率。

（5）港口供应链绩效低下。在港口供应链中，港口供应链上的节点企业信息系统不健全、数据处理技术落后，企业与企业之间的信息无法及时传递，没有充分利用 EDI、Internet 等先进技术致使信息处理不及时、不准确，不同地域的数据库没有集成起来，无法实现网上传递与共享。港口供应链企业之间的利益分配机制还不完善，港口企业供应链尚未整合优化，从而导致整个港口供应链的绩效低下。

第三节　港口供应链的协调机制

一、供应链的协调机制

协调源于系统研究，协调的目的是通过某种方法来组织或调控所研究的系统，使之从无序转换为有序，达到协同状态。供应链是由不同利益主体构成的合作型系统，供应链成员在追求自身利润最大化的同时，往往与系统整体目标产生冲突。协调是供应链成功运行的关键，供应链管理的目的就是协调和控制供应链成员间的物流、信息流、资金流，降低成本，提高利润和服务水平，使整个供应链获得的利益大于各成员企业单独获得的利益之和。

供应链协调的目标包括两个层面：一是合作双方绩效均得到改善，即双方均能够从协调机制中受益。二是供应链整体绩效能够得到提高。

供应链中的协调机制就是用于使所有成员共同协作的、一系列满足预先设定目标的、有顺序的处理过程，用于规范系统的多个组成部分的行为。[①] 通过供应链成员之间的协调，能够做到合理分配利润，共同分担风险，提高信息共享程度，从而降低总成本，最终实现系统利润最大化。

二、供应链的协调机制类型

1.协调职能

根据协调的职能不同可以分为：生产—供应协调、生产—销售协调和库

---

① 陈长彬、杨忠：《供应链协调机制理论综述》，《生产力研究》2009 年第 4 期。

存—销售协调。生产—供应协调是如何确定订货策略的问题，如订货批量、订货时间间隔等；生产—销售协调主要考虑的是生产能力与库存控制策略的问题；库存—销售协调是供应分配问题，解决如何确定库存补给策略和配送计划使总的库存配送成本最小。

2. 协调范围

根据协调的范围不同可以分为：企业间协调和企业内协调。企业之间的协调（Inter-organizational Coordination），是指供应商、制造商和销售商之间的相互协调，包括各企业之间的物流、资金流和信息流协调，供应商、制造商和销售商之间的有效协调能够减少库存，降低成本，提高整个供应链的管理水平和运作效率，从而提高供应链整体绩效。企业内的协调（Intra-organizational Coordination），是指供应商、制造商和销售商企业内部各部门之间各项活动的协调，包括产品开发、原材料采购、生产、库存、销售各部门之间的协调，如图4-5所示。[①]

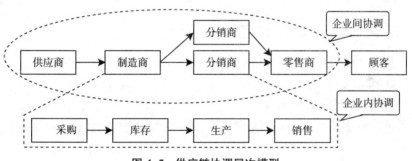

图 4-5　供应链协调层次模型

3. 协调对象

根据协调的对象的不同，可以分为水平协调和垂直协调。垂直协调（Vertical Coordination）是原材料的采购到产品的生产、销售直到最终顾客的相关供应商、制造商、销售商之间的协调；水平协调（Horizontal Coordination）是指供应链中处于同一地位的各个企业之间的协调，例如在各个分销商之间的协调，如图4-6所示。

4. 协调角度

根据协调角度的不同可分为：战略层协调、战术层协调和运作层协调。战略层协调是设计供应链整体长远发展规划的协调，包含战略计划、合作关系、风险管理、利益分配以及绩效评价等方面的设计；战术层协调是供应链的经营

---

① 庄品、王宁生：《供应链协调机制研究》，《工业技术经济》2004年第6期，第71~72页。

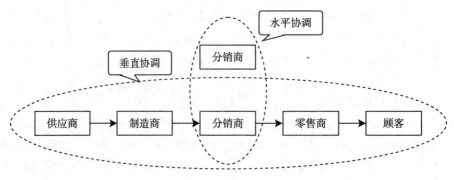

图 4-6　企业之间的协调

协调，它贯穿整个供应链的运作过程，包括设计过程协调、销售过程协调、制造过程协调、供应过程协调；运作层协调是对战术层协调问题的细化和具体化，属具体操作方面的协调，如库存、运输、生产计划、产品定价及产品宣传等职能的协调。

三、港口供应链协调问题的产生原因

引起港口供应链失调的原因主要有两个：一是供应链成员间的目标冲突。二是信息不对称。

1. 供应链成员间的目标冲突

当供应链成员间的战略目标不一致时，供应链整体战略目标就无法实现，渠道冲突就会产生，造成供应链失调。港口供应链企业追求的目标如表 4-1 所示。

表 4-1　港口供应链企业的目标、工具、影响

市场运作方	目标	工具	影响
船公司	● 利益最大化 ● 市场占有率 ● 对港口供应链的控制权	● 费率、成本控制（运力、时间、合作） ● 市场 ● 服务范围及水平	● 船舶大型化 ● 合理安排船期 ● 联盟及集团化 ● 专用码头
港口	● 成本最小化（通过港务费及时间成本） ● 货物装卸最大化（公有制港口） ● 利益最大化（私有制港口）	● 海运可到达性 ● 港口用地及优惠政策 ● 社会经济交易 ● 定价	● 进一步提高海运信息的获取能力 ● 保障社会经济稳定 ● 优惠政策对产业结构的影响
装卸公司	● 利益最大化 ● 培养客户诚度（如装货、理货、存储、预检）	● 定价 ● 货物装卸技术（速度、质量） ● 服务范围及水平	● 码头规模的收益 ● 产业物流

续表

市场运作方	目标	工具	影响
内陆运输	• 利益最大化 • 市场份额	• 运价 • 速度 • 灵活性 • 运输能力	• 激烈的模式竞争
货代及船代	• 利益最大化 • 客户忠诚度 • 多样化（增值服务）	• 费率 • 服务范围及水平	• 门到门运输统一定价 • 强烈的依赖性（进口及出口方向）
货主	• 物流总成本最小化（包括时间成本）	• 讨价还价能力（基于货主选择范围）	• 规模增长（讨价还价中地位提高） • 可变性增大

资料来源：李建丽、真虹等：《港口供应链中港口的核心地位及平台效应研究》，《中国港口》2009 年第 11 期。

从表 4-1 可以看出港口供应链中供应链成员间的目标冲突。船公司为了充分利用船舶运力，降低运输成本和提高收益，希望港口能快装快卸，尽力减少船舶"滞港"时间。港口企业则希望能最大限度地利用港口资源，各船公司的船舶能按计划来靠/离泊。而货主希望港口总是能发出公司所需要的货种，船公司能及时、快速、安全、保量地将货物运抵目的港。当每个港口供应链成员的业绩评估标准都建立在各自的利润总额上时，常常偏离供应链整体目标，造成供应链失调。

造成这一结果的根本原因在于供应链成员利益的"双重边际加价"。当供应链中存在"双重边际加价"时，供应链整体绩效无法达到最优。"双重边际加价"是指当分属于不同企业的供应链上下游成员分散决策时，在不存在任何协调措施的条件下，供应链的定价、订货、销售等活动无法达到一体化时的最优水平。

2. 信息的不对称

信息不对称是港口供应链失调的外部原因。信息不对称是指港口供应链成员中某些参与人拥有但另一些参与人不拥有信息。新制度经济学认为，不对称信息可分为两类：一类是外生的不对称信息，另一类是内生的不对称信息。

在港口供应链中，信息不对称具体包括：服务企业的私有信息（服务能力、服务质量等）；服务企业的各种成本信息；港口供应链的运作状况（装货卸货计划、预测等）；港口供应链的绩效状态；市场状况（如政策的变动、自然灾害、恐怖事件等）。由于上述原因造成港口供应链的不协调，最终将导致顾客满意度下降。

四、港口供应链的协调形式

港口供应链的协调形式主要包括价格协调、产权协调和契约协调三种。

1. 价格协调

价格协调是指港口供应链上的企业运用各种价格手段对资源进行有效配置。港口供应链各个合作伙伴间的利益分配主要体现在价格上，价格包含供应链利润在所有企业间的分配，以及供应链优化而产生的额外收益或损失在所有企业间的平衡。在供应链合作中的上游企业和下游企业，根据供应链不同节点企业的具体情况和特征，可以分别采用不同的价格激励方式。比如运用价格激励机制对诚实的合作者进行奖励、对机会主义者进行惩罚，以此鼓励供应链企业自觉抑制机会主义行为。

2. 产权协调

产权协调是指港口供应链企业通过产权形式来协调港口企业间的相互关系。它包括交叉持股和一体化两种形式。交叉持股是指港口企业之间相互拥有部分股份，获得参与经营的发言权与监督权。通过产权方式有利于强化供应链成员彼此信任的信心，增加了双方的共同利益，提高了违约成本。一体化是指一个企业与另一个企业之间所建立的战略联盟关系。港口企业供应链各节点之间的产权合作关系如表4-2所示。

表4-2 港口企业供应链中各节点之间的产权合作关系

市场运作方	船公司	装卸公司	内陆运输	港口
船公司	• 船舶共用协议 • 合资 • 联盟协议 • 集团 • （全球）战略联盟 • 合并			
装卸公司	• 船公司入股装卸公司 • 合资 • 专用码头	• 资金参与		
内陆运输	• 海铁联运及运力共享 • 联盟	• 合资经营	• 铁路运输公司的收购政策	
港口	• 专用码头（土地及优惠政策）	• 入股港口	• 入股	• 联盟

从表4-2可以看出，船公司与港口共建专用码头，装卸公司、内陆运输企业入股港口，港口与港口之间建立联盟关系，可以通过产权形式来协调港口企业间的相互关系，提高港口供应链的绩效水平。

3. 契约协调

契约，通常也被称为合约或合同，是指供应链中交易双方（事先）对未来不确定性的某种协议，它是供应链协调的重要手段。供应链中的企业通过契约可以共担风险，调整激励，改善供应链的绩效。因此，契约协调指的是不同主体或职能，通过合作实现某一结果而在参与人之间进行的权利交换。契约协调机制即在给定的信息结构下，为供应链成员进行合作提供了制度安排。

在港口供应链中，将港口供应链成员之间的权利、责任和任务分配，通过契约的形式确定下来，能够减少整个港口供应链的交易成本。

第四节　港口供应链的协调策略选择

港口企业、船公司在港口供应链中处于主导地位，二者是否采取合作是港口供应链协调发展的关键。而港口与船公司之间的合作是否能够有效地进行，取决于合作利润分配问题。合理的利益分配机制，有助于港口供应链运营保持稳定。

一、港口与船公司的关系

船公司的基本功能是使用船舶完成货物的水上运输，其操作对象是货物；港口的基本功能是使用装卸机械完成货物的装卸船、仓储，其操作对象也是货物。因此，船公司、港口最终都是为货主服务。港口企业、航运、货主三者之间相互依存，相互促进，共同发展。货主是航运企业的上帝，要根据货主意愿及货量多少选择挂靠港口。而航运企业和货主又是港口的上帝，港口只有吸引到船舶挂靠本港，货物才来港吞吐。对货主来说，他们所关心的只是如何以最近距离、最快速度及最低成本出运货物。[1]

1. 港口与船公司的合作关系

船公司作为港口的客户，与港口之间是被服务与服务的关系。从港口供应链的角度出发，船公司与港口提供的服务都是为货主提供现代物流服务。因此，船公司与港口之间是分工与合作的关系。[2] 总体来说，港口与船公司主要存在以下三种关系：

---

① 于少强：《港口企业的竞协关系与定价机制研究》，大连：大连海事大学学位论文，2007年。
② 李建丽、真虹、徐凯：《经济危机下的港口供应链及港口平台建设》，《综合运输》2009年第10期，第46~47页。

（1）服务与被服务的关系。船公司、港口之间存在着服务与被服务的关系。船公司作为港口的客户，需要港口提供船舶靠离泊、货物装卸、引航等服务。港口为了吸引更多的船公司挂靠，需要提供具有竞争力的港口服务和港口费率。船公司作为被服务对象，处于主动的地位。由于港口资源的稀缺性，船公司和港口的关系不同于一般商品市场中的买卖双方关系（买方市场），港口还存在"港老大"的思想，船公司在港口供应链中地位越来越重要。因此，船公司与港口都要正确认识这种服务与被服务的关系。船公司不能简单地认为自身属于买方，就忽视与港口的合作。而港口则要积极转变观念，认识到服务质量是企业的生存关键，改善服务的硬环境和软环境，吸引越来越多的船公司挂靠港口。

（2）利益共存关系。港口的业绩体现在吞吐量和装卸费收入上，船公司的业绩体现在运输量和运费收入上，双方的业绩本质上都是由货主的货物数量决定的。[1]因此，船公司、港口必须积极合作，提高货源的数量。同时，港口与船公司是相互依存的，没有港口，船公司无法提供航运服务；没有船公司，港口就没有发展。因此，港口与船公司是相互支持、相互配合的利益共同体，这种利益共存关系正是双方合作的基础。

（3）分工与合作关系。港口提供货物装卸等服务，船公司提供水上运输服务，双方既相对独立又不可分割。传统的港口物流服务中，双方作为服务链上的不同节点是相互脱节，相互独立的，没有形成一个完整的服务链。在港口供应链的管理思想下，要求处于同一"供应链"上不同环节的企业要有机地整合起来，共同为客户提供服务。如港口企业整合内陆运输与装卸、堆存、仓储、中转等物流服务，船公司通过建立专用性码头而集中货物流通，可以获取优于其他船公司的港口服务（如可优先进港、靠泊）和港口费率，这将缩短船舶在港停留时间，降低船舶成本。因此，港口和船公司在各自内部必须整合自由资源、分工明确，在外部必须建立合作伙伴关系。

2. 港口与船公司的对立关系

港口、船公司在港口供应链中都有不同的目标，目标的冲突给供应链带来很大的不确定性。港口与船公司的对立关系主要表现为：

（1）利益冲突。在港口供应链上总是伴随着各环节之间的利益分配，在港口供应链内部，强势的环节往往挤压着其他环节的利润空间。船公司追求利益最大化和市场占有率，港口企业也追求利益最大化，这将导致利益冲突。

为了提高效率与船公司挂靠的忠诚度，由船公司入股港口，合资建立专用性码头。港口获取了更多的融资渠道，大量吸引了国际集团的资本，但影响了

---

① 李建丽、真虹、徐凯：《经济危机下的港口供应链及港口平台建设》，《综合运输》2009 年第 10 期，第 46~47 页。

港口的市场主导权，也会带来利益冲突等问题。

（2）船公司争夺港口供应链的控制权。船公司在港口供应链中对有效地控制、组织全程运输有着举足轻重的影响力。船公司挂靠某一港口可以带来货物（或集装箱）吞吐量的增加，相反，一个港口失去了某个船公司的挂靠可能会导致吞吐量的大量损失。因此，船公司与港口进行谈判时，有了更大的话语权，要求港口提供更有竞争力的港口服务和港口费率，由此造成腹地港口之间的恶性竞争。

3. 港口与船公司协调发展的意义

从船公司与港口的关系，可以看出船公司与港口协调发展具有十分重要的意义。

（1）有利于港口的发展。协调发展有利于扩大融资渠道，加快港口建设与改造；有利于增强港口的国际竞争力，吸引更多的船公司挂靠港口，增加货物吞吐量；有利于港口改善服务质量，提高码头的运作效率，提升客户满意度。

（2）有利于船公司的发展。协调发展有利于船公司获取优于其他船公司的港口服务和港口费率，提高竞争力；有利于船公司分散运力过剩造成的航运风险，实现相关产业的多元化经营，增加利润来源渠道；有利于船公司整合服务环节，将运输服务与装卸、堆存、仓储、中转等服务有机结合起来，为货主提供现代物流服务，从单纯的航运从业者向现代物流服务商转变。

（3）有利于服务货主。通过船公司与港口协调发展，整合各自的服务，同时将服务进一步延伸，从而在服务功能、服务内涵及服务价格等各个角度为货主提供优于其他竞争对手的现代物流服务。

二、港口与船公司的非合作博弈

港口供应链中节点企业包括港口与船公司，它们均为独立的决策者，其目标为各自利润最大化。港口为船公司提供服务，船公司为货主提供服务。决策过程为：港口企业为船公司提供船舶靠离泊、货物装卸、引航等服务，并收取一定的港口费率。然后船公司为货主提供水上运输服务，同时收取一定的单位运费（与港口的港口费率有关）。因此，我们可以建立一个 Stackelberg 博弈模型。

基本假设：

（1）港口企业向船公司收取的港口费率为 ω。

（2）船公司向货主收取的单位运费为 p。

（3）假设船公司所付出的努力水平为 a，港口企业所付出的努力水平为 b，努力水平各占 k 和 1−k。

（4）受外界因子影响的响应系数为 θ。

（5）港口货物吞吐量的提高与船公司、港口企业共同努力水平有关，吞吐量增量部分为：$f(a, b) = \theta a^k b^{1-k}$。

（6）港口的吞吐量函数为 d，主要由船公司向货主收取的单位运费 p 以及船公司和港口企业各自付出的努力水平 a 和 b 决定。吞吐量函数为 $d = \alpha - \beta p + f(a, b) + \varepsilon$。其中 α，β，$\theta \geqslant 0$，α 为服务市场潜在的大小，β 为服务的价格弹性。船公司和港口企业的努力对吞吐量的影响可用一个具体函数 $f(a, b) = \theta a^k b^{1-k}$ 来表示。ε 是环境的不确定因素，ε 的均值为 0。因此，吞吐量函数的期望值可表示成：$d = \alpha - \beta p + \theta a^k b^{1-k}$。

（7）船公司和港口企业的努力成本系数分别为 r_s 和 r_p，则船公司与港口企业的努力成本分别为：$\frac{1}{2} r_s a^t$ 和 $\frac{1}{2} r_p b^t$，其中 r_s，$r_p > 0$。

（8）船公司和港口企业单位服务的利润分别为 n 和 m，船公司和港口企业的固定成本都为 0，港口企业和船公司单位服务成本分别为 c_1 和 c_2，则有：

$w = m + c_1$，$p = w + n + c_2 = m + n + c_1 + c_2$

$d = \alpha - \beta (w + n + c_2) + \theta a^k b^{1-k}$

（9）港口与船公司相互之间具有完全信息，即彼此了解对方的成本水平。

因此，船公司的利润函数为 π_s，港口企业的利润函数为 π_p，以及港口和船公司组成的系统利润函数 π 可表示为：

$$\pi_s = n[\alpha - \beta (\omega + n + c_2) + \theta \alpha^k \beta^{1-k}] - \frac{1}{2} r_s a^t \tag{4-1}$$

$$\pi_p = (\omega - c_1) [\alpha - \beta (\omega + n + c_2) + \theta \alpha^k \beta^{1-k}] - \frac{1}{2} r_p b^t \tag{4-2}$$

$$\pi = \pi_s + \pi_p = (\omega + n - c_1) [\alpha - \beta (\omega + n + c_2) + \theta a^k b^{1-k}] - \frac{1}{2}(r_p b^t + r_s a^t) \tag{4-3}$$

1. 港口企业领导模型

港口企业领导模型中，港口企业作为领导者，船公司作为跟随者，处于被动地位，港口企业与船公司之间进行非合作博弈，博弈相应的解称为 Stackelberg 均衡。在该模型中，船公司在组织货源、监督港口的服务质量等方面做出努力。但是，船公司的努力水平可能和港口企业自认为的努力程度相差甚远。所以，港口企业作为领导者想办法激励船公司的努力程度，加大参与港口各种相关活动的投入。

在 Stackelberg 完全信息两阶段博弈中，第一阶段，作为系统领导者的港口企业，首先决定给船公司单位服务收费价格 w，以及自己所付出的努力水平 b。在博弈的第二阶段，作为跟随者的船公司决定为货主提供服务的单位收费 p，以及所付出的努力水平 a，确定装卸的货物量（吞吐量）。

为了得到 Stackelberg 均衡解，由逆向求解法求解，即先求解博弈的第二阶段。

为了计算方便，在本书中，假设船公司和港口企业的努力水平所起的作用各占 $\frac{1}{2}$，即 $k = \frac{1}{2}$；$t = 1$；船公司和港口企业的努力成本系数 r_s 和 r_p 相等，不妨设 $r_s = r_p = 2r$。

此时，有：

$$\pi_s = n\left[\alpha - \beta\ (\omega + n + c_2) + \theta\alpha^{\frac{1}{2}}\beta^{\frac{1}{2}}\right] - ra \tag{4-4}$$

$$\pi_p = (\omega - c_1)\ \left[\alpha - \beta\ (\omega + n + c_2) + \theta\alpha^{\frac{1}{2}}\beta^{\frac{1}{2}}\right] - rb \tag{4-5}$$

$$\pi = \pi_s + \pi_p = (\omega + n - c_1)\ \left[\alpha - \beta\ (\omega + n + c_2) + \theta\alpha^{\frac{1}{2}}\beta^{\frac{1}{2}}\right] - (rb + ra) \tag{4-6}$$

船公司所付出的最优努力水平 a 和单位利润 n 可根据下列公式确定。

$$\frac{\partial \pi_s}{\partial \pi_p} = \left[\alpha - \beta\ (\omega + n + c_2) + \theta\alpha^{\frac{1}{2}}\beta^{\frac{1}{2}}\right] - n\beta = 0$$

$$\frac{\partial \pi_s}{\partial a} = \frac{n\theta\sqrt{b}}{2\sqrt{a}} - r = 0$$

当 $w < \frac{\alpha}{\beta}$ 和 $4\beta r - \theta^2 b > 0$，即 $0 < b < \frac{4\beta r}{\theta^2}$ 时，有：

$$n^* = \frac{2r\ \left[\alpha - \beta\ (w + c_2)\right]}{4\beta r - \theta^2 b} \tag{4-7}$$

$$\sqrt{a^*} = \frac{\theta\sqrt{b}\ \left[\alpha - \beta\ (w + c_2)\right]}{4\beta r - \theta^2 b}$$

$$a^* = \frac{\theta^2 b\ \left[\alpha - \beta\ (w + c_2)\right]^2}{(4\beta r - \theta^2 b)^2} \tag{4-8}$$

分别求 n^* 和 a^* 关于 w 和 b 的偏导数得：

$$\frac{\partial n^*}{\partial w} = \frac{-2r\beta}{4\beta r - \theta^2 b} < 0 \tag{4-9}$$

$$\frac{\partial n^*}{\partial b} = \frac{-2r\theta^2\ \left[\alpha - \beta\ (w + c_2)\right]^2}{(4\beta r - \theta^2 b)^2} > 0 \tag{4-10}$$

$$\frac{\partial a^*}{\partial w} = \frac{-2\theta^2\beta b\ \left[\alpha - \beta\ (w + c_2)\right]^2}{(4\beta r - \theta^2 b)^2} < 0 \tag{4-11}$$

$$\frac{\partial a^*}{\partial b} = \frac{\theta^2\ \left[\alpha - \beta\ (w + c_2)\right]^2\ (4\beta r - \theta^2 b)}{(4\beta r - \theta^2 b)^3} > 0 \tag{4-12}$$

船公司确定自己单位利润 n 和最优努力水平 a 之后，港口企业决定自己给船公司单位服务收费价格 w 和努力水平 b。

将式 (4-7) 和式 (4-8) 带入式 (4-5) 得到：

$$\text{Max}\pi_p = (w - c_1) \left[\alpha - \beta(w + c_2) - \frac{-2\beta r\left[\alpha - \beta(w + c_2)\right]}{4\beta r - \theta^2 b}\right.$$

$$\left. + \frac{\theta^2 b\left[\alpha - \beta(w + c_2)\right]}{4\beta r - \theta^2 b}\right] - rb$$

$$\text{s.t.}\quad 0 < b < \frac{4\beta r}{\theta^2},\ w < \frac{\alpha}{\beta}$$

$$令 \frac{\partial \pi p}{\partial w} = \frac{2\beta r}{4\beta r - \theta^2 b}\{\alpha - \beta(w + c_1) + \left[\alpha - \beta(w + c_2)\right]\} = 0$$

$$\frac{\partial \pi p}{\partial b} = \frac{2\beta r\theta^2}{4\beta r - \theta^2 b}(w + c_1)\left[\alpha - \beta(w + c_2)\right] - r = 0 \tag{4-13}$$

在 $0 < b < \dfrac{4\beta r}{\theta^2}$，$w < \dfrac{\alpha}{\beta}$ 条件下，得到港口企业的 Stackelberg 均衡解（* 代表港口企业为系统领导者情形下的均衡解）：

$$w^* = \frac{\alpha - \beta(c_2 + c_1)}{2\beta} \tag{4-14}$$

$$b^* = \frac{4\beta r}{\theta^2} - \frac{\alpha - \beta(c_2 + c_1)}{\sqrt{2}\,\theta} \tag{4-15}$$

$$n^* = \frac{\sqrt{2}\,r}{\theta} \tag{4-16}$$

$$a^* = \frac{1}{2}\left[\frac{4\beta r}{\theta^2} - \frac{\alpha - \beta(c_2 + c_1)}{\sqrt{2}\,\theta}\right] \tag{4-17}$$

$$p^* = w + n + c_2 = + \frac{\alpha - \beta(c_2 + c_1)}{\sqrt{2}\,\beta} + \frac{\sqrt{2r}}{\theta}c_2$$

$$= \frac{\alpha + \beta(c_1 + c_2)}{2\beta} + \frac{\sqrt{2}\,r}{\theta} \tag{4-18}$$

$$\pi^*p = \frac{\sqrt{2}\,r\left[\alpha - \beta(c_1 + c_2)\right]}{\theta} - \frac{4\beta r^2}{\theta^2} \tag{4-19}$$

$$\pi^*p = \frac{\sqrt{2}\,r\left[\alpha - \beta(c_1 + c_2)\right]}{4\theta} \tag{4-20}$$

$$\pi^* = \pi^*p + \pi^*s = \frac{5\sqrt{2}\,r\left[\alpha - \beta(c_1 + c_2)\right]}{4} - \frac{4br^2}{q^2} \tag{4-21}$$

容易验证 $\pi^*p > \pi^*$，说明港口企业具有领导者优势，且 $a^* = \dfrac{1}{2}b^*$。

通过对港口企业领导模型的论证，得到如下结论：

结论1：港口企业作为领导者时，港口企业愿意付出的努力成本是船公司努力成本的 2 倍，即港口企业承担整个供应链系统努力成本的 2/3。

结论2：船公司单位服务定价 p 与消费市场的潜在大小 α 是正相关的，与

服务的价格弹性 β 是负相关的，与努力水平的响应系数 θ 是负相关的。

这表明，如果货运消费市场潜在越大时，船公司单位服务价格会提高；货主对价格越富有弹性，单位收费也越低；努力效果不明显时，船公司单位收费价格会相应提高。

结论3：船公司和港口企业所付出的努力水平与消费市场的潜在大小 α 是负相关的；与产品的价格弹性 β 是正相关的，与努力响应系数 θ 是正相关的。

这表明，潜在的消费市场越大，船公司和港口投入的努力水平也越少；货主对价格弹性越大时，船公司和港口对提高吞吐量投入的努力水平会相应增加；努力的响应系数越大，即努力效果越明显船公司和港口投入的努力水平也越多。

2. 船公司领导模型

随着港口之间竞争越来越激烈，经济腹地相同或相近的港口为了争夺船公司的资源，迫切需要船公司投入建设资金发展港口功能。

在港口供应链中，船公司和港口企业之间形成了主从博弈的关系。船公司充当了两个角色：市场的买方（被服务的角色）、供应链中的主导企业。双方在博弈中，船公司处于主导地位，港口处于跟从地位，船公司在供应链中要比港口有优先决定权（大型船公司与港口企业即是这种关系）。此时，船公司不再仅仅把自己视为与港口平等的合作伙伴，它需要通过一定的努力管理、监督港口的服务质量。

在船公司领导模型中，博弈过程为：船公司自行决定单位服务的边际利润和所投入的努力水平，而港口企业则考虑到船公司所定的边际利润和努力水平，再决定其单位服务的价格。

求解的步骤与博弈的过程相反。为了得到 Stackelberg 均衡解，由逆向求解法求解，即先求解博弈的第二阶段，港口企业依据利润最大化原则决定单位服务的价格 w 以及努力水平 b：

$$\text{Max}\pi_p = (\omega - c_1)\left[\alpha - \beta(\omega + n + c_2) + \theta a^{\frac{1}{2}} b^{\frac{1}{2}}\right] - rb \qquad (4\text{--}22)$$

式（4-22）对 ω，b 求偏导，当 π_p 最大化时，满足条件：$\dfrac{\partial \pi_p}{\partial \omega} = 0$，

即：$\dfrac{\partial \pi_p}{\partial \omega} = \alpha - 2\beta w + (c_1 - c_2)\beta + \theta\sqrt{a}\ \sqrt{b} - n\beta = 0$

$$\frac{\partial \pi_p}{\partial b} = \frac{\theta}{2}\sqrt{\frac{a}{b}}(\omega - r) - r = 0$$

求得：$\sqrt{b} = \dfrac{\theta\sqrt{a}\left[\alpha - \beta(c_1 + c_2 + n)\right]}{4\beta r - \theta^2 a}$

$$b = \frac{\theta^2 a\left[\alpha - \beta(c_1 + c_2 + n)\right]^2}{(4\beta r - \theta^2 a)^2} \qquad (4\text{--}23)$$

$$\omega = \frac{2r\left[\alpha + \beta\left(c_1 + c_2 + n\right)\right]^2 - \theta^2 a c_1}{4\beta r - \theta^2 a} \tag{4-24}$$

再求 b 和 w 关于 a, n 的偏导数得：

$$\frac{\partial w}{\partial n} = \frac{-2r\beta}{4\beta r - \theta^2 a} < 0 \tag{4-25}$$

$$\frac{\partial w}{\partial a} = \frac{2\theta^2 r\left[\alpha - \beta\left(c_1 + c_2 + n\right)\right]}{(4\beta r - \theta^2 a)^2} > 0 \tag{4-26}$$

$$\frac{\partial b}{\partial n} = \frac{-2\alpha\beta\theta^2\left[\alpha - \beta\left(c_1 + c_2 + n\right)\right]}{(4\beta r - \theta^2 a)^2} < 0 \tag{4-27}$$

$$\frac{\partial b}{\partial a} = \frac{\theta^2\left[\alpha - \beta\left(c_1 + c_2 + n\right)\right]^2(4\beta r - \theta^2 a)}{(4\beta r - \theta^2 a)^3} > 0 \tag{4-28}$$

结论 4：当船公司提高单位服务的边际利润时，港口企业会降低单位服务价格，同时会相应地减少努力水平。

结论 5：当船公司加大努力投入时，港口企业也会提高努力水平，同时会相应地提高单位服务的价格。

船公司在考虑到港口企业行为（w 和 b）的情况下，决定自己最优的边际利润 n 和努力水平 a，最大化自己的利润。

将式（4-23）和式（4-24）带入式（4-25）中，整理得：

$$\text{Max}\pi_s = \frac{2\beta r\left[\alpha - \beta\left(c_1 + c_2 + n\right)\right]}{4\beta r - \theta^2 a} - ra \tag{4-29}$$

当船公司利润达到最大化时，满足条件 $\frac{\partial\pi_s}{\partial a} = 0$，$\frac{\partial\pi_s}{\partial n} = 0$

即：$\frac{\partial\pi_s}{\partial a} = \frac{\theta^2\left\{2\beta rm\left[\alpha - \beta\left(c_1 + c_2 + n\right)\right]\right\}}{(4\beta r - \theta^2 a)^2} - r = 0$

$$\frac{\partial\pi_s}{\partial n} = \frac{2\alpha\beta r - 2\beta^2 r\left(c_1 + c_2\right) - 4\beta^2 rn}{4\beta r - \theta^2 a} = 0$$

在 $0 < a < \frac{4\beta r}{\theta^2}$，$\frac{4\beta r}{\theta} > \frac{1}{\sqrt{2}}\left[\alpha - \beta\left(c_1 + c_2\right)\right] > 0$ 条件下，可得船公司领导情况下的 Stackelberg 均衡解：

$$a^{**} = \frac{4\beta r}{\theta^2} - \frac{\left[\alpha - \beta\left(c_1 + c_2\right)\right]}{\sqrt{2}\,\theta} \tag{4-30}$$

$$n^{**} = \frac{\alpha - \beta\left(c_1 + c_2\right)}{2\beta} \tag{4-31}$$

$$b^{**} = \frac{1}{2}a^{**} \tag{4-32}$$

$$\omega^{**} = \frac{r[\alpha - \beta(c_2 - c_1)] + \frac{\sqrt{2}}{2}\theta c_1[\alpha - \beta(c_1 + c_2)]}{\frac{\sqrt{2}}{2}\theta\alpha - \beta(c_1 + c_2)} = \frac{\sqrt{2}\,r}{\theta} + c_1 \quad (4-33)$$

由此可得：

$$\pi^{**} = \frac{\sqrt{2}\,r}{\theta} + \frac{\alpha}{2\beta} + \frac{c_1 + c_2}{2}$$

$$\pi_s^{**} = \frac{\sqrt{2}\,r}{\theta}[\alpha - \beta(c_1 + c_2)] - \frac{4\beta r^2}{\theta^2}$$

$$\pi_p^{**} = \frac{\sqrt{2}\,r[\alpha - \beta(c_1 + c_2)]}{4\theta}$$

$$\pi = \pi_s^{**} + \pi_p^{**} = \frac{5\sqrt{2}\,r[a - b(c_1 + c_2)]}{4q} - \frac{4br^2}{q^2} \quad (4-34)$$

$\pi_p^* < \pi_s^*$，说明船公司具有领导者优势。

结论6：船公司作为领导者时，船公司愿意付出的努力成本是港口企业努力成本的2倍，即船公司承担整个供应链系统努力成本的2/3。

结论7：因为$\pi_s^{**} > \pi_s^*$，$\pi_p^{**} < \pi_p^*$，船公司和港口企业都分别偏好自己作为领导者的情形。

将a^{**}，b^{**}，p^{**}和w^{**}分别对θ，β和α求偏导数可得到与结论2和结论3相同的结论。

三、港口与船公司的合作博弈

合作博弈是指局中人通过博弈达成一个有共同利益的目标、具有完全约束力且可以强制执行的协议、承诺或威胁。它期望于每一个局中人都能相互沟通和协作以使整体利益大于内部企业单独运营时的收益之和，同时实现各自利益的最大化。

港口与船公司的合作博弈是港口企业和船公司联合决策港口费率和单位运费，以实现最大化系统的总利润，形成港口—船公司战略联盟，通过信息共享、合作和协调相互的行为以达到"双赢"的目的。

港口企业与船公司在合作的情况下，双方追求整个供应链系统利润最优，共同确定n，a，w，b的值，则：

$$\underset{a,n,b,\omega}{\text{Max}}\pi = \pi_s + \pi_p = (w + n + c_1)[\alpha - \beta(\omega + n + c_2) + \theta a^{\frac{1}{2}} b^{\frac{1}{2}}]$$

$$-(rb + ra) \quad (4-35)$$

s.t.　n，a，w，b $\geqslant 0$

为了使供应链总体利润最优，则满足条件：

$$\frac{\partial \pi}{\partial a} = 0, \quad \frac{\partial \pi}{\partial n} = 0, \quad \frac{\partial \pi}{\partial b} = 0, \quad \frac{\partial \pi}{\partial \omega} = 0$$

可得最优解为：

$$a = b = \frac{4\beta r}{\theta^2} - \frac{\beta(c_1 + c_2) - \alpha}{\theta} = \frac{4\beta r}{\theta^2} - \frac{\alpha - \beta(c_1 + c_2)}{\theta} \tag{4-36}$$

$$p = n + w + c_1 = \frac{2r}{\theta} + c_1 + c_2 \tag{4-37}$$

$$n + w = \frac{2r}{\theta} + c_1 \tag{4-38}$$

所以，合作策略均衡解的集合可表示为：

$$Y = \{(n, \bar{a}, w, \bar{b}) : \bar{a} = \bar{b} = \frac{4br}{q^2} + \frac{b(c_1 + c_2) - a}{q}, \quad \bar{p} = w + n + c_2$$

$$= \frac{2r}{q} + c_1 + c_2\} \tag{4-39}$$

由式（4.39）可以看出，若船公司与港口企业合作努力，其均衡点的努力程度相同。

同时，我们也可以得出结论：供应链系统利润最大化的合作努力策略是帕累托有效的。

证明：如果策略（n, a, w, b）是帕累托有效的，则满足下列条件：

对于任意一个策略（n_0, a_0, w_0, b_0），在（n, a, w, b）的策略下，港口企业和船公司的利润都不少于（n_0, a_0, w_0, b_0）策略下的利润，而且船公司和港口企业至少有一个在（n, a, w, b）的策略下的利润高于（n_0, a_0, w_0, b_0）策略的利润。

帕累托有效时，港口企业和船公司的等利润函数凸曲面相切，满足下式：

$$\nabla \pi_p + \lambda \nabla \pi_s = 0 \tag{4-40}$$

其中 $\lambda \geqslant 0$，$\nabla \pi_p = \left(\frac{\partial \pi_p}{\partial n}, \frac{\partial \pi_p}{\partial a}, \frac{\partial \pi_p}{\partial w}, \frac{\partial \pi_p}{\partial b} \right)$，$\nabla \pi_s = \left(\frac{\partial \pi_s}{\partial n}, \frac{\partial \pi_s}{\partial a}, \right.$ $\left. \frac{\partial \pi_s}{\partial w}, \frac{\partial \pi_s}{\partial b} \right)$，$\nabla \pi_p$ 和 $\nabla \pi_s$ 是 π_p 和 π_s 的梯度。

$$\because \pi_p = (w - c_1)[\alpha - \beta(\omega + n + c_2) + \theta a^{\frac{1}{2}} b^{\frac{1}{2}}] - rb$$

$$\pi_s = n[\alpha - \beta(\omega + n + c_2) + \theta a^{\frac{1}{2}} b^{\frac{1}{2}}] - ra$$

则有：

$$\nabla \pi_p = \left[(-\beta(w - c_1), \frac{(w - c_1)\theta}{2\sqrt{a}}, \alpha - \beta(w + n + c_2) \right.$$

$$\left. + \theta\sqrt{a}\sqrt{b} - \beta(w - c_1), \frac{(w - c_1)\theta\sqrt{a}}{2\sqrt{b}} - r \right)]$$

$$\nabla \pi_s = \Big[(\alpha - \beta(w+n+c_2) + \theta\sqrt{a}\ \sqrt{b}\ , \ \frac{n\theta\sqrt{b}}{2\sqrt{a}}$$

$$- r, \ -\beta n, \ \frac{n\theta\sqrt{a}}{\sqrt{b}} - r \Big] \tag{4-41}$$

当 $\lambda = 1$ 时，将上述情况具体代入式（4-40）中，可得：

$$\bar{a} = \bar{b} = \frac{4\beta r}{\theta^2} + \frac{\beta(c_1 + c_2) - \alpha}{\theta}, \ \bar{w} + \bar{n} = \frac{2r}{\theta} + c_1, \ \bar{p} = \frac{2r}{\theta} + c_1 + c_2 \tag{4-42}$$

$$\bar{p} = \bar{p}_p + \bar{p}_s = \frac{2ar}{q} - \frac{2br(c_1 + c_2)}{q} - \frac{4br^2}{q} \tag{4-43}$$

所以，帕累托有效的合作策略集合可表示为：

$$Y = \Big\{ (n, \bar{a}, w, \bar{b}) : \bar{a} = \bar{b} = \frac{4\beta r}{\theta^2} + \frac{\beta(c_1 + c_2) - \alpha}{\theta}$$

$$\bar{p} = w + n + c_2 = \frac{2r}{\theta} + c_1 + c_2 \Big\} \tag{4-44}$$

因此，在本书中，系统利润最大化的策略和帕累托有效的策略是等同的。

通过对三个模型的结果分析，如表 4-3 所示，可以得出以下结论：

结论 8：

$$\bar{\pi} > \pi^* = \pi^{**} \tag{4-45}$$

$$\bar{a} = \bar{b} > a^{**} = b^* > b^{**} = a^* \tag{4-46}$$

$$\bar{p} < p^* = p^{**} \tag{4-47}$$

其中，"*"、"**"、"–"分别表示港口领导模型、船公司领导模型和合作模型。

由式（4-45）可知，船公司和港口企业采取合作策略时，港口供应链的系统利润高于船公司和港口企业不合作博弈的系统利润，反之亦然。

由式（4-46）可知，船公司和港口企业采取合作策略时，船公司与港口企业的合作努力程度相同，并大于非合作时的努力程度。

由式（4-47）可知，船公司和港口企业采取合作策略时，船公司向货主收取的水上运输费用也低于非合作策略，在港口供应链之间竞争过程中具有更大的竞争力。

船公司和港口企业之间若进行合作，系统利润将得到改善。只有当船公司和港口企业的利润都将得到改善，合作才会继续进行。由于 $\bar{\pi}$ 为定值，即系统的利润增量 $\Delta\pi$ 为定值，船公司所占系统利润增量的份额 $\Delta\pi_s$ 提高时，港口企业所占系统增量的份额 $\Delta\pi_p$ 就相应降低，反之亦然。

由于船公司和港口企业各自所占系统利润增量的份额具体是多少并不确定，故需要对合作利润进行分配。

表 4-3　船公司与港口非合作博弈模型和合作模型的结果分析

变量	港口领导	船公司领导	合作策略	大小比较
a	$\dfrac{1}{2}\left[\dfrac{4\beta r}{\theta^2} - \dfrac{\alpha-\beta(c_1+c_2)}{\sqrt{2}\,\theta}\right]$	$\dfrac{4\beta r}{\theta^2} - \dfrac{[\alpha-\beta(c_1+c_2)]}{\sqrt{2}\,\theta}$	$\dfrac{4\beta r}{\theta^2} + \dfrac{\alpha-\beta(c_1+c_2)}{\theta}$	$\bar{a} > a^{**} > a^{*}$
b	$\dfrac{4\beta r}{\theta^2} - \dfrac{[\alpha-\beta(c_1+c_2)]}{\sqrt{2}\,\theta}$	$\dfrac{1}{2}\left[\dfrac{4\beta r}{\theta^2} - \dfrac{\alpha-\beta(c_1+c_2)}{\sqrt{2}\,\theta}\right]$	$\dfrac{4\beta r}{\theta^2} + \dfrac{\alpha-\beta(c_1+c_2)}{\theta}$	$\bar{b} > b^{*} > b^{**}$
n	$\dfrac{\sqrt{2}\,r}{\theta} - \dfrac{\alpha-\beta(c_2-c_1)}{2\beta}$	$\dfrac{\alpha-\beta(c_1+c_2)}{2\beta}$	—	—
ω	$\dfrac{\alpha-\beta(c_1+c_2)}{2\beta}$	$\dfrac{\sqrt{2}\,r}{\theta}$	—	—
p	$\dfrac{\sqrt{2}\,r}{\theta}$	$\dfrac{\sqrt{2}\,r}{\theta} + \dfrac{\alpha}{2\beta} + \dfrac{c_1+c_2}{2}$	$\dfrac{2r}{\theta} + c_1 + c_2$	$\bar{p} > p^{**} > p^{*}$
π_p	$\dfrac{\sqrt{2}\,r[\alpha-\beta(c_1+c_2)]}{4\theta}$	$\dfrac{\sqrt{2}\,r[\alpha-\beta(c_1+c_2)]}{4\theta}$	$\Delta\pi_p + \pi^{*}$	$\bar{\pi}_p > \pi_p^{**} > \pi_p^{*}$
π_s	$\dfrac{\sqrt{2}\,r[\alpha-\beta(c_1+c_2)]}{4\theta}$	$\dfrac{\sqrt{2}\,r[\alpha-\beta(c_1+c_2)]}{4\theta}$	$\Delta\pi_s + \pi^{**}$	$\bar{\pi}_s > \pi_s^{**} > \pi_s^{*}$
π	$\dfrac{5\sqrt{2}\,r[\alpha-\beta(c_1+c_2)]}{4} - \dfrac{4\beta r^2}{\theta^2}$	$\dfrac{5\sqrt{2}\,r[\alpha-\beta(c_1+c_2)]}{4} - \dfrac{4\beta r^2}{\theta^2}$	$\dfrac{2\alpha r}{\theta} - \dfrac{2\beta r(c_1+c_2)}{\theta} - \dfrac{4\beta r^2}{\theta}$	$\bar{\pi} > \pi^{**} > \pi^{*}$

注："*"、"**"、"−" 分别表示港口领导模型、船公司领导模型、合作模型的结果。

四、港口与船公司的利益分配机制

由前面分析可知，港口、船公司采取合作策略时，系统利润大于非合作时的系统利润。为了增加船公司、港口各自的利润，促成合作顺利实施，必须保证港口、船公司的利润也不低于非合作时的利润。因此，应设置港口与船公司的利润分配机制，使得港口与船公司共同分享系统增加利润。

1. 基于 Shapley 值法的协调策略

（1）Shapley 值法模型介绍。Shapley 值法是由 Shapley L.S.提出的用于解决多人合作对策问题的一种数学方法。当 n 个人从事某项经济活动时，对于他们之中若干人组合的每一种合作形式，都会得到一定的效益，当人们之间的利益活动为非对抗性时，合作中人数的增加不会引起效益的减少，这样全体 n 个人的合作将带来最大效益。

Shapley 值法的三个公理：

1）无序性。局中人因合作而分配到的利益与他被赋予的编号 i 无关。

2）可加性。如果 n 人同时进行两项合作时，每人的总分配分别是两项合作的分配之和。

3）有效性。如果一个成员 i 对他所参与的合作没有贡献，那么他分配到的利益应该为 0，成员分配到的利益之和应该等于联盟的总获利。

Shapley 证明了对任意 n 人合作对策，Shapley 值是唯一存在的。

定义如下：

记 n 人的集合为 $I = \{1, 2, \cdots, n\}$，如果对于 I 中的任意 S 都有一个实值函数 $\upsilon(S)$，满足如下条件：

$$V(\phi) = 0 \tag{4-48}$$

$$\upsilon(S_1 \cup S_2) \geqslant \upsilon(S_1) + \upsilon(S_2)，且 S_1 \cap S_2 \tag{4-49}$$

则称 $\upsilon(S)$ 为定义在 I 上的特征函数。这里的 I 在实际中可以是港口供应链的船公司的集合，S_1，S_2 表示单个的船公司。

特征函数在实质上描述了各种合作产生的效益，联盟中参与人所得到的利益要比不合作时要多，合作不能损害个体利益。也意味着全部合作对象参加合作是最好的。用向量 $\upsilon(\varphi) = [\varphi_1(v), \varphi_2(v), \cdots, \varphi_3(v)]$ 表示合作后效益的分配，其中，$\varphi_i(v)$ 是分配给第 i 个合作人的部分，这里 v 是集合 I 的一个子集合。

港口与船公司合作成功，利益分配必须满足如下条件：

1）个体理性：对于 $vi \in I$，都有 $\phi_1(v) \geqslant \upsilon(S_1)$，$i = 1, 2, 3, \cdots$，即一个船公司离开供应链单干获得的利益比在供应链中所分得的利益少。

2）集体理性：$sf_i(v) = \phi(I)$，即港口供应链参与者分得的利益之和等于供应链总利益。

3) 独立性检验：$Vs \in I$，$\sum\limits_{i \in s} \varphi_i(v) \geqslant v(s)$，即分配给该联盟中所有参与者可能组成的小联盟的利益之和不得小于该联盟单干所获利益。

在满足以上 3 个条件的基础上，Shapley 证明了 $\varphi(v)$ 是能够唯一确定联盟收益的分配向量，即合作博弈的一种分配形式。Shapley 解的思想是：参与者所获得的效益等于该参与者对每一个他所参与的联盟的边际贡献的期望值。本书中，Shapley 解为：$\varphi(v) = (\varphi_1(v)，\varphi_2(v)，\varphi_3(v)，\varphi_4(v))$，其中：

$$\Phi_i(v) = \sum \omega(|t|)[v(S) - v(S - \{i\})]，S \subset N，i \in S \tag{4-50}$$

$|t|$ 是 S 中的人数，$\omega(|t|)$ 是加权因子，这里：

$$\omega(|t|) = \frac{(|t| - 1)!\ (n - |t|)!}{n!} \tag{4-51}$$

通过进一步的研究发现，上述分配方式并不是很完美。如供应链内部的成员均可独立地选择自己的努力水平，而其对利益的边际贡献不仅依赖于企业自身的努力水平，还取决于其他成员的努力水平，因而这种利益分配方式可能导致偷懒行为的出现。各企业的经营者对于风险的偏好也是不同的，这种分配方式没有考虑到各联盟成员在合作过程中的风险承担问题。

企业的资本增值率也是影响分配的一个重要因素。对于一个资本增值能力强的公司，如果其资本增值率较高，那么按照贡献大小的原则，就应该在分配中获得较高的份额。可是，Shapley 值法只是按照企业的平均贡献来分配利益，因此，这样的分配是不公平的，长此以往必将损害贡献大的企业的积极性，也必将威胁到联盟的安全。

（2）Shapley 值法模型的改进。Shapley 值法认为上述影响因素是均等的，即 $G = 1/n$，即每个成员企业所承担的影响因素是均等的。显然，这只是一种理想情况，现实经济活动中几乎是不可能的。因此，只有采用了修正因子才可以使分配方案更加符合实际情况。

由前面叙述可知，在供应链企业合作过程中，合作总体利益 $v(s)$，在考虑企业努力程度、承担风险大小和资本增值能力等因素均等影响的情况下，各参与方的利益分配为 $v(i)$。

设实际情况中单个伙伴分得的利益为 $v(i)'$，伙伴企业实际的影响因素为 G_i，则差值为：

$$\Delta G_i = G_i - \frac{1}{n} \tag{4-52}$$

且，

$$\sum_{i=1}^{n} G_i = 1 \tag{4-53}$$

$$\sum_{i=1}^{n} \Delta G_i = 0 \tag{4-54}$$

ΔG_i 表示了实际影响因素与理论情况下影响因素的差值，即综合修正因子。因此，应该给予该企业的实际利益分配量为：

$$\Delta v(i) = v(s) \times \Delta G_i \tag{4-55}$$

实际分配利益为：

$$\Delta v(i)' = v(i) \times \Delta v(i) \tag{4-56}$$

具体修正方案为：

当 $\Delta G_i \geqslant 0$ 时，表示伙伴在实际合作中承担的风险、努力水平和资本增值率等综合评价因素比理想情况下要高，于是，应该给予它更多的利益分配，利益增值为：$\Delta v(i) = v(s) \times \Delta G_i$，即该伙伴企业实际分得利益为：$\Delta v(i)' = v(i) \times \Delta v(i)$。

当 $\Delta G_i \leqslant 0$ 时，表示伙伴在实际合作中承担的风险、努力水平和资本增值率等综合评价因素比理想状况下低，于是，应从原来分得的利益中扣除相应的部分：$\Delta v(i) = v(s) \times |\Delta G_i|$，即该伙伴企业实际分得利益为：$\Delta v(i)' = v(i) - |\Delta v(i)|$。

2. 基于讨价还价能力的协调策略

系统利润分配中，港口、船公司可以依据讨价还价能力的大小来决定各自分配额，假设港口接受的系统增益比例为 λ（$0 \leqslant \lambda \leqslant 1$），船公司接受剩余的 $1-\lambda$，在这里只讨论港口企业为核心企业的情况，则港口和船公司的利润分别为：

$$\pi_p^{**}(\lambda) = \pi_p^* + \lambda \Delta \pi$$
$$\pi_s^{**}(\lambda) = \pi_s^* + (1-\lambda) \Delta \pi \tag{4-57}$$

其中，$\Delta \pi = \pi^{**} - \pi^*$。

λ 表示双方讨价还价能力的量化值，即 $\lambda = 1$ 时，表示港口企业处于绝对的优势地位，它将得到通过合作所得的系统增加的全部利润；$\lambda = 0$ 时，则表示完全相反。

显然，λ 值的大小依赖于双方的谈判能力。λ 越大，港口企业的利润越大，船公司的利润越小，反之亦然。所以，谈判能力较强的一方通过协调机制可获得更多的系统增益。

因此，通过设置适当的利润分配机制，在采取合作策略时，港口、船公司均获得比非合作博弈时更多的利润 $\pi_p^{**}(\lambda) \geqslant \pi_p^*$，$\pi_s^{**}(\lambda) \geqslant \pi_s^*$。双方均有积极性采取合作策略，从而使得供应链系统的总利润也达到了最优。

3. 基于等利润增长率的协调策略

系统利润的分配也可以采取等利润增长率的协调策略，港口企业和船公司运用等利润增长率的形式进行利润分配。假设港口企业和船公司的利润增长率

均为 μ，则联合合作决策时两者的利润分别为：

$$\pi_p^{**} = (1 + \mu)\pi_p^* \tag{4-58}$$

$$\pi_s^{**} = (1 + \mu)\pi_s^* \tag{4-59}$$

由 $\pi_p^{**} + \pi_s^{**} = \pi^{**}$ 得：

$$\pi^{**} = (1 + \mu)\pi^* \tag{4-60}$$

$$\mu = \frac{\pi^{**} - \pi^*}{\pi^*} \tag{4-61}$$

此时，港口和港口企业利润分别为：

$$\pi_p^{**} = \frac{\pi^{**} - \pi_p^{**}}{\pi^*} \tag{4-62}$$

$$\pi_s^{**} = \frac{\pi^{**} - \pi_s^{**}}{\pi^*} \tag{4-63}$$

通过港口企业和船公司的利润分配可以看出，运用等利润增长率进行利润分配，实际上就是对非合作时港口企业和船公司的利润进行同比例放大。经过分配，显然有 $\pi_p^{**} > \pi_p^*$，$\pi_s^{**} > \pi_s^*$。

4. 算例分析

基于讨价还价能力的协调与等利润增长率的协调分配利润计算较简单，本书对这两种协调策略不做算例分析，主要计算 Shapley 值法的利润分配问题。

例：某港口企业 P 和 3 个物流服务提供商（A、B、C）组成港口供应链，4 个参与者可能组成的联盟的收益（已标准化）如表 4-4 所示。

表 4-4　各联盟收入

S	v(S)	S	v(S)
{P}	10	{A, C}	20
{A}	4	{B, C}	20
{B}	5	{P, A, B}	65
{C}	6	{P, A, C}	70
{P, A}	20	{P, B, C}	80
{P, B}	25	{A, B, C}	50
{P, C}	30	{P, A, B, C}	100
{A, B}	15	Φ	0

用 Shapley 值法计算港口企业 P 的分配 $\Phi_1(v)$ 计算过程如表 4-5 所示。

将末列数据相加，得到港口企业 P 的利益分配 $\Phi_1(v) = 33.3$。同理可以计算得到 A，B，C 的利益分配分别为 $\Phi_1(v) = 18$，$\Phi_2(v) = 22.5$，$\Phi_3(v) = 26.2$。从利益分配结果来看，两个公司的收益之和大于这两个公司单独组成的联盟收

表 4-5　$\Phi_1(v)$ 计算过程

S	V(T)	v(S-{i})	V(T)-v(S-{i})	|t|	ω(|t|)	ω(|t|)[v(S)-v(S-{i})]
{P}	10	0	10	1	1/4	10/4
{P, A}	20	4	16	2	1/12	16/12
{P, B}	25	5	20	2	1/12	20/12
{P, C}	30	6	24	2	1/12	2
{P, A, B}	65	15	50	3	1/12	50/12
{P, A, C}	70	20	50	3	1/12	50/12
{P, B, C}	80	20	60	3	1/12	60/12
{P, A, B, C}	100	50	50	4	1/4	50/4

益，4 家联盟的收益比单独任何一家或两家得到的收益都好，于是 4 家进行联盟的积极性会比较高，联盟的稳定性也比较好。

假设 3 个企业各自的风险因子为：$R_1 = 0.25$，$R_2 = 0.40$，$R_3 = 0.35$，于是可以计算出，$\Delta R_1 = -\dfrac{1}{12}$，$\Delta R_2 = \dfrac{1}{15}$，$\Delta R_3 = \dfrac{1}{60}$，则

$$\Delta v_1(i) = 100 \times (-\frac{1}{12}) = -\frac{25}{3}$$

$$\Delta v_2(i) = 100 \times (\frac{1}{15}) = \frac{20}{3}$$

$$\Delta v_3(i) = 100 \times (\frac{1}{60}) = \frac{5}{3}$$

考虑了风险因子后，A，B，C 的利益分配分别为：

$$\Delta v_1(i)' = 18 + (-\frac{25}{3}) = \frac{29}{3}$$

$$\Delta v_2(i)' = 22.5 + (\frac{20}{3}) = 29.2$$

$$\Delta v_3(i)' = 26.2 + (\frac{5}{3}) = 27.9$$

考虑了风险因素对利益分配的影响后，使最后的分配结果更合理。

第五节　宁波港口服务供应链协调发展策略

一、资本合作

1. 航运企业租赁经营码头

由航运企业出资，以独资或合资名义，与港口签订协议，使用港口已有设施，在一定时期内租赁并经营码头。这种方式只是使用权和经营权的转让，不涉及码头所有权的转让。租赁尽管不涉及所有权转让，但航运企业仍可以掌握实际的经营权，为自己船队的挂靠、船期的安排提供保障。对港口而言，不仅可以获得可观的租金，还可以出租产权控制获取宽松发展环境。这种合作模式方便灵活，被广泛应用，其中特别是船公司独资开发租赁。如马士基租赁美国洛杉矶港 Pier400 码头，使自己成为全球最大码头之一的经营者；美国海陆公司与天津港合资，租赁经营天津东方海陆集装箱码头公司，等等。

2. 航运企业出资购买并经营码头

航运企业独家出资，通过收购方式取得在一定时期内的码头与相应设施的经营权。航运企业可以在自己看中的重要运输节点上，采取购买码头的方式，取得有利的运营效率和经济利益。港口企业通过码头经营权的让渡取得资金，从事其他有价值项目的开发或设备更新。此种营业转让方式体现航运企业船队运力、箱量规模及航线的整体优势和行业地位，发挥航运与码头业务的协同效应，并通过投资经营与资本运作的驱动，与港口企业拓展合资合作，提供了有利条件和机遇。例如，美国海陆公司与中远集团，均出资在香港葵涌集装箱码头取得了 3 号码头与 8 号码头的专用经营权。

3. 航运企业投资开发码头

由政府或港口当局规划批地与岸线，通过招标方法，由航运企业出资竞标，独资开发建设和具体经营码头。一般来说，选择这种策略模式的船方大都是实力雄厚的跨国海运公司，参与的基本上是新建深水码头的建设。由于航运企业掌握着一定的货源，有一定的航线支配能力，它为了在其主干或战略航线上确保自有的大型船舶能快捷顺畅地进出港口和靠泊作业，不惜投入巨资开发经营专用码头。航运巨头能充分调动航线资源，可以使新开港的码头很快形成规模优势因而在码头快速起步经营中发挥着十分重要的作用。例如，马士基海陆出资 2 亿美元扩建纽约/新泽西港，建造一个世界级深水码头；中远集团在太仓投资 4 亿元人民币开发太仓新港，作为在华东地区江海运输的自有基地，等等。

4. 船公司收购港口股份

航运企业通过收购港口的股份，获得了港口企业经营控制权，而港口企业的法人地位并未改变。这种投资方式有两种：纯粹投资型和投资经营型。纯粹投资型并没有真正实现船公司的投资经营目的，对船公司降低成本等方面作用不大，仅仅是起到投资多元化与增加利润来源渠道的作用，从发展趋势来看，船公司选择纯粹投资型与港口合作有减少的迹象。在投资经营型中，船公司既是股东拥有码头的股份，也派员工参与码头的日常经营管理。这种投资方式有利于船公司实现双方资源的共享，有利于实现港航合作服务战略。对于船公司来讲，有利于对码头进行控制，优先安排本公司所属的船舶进出港，获得优惠的费率。对于码头来讲，投资经营型有利于获得货源和资金，以及管理技术。[1]

5. 航运企业合资开发经营码头

这种合作模式是港方以现有的土地、岸线、泊位以及相关设施等实物抵资入股，而航运企业则一般以投资方式参股，双方共同开发建设和经营码头。这是一种双方风险共担、利益同享的合作模式。航运企业可以优先使用港口泊位和设施，同时还可以分享港口经济效益。港口企业通过这种合作模式，可以拓宽融资渠道，引进外来资金，进行开发建设和技术更新。例如，中海集团与大连港务局、大连集装箱码头公司、新加坡港务集团4方合资经营大连大港中海集装箱码头公司；马士基与欧洲联合码头公司合资经营马士基班轮公司；中远太平洋公司与上海港务局等4家合资经营上海港外高桥保税区港务公司，等等。[2]

二、业务合作

1. 船舶代理业务

港口和航运企业共同设立船舶代理公司，由于船代有船公司的背景，能为该船公司的船舶提供优质的服务。同时，由于船代熟悉码头操作，拥有在码头的丰富资源，可以为船东减少码头操作时间、优化操作流程，使船舶在港的费用最小化，这样又无形提高了企业竞争优势。

2. 物流服务

航运企业与港口进行供应链物流合作，具有独特的优势，进行资源共享、优势互补，将各自的服务进行整合，并将服务链向两端进一步扩张和延伸，逐渐从提供基础服务向提供高附加值服务过渡。主要包括：物流方案设计与规划、物流信息系统开发与设计等高附加值服务，实现港航一体化，从而为客户提供

①② 暴公力：《营口港基于供应链管理的港航合作模式研究》，大连：大连理工大学学位论文，2008年。

现代物流服务。

3. 区域码头联网体系的运作

区域码头联网体系是由船公司开设定期定班驳船运输，负责区域内联网各码头之间的货物运输，通过设立专门机构统一向联网码头和驳船公司发出操作指令，并为船公司提供区域内码头堆场服务，以及箱体动态和箱管等配套服务。这种码头联网体系能增强区域内港口间的协作能力，提升核心港口竞争优势，有利于吸引大量周边地区的货源，提高集装箱的吞吐量，并吸引大型班轮的挂靠。船公司能在该区域内码头享受集装箱箱务管理、陆运调配等配套服务，进一步增强控箱能力，减少空箱停留时间，提高集装箱的周转率，扩展区域内地区的箱子交接点，有利于减低船公司的运营成本，提高市场竞争力。①

---

① 周甫宾、曹蕾：《港航合作模式的评述》，《中国水运》2009 年第 5 期，第 53 页。

第五章 "三位一体"港航物流服务体系构建策略

第一节 概 述

一、研究背景

2011年2月，国务院正式批复《浙江海洋经济发展示范区规划》，浙江海洋经济发展示范区建设上升为国家战略。浙江将以此为契机，积极打造"一核两翼三圈九区多岛"为空间布局的海洋经济大平台，宁波—舟山港海域、海岛及其依托城市是核心区。"三位一体"的港航物流服务体系建设是浙江海洋经济发展示范区建设的核心内容之一，是浙江建设海洋经济发展示范区的最大特色。积极构建大宗商品交易平台、海陆联动集疏运网络、金融和信息支撑"三位一体"的港航物流服务体系，是发挥浙江海洋资源优势、市场优势，加快海洋经济发展、加快转变发展方式的抓手。

以浙江海洋经济发展纳入国家战略为契机，作为浙江海洋经济发展示范区的核心，宁波理应在建设浙江海洋经济发展示范区中打头阵、当标杆，依托各类优势，加快打造国际强港，建设海洋经济强市，实现"世界大港"向"国际强港"、"交通运输港"向"贸易物流港"、"海洋经济大市"向"海洋经济强市"三大战略转变，努力建成浙江省国家级海洋经济核心示范区。为此，研究宁波如何构筑"三位一体"港航物流服务体系就显得尤为迫切。

二、研究意义

1. 建设上海国际航运中心的重要支撑

上海国际航运中心建设需要以下条件：有优越的区位条件；充沛的国际物流；有良好的港口条件和完善的港口设施；有四通八达的集疏运网络；有发达

的金融中心和贸易中心的支持；有现代化的信息系统；有成熟和发达的国际航运市场。其中，宁波在区位条件、港口环境、港口设施、集疏运网络体系，以及金融和信息支撑系统方面都具有独特的优势，对上海形成强有力的支撑。

2. 建设浙江海洋经济发展示范区的核心力量

根据《浙江海洋经济发展示范区规划》，到 2015 年，浙江的海洋生产总值将突破 7200 亿元。因此，构建与浙江省海洋经济发展布局相一致的宁波"三位一体"港航物流服务体系，围绕港口物流业发展，发挥大宗商品交易平台的核心作用，海陆联动集疏运网络的"硬件"支持作用，以及金融和信息系统的"软件"支持作用，是浙江海洋经济发展示范区建设的关键性基础平台和当务之急。

3. 驱动宁波经济产业转型的强大动力

制造业升级在根本上表现为技术含量的增加和价值创造能力的提升，培育和发展生产性服务业，实现迂回生产是推动制造业分工深化的重要手段。随着经济全球化的发展和国际分工的深化，产业转移的对象已经从制造业发展成为以生产性服务业为主的现代服务业，而发生转移的条件是承接转移的一方已经具备了与之实现对接的平台与区域。构筑"三位一体"港航物流服务体系，依托港口物流大力发展沿海服务业将为宁波海洋经济发展带来跨越式发展的契机，为承接正在增长的服务业跨国转移建立基础。

4. 促进宁波港口转型升级，加快宁波建设国际强港

从港口吞吐量与集装箱吞吐量两项指标衡量，宁波港已经发展成为世界著名的大港和远洋干线港。但大有极限，强无止境。从宁波港口发展方式、带动效应、功能地位等角度看，宁波港对城市、产业的综合带动效应还有待于进一步提升，与现代化国际港口作为水陆交通枢纽，成为支持世界经济、国际贸易发展大流通体系的资源要素配置中心功能存在明显的差距，与浙江省建设"港航强省"及长三角建设亚太地区重要国际门户、全国物流节点城市等发展战略对宁波提出的新要求、新定位还有很大差距。因此，开展宁波构筑"三位一体"港航服务体系的研究，促进宁波港口的转型升级，具有重要的理论和现实意义。

三、主要研究内容

本书深入调研宁波大宗货物交易市场、海陆联动集疏运网络、港口金融和信息服务等的发展情况，并对其现状进行了分析，深入了解、总结和借鉴国内外典型港航物流服务体系建设的实践与经验。根据宁波构筑"三位一体"港航物流服务体系的优势和环境分析，提出适合宁波"三位一体"港航物流服务体系的发展战略、重点任务以及保障措施。

其主要内容包括以下几点：

（1）深入分析鹿特丹和天津港航物流服务体系建设的现状，归纳总结了这两个港口的成功实践，并结合宁波"三位一体"港航物流服务体系建设情况，借鉴了其成功经验和启示。

（2）基于调研数据，深入分析宁波"三位一体"港航物流服务体系的发展现状，主要包括大宗商品交易市场建设情况、海陆联动集疏运网络建设情况、港口金融和信息服务发展情况，分析了存在的问题。

（3）基于以上分析，分析宁波"三位一体"港航物流服务体系建设的环境（机遇），并结合其自身的优势，从综合性国际枢纽港目标的战略高度，提出宁波"三位一体"港航物流服务体系的发展战略。

（4）在上述发展战略的指导下，对宁波"三位一体"港航物流服务体系的建设进行规划，提出了建设的重点任务和保障措施。

第二节　国内外典型港航物流服务体系建设研究

一、鹿特丹港航物流服务体系建设分析

1. 大宗商品交易市场总体情况

目前，鹿特丹是世界上最大的石油现货市场、世界有色金属储运中心、欧洲粮食贸易中心。炼油、化工、造船等工业主要是依托鹿特丹港发展起来的，拥有一条以炼油、石油化工、船舶修造、港口机械、食品等工业为主的临海沿河工业带（即临港工业区）。它从国际中转港转变为国际贸易、物流的中心，突出了航运、物流和贸易的作用，而工业、航运、贸易的发展，又促进了金融、保险、信息行业的发展，形成了鹿特丹港工贸一体的复合型港的经济结构。

2. 港口集疏运网络

（1）完善的集疏运体系。鹿特丹是欧洲多式联运的中心，配套设施齐全，储、运、销一条龙服务。鹿特丹港已经实现了海陆空运输交通的对接，铁路和港口的海铁联运，使得入港货物能够迅速运输至欧洲纵深区域。内河运输的优越性，一艘普通的内河航船每次可以运送若干散货往返于鹿特丹和德国、比利时、法国的各内河港。它的物流运输网络由各个深水货运码头，几百家物流服务公司和便利的腹地连接网络组成。此外，鹿特丹还可以为所有类型和规模的货物提供订制化的运输服务。

（2）分货类、集成性的物流服务。针对各种不同货物和货量要求的专业化

装卸、仓储和加工设施，可以提供大量专业船舶经纪、检验师、实验室、交易所和货运代理等专业人才和服务。在整个商贸活动中，鹿特丹港还可以提供检验、检疫、测试和公证等相关服务。

鹿特丹港拥有最高效经济的装卸设施，可以为客户提供封闭或开敞式的防沾染仓储及配送系统，拥有最充足优良的用于装卸、贮存和运输煤炭货物的专业化设施，拥有大量的码头操作技术人才，可以提供多种增值服务，诸如过筛、碾碎、混合、清洗等。鹿特丹港有着进行钢铁货物装卸、仓储、拆模、填充、切割、包装和打包等作业的专业化设备。最新的发展趋势是建立一个用于装卸优质钢的全天候码头。钢铁码头全年无休地进行着大量钢铁产品的装卸、部分加工处理以及向内陆集疏运，码头紧邻着一个钢材切割厂和可控制温度、湿度的仓库。

3. 港口金融、信息服务

鹿特丹不仅是物流中心，也是贸易中心、金融中心。鹿特丹港口金融、贸易、保险、信息、代理和咨询等服务业发展迅速，很发达。同时，与航运服务相关的众多产业集聚在鹿特丹港区及其周围，包括船舶分级、船舶监测、船舶配件供应、物资补给、检查测试、保养、废物处理、船舶修理和船员招募与更换等业务。

鹿特丹港拥有国家级的信息服务平台（Port-base）等信息网络，信息应用的范围比较广，包括运输指令、国际铁路运单、装运通知、装货清单、货物进出门情况等。此外，鹿特丹港所实施的无纸化电子报关报验系统、船舶和货运数据电子申报系统、船舶车辆的卫星定位系统、内河运输信息系统、地理信息系统、无线电通信系统等，都可以通过港口的公共电子信息平台进行电子数据的交换与共享。

二、天津港航物流服务体系建设分析

1. 天津大宗商品交易市场现状

截至 2010 年，天津市已注册大宗商品交易市场 15 家，已运营的大宗商品交易市场包括渤海商品交易所、天津港散货交易市场、天津保税区大宗商品交易市场等 9 家。天津在快速发展大宗商品交易平台的同时，非常注重交易平台的建设规模和市场定位，建成了一批市场竞争力强、带动效果好的交易平台。如作为中国第一家现货商品交易所，渤海商品交易所在政策、交易方式、结算方式、服务机构及商品物流网络等方面具有很强的市场竞争优势。

2. 海陆联动集疏运网络

天津港港口集疏运系统不断完善，内陆无水港网络逐步完善。目前，天津港已经在石家庄、郑州、包头、石嘴山、侯马、德州等内陆地区建立了 16 个无水港，天津港的内陆物流网络化建设已初见端倪。港口多式联运系统将逐步建立。特别是集装箱多式联运系统中，已经形成天津港与西安、成都、太原、包头、二连浩特之间的内陆及跨境铁路班列，到2012年前，将开通兰州、临河等地班列。同时，东疆港区海铁换装中心的建成，将使海陆联动进一步实现配套和协同发展。

3. 港口金融和信息服务

天津港正推进金融保险业与港口物流融合，形成港口物流金融体系，实现港口物流价值的提升，包括货物质押、仓单质押、集中授信、未来货权开证业务、未来货权融资业务（仓储监管模式）、保兑（备用信用证）业务等。物流金融服务不仅能为客户提供高质量、高附加值的物流与加工服务，还为客户提供间接或直接的金融服务，提高供应链整体绩效和客户的经营和资本运作效率。

在信息化建设方面，天津港正建设3个平台（电子商务信息服务平台、港口信息资源集成平台和集装箱生产智能平台）、5类应用系统（港口经营管理系统、港口生产业务管理系统、港口设施设备管理系统、港口规划与建设管理系统和港口对外服务管理系统）和东疆港区数字化工程。

三、国内外实践经验的启示

1. 要深入调研、研究大宗商品交易市场建设和运行机制，要勇于探索、敢于创新，制定科学规划

例如，天津渤海商品交易所由天津市政府发起并批准设立，同时成立了由分管副市长担任主任的渤海商品交易所市场监督管理委员会，管委会办公室设在天津市发改委，对交易所、交易商以及交易所内的商品交易活动进行规范、监督和指导。同时，天津市的骨干交易中心（所），在起步阶段都是以国有股为主，民营资本参股的股份制企业，这种体制在市场培育期起到了积极推进作用。

2. 加快大宗商品交易市场建设，要加强政策引导和财政资助，要职责明确、政企联动

从市场体系建设全局着眼谋划大宗商品交易市场培育，强化政策支持。在市场监管方面，创新监管体制，明确机构负责市场体系的规划建设、组织协调和监督运行。为完善法制建设，从制度上规范市场发展，将对大宗商品交易市场内部交易制度和资金担保监管制度进行检查，探索制定大宗商品交易市场管理办法。

3. 港口功能多元化、高端化

在港口大力发展商贸物流业，拓展现代化物流分拨功能，港口不仅是货物的集散地，而且也是一个物流中心、商贸交易中心。第三、四代港口功能日趋多元化，除了装卸运输功能外，大力发展物流功能、工业功能、商贸功能和信

息功能等。功能的多元化和高端化已成为综合性港口生存和发展的基本条件。例如，鹿特丹港港区是集装卸、堆存、工业、贸易、运输和物流等功能于一体的多功能、综合化港区，其综合物流码头不仅具有保管、发送、加工等流通功能和信息功能，而且还增加了销售和展览等商贸功能。

4. 港口运输网络化

水路与铁路、公路、航空、管道等运输方式形成方便、快捷的多式联运的综合运输网络，是港口综合运输枢纽得以充分发挥作用的关键。水路与铁路在港口集疏运系统中的作用非常重要。鹿特丹市政府为减少公路交通运输拥挤和环境污染，增加铁路和内河运输方式的市场份额重点加快了铁路建设和在内河运输方面对莱茵河的几条支流进行改造，使之适应大规模的内河运输，不仅做到运输上的方便、快捷与低成本，而且由于铁路和内河运输的改善，增加了港口系统的集疏运功能，有效地减少了对城市环境的污染。

5. 港口信息网络化

信息化是提高服务效率的重要手段。作为贸易的一个重要环节，港口要想成为现代化物流的枢纽，必须进一步加强港口的信息化建设，协同电信、海关、商检、税务、工商、银行等部门拓展综合信息服务功能，有力地促进城市第三产业的发展，尤其是面向港口产业的金融、保险、代理业的发展。

第三节　宁波市港航物流服务体系发展现状

一、宁波大宗货物交易市场状况

1. 总体概况

近年来，宁波大宗商品交易市场发展迅猛，交易旺盛，已形成了一批独具特色的交易市场。2010 年，宁波市拥有大宗商品市场 77 个，主要经营品种为塑料原料、液体化工、煤炭、钢材、金属材料等，基本上覆盖了大宗生产资料商品。在交易规模上，交易额达 1500 亿元，位居浙江省首位。在影响力上，余姚塑料城网上市场发布的中国塑料价格指数和塑料市场库存报告已经成为国际塑料行情风向标；宁波神化经营的贵重金属镍 2010 年实现交易额 120 多亿元，占据全国的 40%，全世界的 10%，初步掌握了亚洲镍金属的价格话语权；镇海大宗货物海铁联运物流枢纽港管委会率先开建多货种、多功能的大宗生产资料交易中心，2010 年，镇海液体化工等 6 大生产资料交易额达 420 亿元，其中，镇海液体化工产品交易市场和镇海煤炭交易市场，成交额分别达到 125.8 亿元、

104 亿元。在交易模式上，现货交易和中远期交易并举，不但拥有众多的现货即期交易市场，而且拥有 4 家大宗商品中远期电子交易市场，经营中远期电子交易，涉及塑料、化工原料、钢材等。在资金市场监管上，成功探索第三方资金管理模式。可以看出，宁波现有的大宗商品交易各个专业市场已进入发展成熟期和转型升级期，后续发展势头良好，潜力巨大。

目前，由于我国大宗商品电子交易市场存在着准入门槛太低，没有统一的监管部门，盲目复制、违规炒作、过度投机、交易市场自身不规范等问题，国家正严厉整顿大宗商品电子交易市场。

2. 宁波大宗商品交易市场的分货类现状

(1) 余姚中国塑料城。2009 年，市场实现塑料原料交易量 694.75 万吨，交易额 701.78 亿元。2010 年余姚市中国塑料城现货市场成交额 375 亿元，同比增长 17.2%，如表 5-1 所示。余姚中国塑料城已经成为国内交易量最大的集塑料原料、塑料制品、塑料机械加工、交易以及展览展销、技术开发于一体的专业市场。在影响力上，塑料城网上市场发布的中国塑料价格指数和塑料市场库存报告已经成为国际塑料行情风向标。现货塑料原料依托东方国际物流公司等物流企业，通过公、铁、水、空等集疏运方式运往全国各地，其中 30% 左右的进口料在宁波港口登岸。

表 5-1 余姚中国塑料城历年交易额

单位：亿元

年份	交易额	市场交易额	网上交易额
2006	621.60	241.60	380.00
2007	705.00	285.00	420.00
2008	695.65	317.00	378.65
2009	701.78	320.00	381.78

(2) 液体化工产品交易市场。目前，宁波现有镇海液体化工产品交易市场、宁波保税区进口化工品交易中心以及正在筹建宁波大榭能源化工交易中心等。2010 年，宁波镇海液体化工产品交易市场，成交额为 140 亿元，交易量为 470 万吨，业务量在长三角排名第 1，占长三角总业务量的 1/3，如表 5-2、图 5-1 所示。

(3) 煤炭交易市场。目前，宁波现有的和规划中的有宁波镇海煤炭交易市场和宁波进口煤炭交易中心两家煤炭交易市场。

镇海煤炭交易市场总投资 2.2 亿元，2007 年底建成投入使用，2010 年市场经销煤炭 1500 余万吨，成交额为 102.7 亿元，增长 44.8%，首次突破百亿元大关。市场销售辐射东至舟山，西至衢州，南至温州，北至杭州，是目前华东地

表 5-2　镇海液体化工产品交易市场历年交易

年份	交易额（亿元）	交易量（万吨）
2006	235	320
2007	650	1250
2008	360	900
2009	210	730
2010	140	470

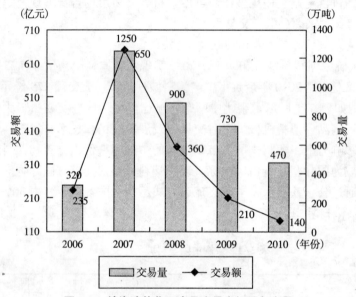

图 5-1　镇海液体化工产品交易市场历年交易

资料来源：宁波都普特液体化工电子交易中心有限公司。

区规模最大的煤炭专业市场和浙江省重要的煤炭能源供给基地，在省内外具有较高的知名度。现拥有煤炭经营企业近 70 余家，市场进场企业规模实力较强，2010 年销售上亿企业达 28 家。在进场企业中，有 10 家企业拥有海运公司，拥有 1.2 万吨至 7 万吨的海运散货轮 17 艘，总吨位 44.5 万吨。2009 年市场开通了宁波煤炭网，现已成为浙江省知名煤炭专业网。

镇海煤炭交易市场与镇海港区相邻，现有煤炭专用泊位 5 座，在建镇海港 5 万吨级煤炭深水泊位 2011 年投产，将新增 3 个泊位。集疏运网络完善，除公路运输外，水路、铁路中转优势明显，其中铁路装车工程竣工后，可形成 800 万吨/年的装车能力。2010 年镇海港区煤炭到港量达 1832 万吨。

（4）船舶交易市场。宁波现有宁波保税区宁波船舶交易市场、宁波国际船舶与船用设备交易市场（梅山）、宁波国际航运中心船舶交易市场三大市场。

目前，实际从事船舶交易服务的只有宁波船舶交易市场。该市场于 2008 年成立,并于 2010 年经省、市港航管理局审核备案,成为《船舶交易管理规定》出台后交通运输部首批公示的全国 7 家船舶交易服务机构之一。市场拥有一支专业的船舶工程和船舶贸易队伍。目前的服务功能主要包括:办理船舶交易鉴证手续、提供船舶买卖信息平台、提供船舶评估、船舶进出口代理、提供航运和船舶买卖行情资讯服务等。市场已建立了船舶交易信息管理系统和市场服务网站,创办《宁波船舶》刊物。2010 年市场的年交易额已近 4 亿元。表 5–3 中的数据为浙江省各船舶交易市场 2009~2010 年船舶交易额。

表 5–3　浙江省各船舶交易市场交易额

交易市场名称	2009 年度	2010 年度	
	交易额（亿元）	交易额（亿元）	船舶数量（艘）
浙江船舶交易市场	44.85	48.94	1445
台州市船舶交易中心	40.00	41.00	186
温州市银海船舶交易市场	20.00	14.00	52
宁波市船舶交易市场	2.56	3.85	22
湖州船舶交易市场	—	2.05	196
合计	107.41	109.84	1901

（5）钢材交易市场。目前,宁波有宁波镇海钢材交易市场、宁波华东物资城钢材交易市场、北仑区钢材交易市场、鄞州钢材市场和宁波钢铁智慧港等。2009 年,镇海钢材市场交易额为 18.9 亿元,2010 年达到 21.43 亿元,同比增幅为 13.4%。

3. 存在的问题

通过对宁波大宗商品交易市场现状进行分析,可以看出宁波大宗商品交易市场存在如下问题:

（1）交易市场功能单一,产业集聚能力弱,配套服务和增值服务较少,甚至没有。虽然宁波大宗商品交易平台的建设走在全省的前列,但不少交易平台还处在建设阶段,有些交易市场受土地、经营资质指标等限制规模偏小,市场功能单一,配置能力弱小,配套服务和增值服务少甚至没有,专业市场与物流企业及物流专业机构之间的融合协作还比较少,交易市场普遍呈现"诸侯纷争"的局面,大都各自为战,难以形成具有重要影响的大型交易市场,难以形成规模效应和优势,在运行的市场大都面临着发展的瓶颈。另外,到目前为止大宗商品交易市场还没有非常明确的主管部门,没法管就是没有相应的管理办法。

（2）电子交易市场保证金比例问题。商务部《关于大宗商品交易市场限期整改有关问题的通知》中规定实行保证金制度的,保证金收取比例不得低于合约（或者合同）标的额 20%。宁波严格按照商务部规定 20%执行,而江苏则按照

10%执行，这导致镇海液体化工产品交易市场客户流失严重，江苏液体化工电子交易发展迅速，占到长三角市场的1/3。

（3）煤炭经营许可证问题。目前，煤炭市场实行煤炭经营许可证制度。设立煤炭经营企业，要先进行煤炭经营资格审查，只有获得煤炭经营许可证，才能进场交易。浙江采用许可证总量控制，不颁发新的煤炭经营许可证，这样就造成政府采取行政手段关上了煤炭市场的大门，使煤炭市场处于垄断，不利于市场竞争、资源配置和价格发现等。

（4）船舶交易市场问题。宁波船舶交易呈现总体规模偏小、"诸侯纷争"等突出问题。另外，还未形成覆盖宁波全市范围的交易服务范围，市场的服务功能还不完善，配套功能还处于起步阶段，市场的衍生增值服务还未展开。这些与宁波国际强港的战略不相适应。

二、海陆联动集疏运网络现状及存在问题

近年来，宁波加快推进重大交通基础项目建设，宁波海陆联动集疏运网络建设取得了长足的进步，港口与沿海、沿江和腹地内陆城市之间形成了畅通高效的运输网络。公路运输便捷，绕城高速、杭甬高速、甬金高速、甬台温高速、杭州湾大桥和金塘大桥、在建的象山港大桥等将全面构成"一环六射"的高速公路对外通道，大碶疏港高速、穿山疏港高速将主要港区（北仑港区、穿山港区）与高速路网无缝连接；铁路动脉畅通，通过萧甬线与全国铁路网络联成一体，甬台温铁路全面建成通车，作为国家18个铁路集装箱中心站之一的宁波铁路集装箱中心站将于2011年开工。宁波港口已经在浙江中西部、江西等内陆地区建设"无水港"，将腹地延伸到内陆，着力发展海铁联运。宁波机场的功能不断完善，已升格为4E机场。但目前还存在以下问题：

（1）多种集疏运方式发展还不平衡，集疏运过多依赖公路，公路集疏运比例约为90%，海铁联运没有真正实现，铁路集疏运还有待加强，杭甬运河运输还没有和浙江航道网贯通，河海联运还无法实现，内河运输的优势无法发挥作用。

（2）服务功能仍停留在货物的运输、交换辅加等一些简单贸易加工功能上，增值服务少。

（3）锚地资源紧缺，特别是恶劣气象条件下，锚位缺口更大。此外，集疏运通道建设中资金、土地、环境制约因素增加。

三、港口金融和信息服务现状及存在问题

宁波港口金融依托港口相关产业的发展，近年来也取得了长足的进步。宁波银行业主要提供进出口贸易、船舶购置、港口建设相关的融资、结算汇兑和

货运、财产保险等传统金融产品。航运融资的形式主要是船舶抵押贷款和保函，融资规模扩张较快。2009年，宁波航运业从银行融资总额已达101.45亿元。船舶融资租赁业务逐渐活跃。2009年，浙江金融租赁公司宁波分公司船舶融资租赁投放量已超过5亿元，船舶融资租赁业务已占其全部业务规模的50%以上。虽然宁波航运、物流方面的金融业务已有一定基础，各类业务均有涉及，有的已初具规模，但发展尚处于自发、分散的初级阶段。金融产品尚未形成系统化、专业化的产品链，还停留在被动适应客户要求的阶段，在为客户提供个性化、增值型的金融服务方面发展缓慢；中小航运企业融资困难，货代企业、民营物流企业流动资金贷款难；缺少专门从事航运金融的部门和合格的专业人才，不能满足大量航运、造船、物流企业的发展需求，还不能适应宁波建设现代化国际港口城市的需要。

宁波港口物流公共信息平台建设比较先进。宁波电子口岸重点面向口岸通关服务，以大通关电子政务服务为主，逐步延伸口岸物流商务服务。目前，已经连接了宁波海关、国检、海事等部门，各类电子政务项目共计52个，并与上海、浙江、安徽、江西等地方电子口岸实现了互联互通，与深圳、大连、香港、新加坡等境内外的口岸信息平台建立了业务合作关系。第四方物流市场重点面向综合物流服务，以物流电子商务为主，并配套物流信息服务。业务已覆盖至海运、陆运、空运等多种运输方式，吸引了4000余家会员单位加盟运作，物流信息发布总量达37万条，与11家全国性商业银行建立网上支付结算合作。

虽然公共物流信息平台处于国内领先，但信息共享、一体化服务等方面还有待提升，物流各环节信息化程度还不高，不少物流企业没有建立信息系统，没有网络环境，缺少信息沟通的手段和措施，物流信息平台的功能还难以得到充分发挥。

第四节 宁波构筑"三位一体"港航物流服务体系的优劣势及潜能分析

一、优势

1. 优越的交通区位和港口条件

宁波地处我国大陆海岸线中部，位于东部沿海与西南地区和东部地区南北物流通道的交汇点，正好处在南北和长江"T"型结构的交汇点和我国沿海主通道与长江黄金水道交汇点上，地理位置适中，是著名的深水良港及城市。宁波位于浙江省港口联盟区域中心位置，临近国际主航道，大陆腹地广阔，内外辐射便捷，交通区位优势明显。

2. 产业发展优势

（1）具有良好的现实基础。2010 年，宁波港口完成货物吞吐量 4.1 亿吨，完成集装箱吞吐量 1300.4 万标箱，分别占浙江省的 37%和 92.6%。以港口物流为主的现代物流业加速发展，拥有各类物流相关企业 5000 多家，联邦快递、UPS、DHL 等国际知名快递企业、物流巨头及投资商纷纷落户宁波。大力推进镇海煤炭交易市场、余姚中国塑料城等大宗商品交易平台建设，2010 年实现交易总额近 2000 亿元，原油、铁矿石、塑料、液体化工等品种市场交易量位居全国第一。累计引进注册各类金融机构 193 家，宁波海运、宁波港集团等一批企业成功上市，国际航运服务中心、国际贸易展览中心和国际金融服务中心"三大中心"建设取得阶段性成效。

（2）蓬勃发展的临港产业。依托深水港优势，充分利用宁波经济技术开发区、宁波大榭开发区等国家级开发区，吸引世界各地著名的大型企业投资落户，集聚了一大批大型或特大型的临港大工业企业，积极培育了石化、能源、钢铁、造纸、修造船五大临港支柱产业。打造出一条绵延数十公里的沿海临港产业带，形成"纵有产业链延伸，横有产业集群规模"的良好格局。

（3）优良的政务服务与开放的政策体系。宁波发挥港口优势，形成了全方位、高水平、深层次、内外衔接的开放格局。目前，拥有 5 个国家级开发区和 10 个省级开发区，拥有保税港区、保税区、保税物流园区、出口加工区等多个开放层次高、政策优惠、功能齐全、运作便捷的特殊经济区域。

二、劣势

1. 港口服务业发展水平不高，增值服务能力不强

具体表现在：

（1）港口物流运营主体效率较低。宁波港口物流运营主体相对于发达国家和地区的港口和迅速发展的港口物流需求而言，差距很大。其主体组织化程度较低，至今还没有形成一个比较完整的港口物流运营体系。具体表现在港口物流设备运营质量、港口新技术、新设备应用程度，港口服务配套水平，港口物流技术标准化，港口物流市场组织化程度等指标处于较低水平。

（2）港口物流运营主体效益较差。宁波港口物流运营主体一直呈现"小、少、弱、散"的局面，大多数港口运营企业业务单一，基本停留在装卸、仓储、运输等传统业务，港口商贸、仓储功能拓展不够，货检、分装、包装、贴标签等物流增值服务比较薄弱，尚未形成完整的港口物流产业链，物流增值链挖掘不够，综合效益提升空间还较大。

大多数宁波港口物流运营主体企业的服务具有相似性和竞争性，差异性小，价格竞争成为主要的竞争手段，导致企业利润率偏低，发展后劲不足。此外，大多数港口物流运营主体的服务对象以宁波市及省内周边地区的企业为主，服务范围较小，业务量比较少，难以实现规模经济和范围经济，成本居高不下。

2. 集疏运方式单一，辐射服务空间受限

物流基础设施建设总体水平不高，多种集疏运方式发展不平衡，港口集疏运过度依赖公路，海铁联运比例低，内河航运迟迟无法通航。集疏运网络连通性差和局部瓶颈仍然存在。物流园区功能重叠，相互竞争激烈，各类物流节点综合效能未能得到充分发挥。

3. 物流环境尚待完善

物流人才相对短缺。随着宁波港口物流的不断发展，综合化的高级港口物流人才需求急剧增长。缺少高级物流人才，一线操作工人的业务技能相对较弱，物流从业人员整体素质不高。而宁波本地高等教育资源发展不足，在甬院校的专业设置和人才培养尚不能满足需要，高层次、综合性港口、物流培训体系尚未建立。

支撑现代物流发展的金融、法律、税收、政策、口岸环境还不够完善，现代物流业发展环境需要进一步完善。

三、潜能

1. 浙江海洋经济发展示范区建设正式上升为国家战略

目前，国务院已正式批复《浙江海洋经济发展示范区规划》，浙江海洋经济发展示范区建设上升为国家战略。浙江省将以此为契机，打造"一核两翼三圈九区多岛"为空间布局的海洋经济大平台，宁波—舟山港海域、海岛及其依托城市是核心区，宁波将受益于国家的相关政策支持，从而获得更大的发展。

浙江积极推动"三位一体"港航物流服务体系建设，其战略定位是"把宁波—舟山港打造成亚太地区重要的综合性国际枢纽港"。这些为宁波港口转型提供了发展机遇。

2. 宁波发展物流业有着极好的环境

目前，宁波市委市政府重视物流体系建设，出台多项政策来培育第四方物流，发展贸易物流集团，政府每年拿出1亿多元的资金来支持物流体系建设。宁波被确认为21个全国性物流节点城市中的一个，同时也和上海、南京被确认为长三角的3个物流中心；国务院的长三角区域规划里把宁波定位为"现代先进制造业基地、现代物流业基地、国际化港口城市"。

3. 梅山岛保税港区建设

保税港区是目前我国开放层次最高、政策最优惠、功能最齐全的特殊区域。

梅山岛保税港区以国际中转、国际采购、国际转口贸易和出口加工等保税港区功能为主导，以商品服务交易、投资融资保险等金融贸易功能为辅助，增强和完善宁波港口的中转、配送、采购、分拨、加工、定舱、结算、报关、报验等服务功能，集物流服务、商务服务、金融服务、信息与通信服务和人员服务为一体，梅山岛保税港区的开发建设，必将促进宁波港口服务的进一步发展。

第五节　宁波"三位一体"港航物流服务体系的发展战略

一、内涵要求

1. 大宗商品交易市场

充分发挥宁波港口资源优势和市场优势，以物流园区、物流产业基地和电子商务平台为依托，提升和培育液体化工、煤炭、钢材、铁矿石、木材、塑料、粮油、镍金属、铜等大宗货物及进出口商品交易市场，以现货即期交易为主，根据国家相关政策逐步发展中远期电子化交易市场，力争形成若干个在长三角、全国甚至全球有影响力的交易服务平台。

2. 海陆联动集疏运网络

以港口、城市为中心，以物流枢纽、物流园区、物流产业基地、物流中心等为依托，加强物流通道建设，全面实施港口集疏运基础设施的模式转换，重点发展铁路运输、水路运输，提升、扩建疏港高速，完善现代化综合运输网络布局，促进各种运输方式的无缝衔接和配套，确保各种运输节点的有效衔接。提升第四方物流平台的服务内容和范围，加快物流园区和物流产业基地等的信息化建设，培育引进一批能提供储存、中转、运输、分拨、配送等物流企业。建成多层次、全程无缝隙的布局合理、技术先进、节能环保、便捷高效、安全有序并具有一定国际竞争力的海陆联动集疏运体系，建设国际强港，把宁波建设成为全国物流节点城市、亚太地区重要国际门户。

3. 金融和信息服务

开发和完善宁波金融的服务功能，创新金融产品，大力发展贸易融资、航运金融、离岸金融等服务业务，大力发展金融外包服务等新兴业务。扩大投融资业务和渠道，设立航运产业投资基金，完善和发展第四方物流平台的资金结算和贷款增信等功能，引进国内外商业银行，加快培育金融机构，鼓励银行等机构发展航运和物流金融业务，实现并夯实宁波为长三角南翼金融服务中心的地位。

建立和发展公共数据交换平台、物流公共服务平台等,继续依托宁波电子口岸信息平台,改进报关通关、口岸监管、进出口退税、政务信息查询等方面的配套服务,推动政府、企业、航运和服务信息共享互联,构建功能完善、高效、便捷,与国际接轨的公共信息平台。

二、发展思路

面对新形势、新要求,宁波"三位一体"港航物流服务体系发展的总体思路是:深入贯彻落实科学发展观,按照浙江海洋经济发展示范区和"三位一体"港航物流服务体系建设的总体部署,紧密结合宁波区位优势、港口优势和开放优势,以"港口转型升级,加快国际强港"为主线,以促进经济发展方式转变为根本,以战略思维、先进理念和国际视野谋划宁波"三位一体"港航物流服务体系建设,加快推动货物运输港向物流贸易港转变、国际大港向国际强港转变,加快打造亚太地区重要的综合性国际枢纽港。全面提升宁波港口在全国乃至世界港口中的竞争力,为浙江、长三角地区、中西部地区乃至全国经济发展提供强有力的支撑。

三、基本原则

坚持政府引导,市场运作。充分发挥政府的主导作用,注重发挥市场配置资源功能,引导国内外各方参与"三位一体"的开发建设和营运,努力构建政府引导、市场运作、企业主体、社会参与的机制,促进社会资源要素大协作,进一步整合区域内资源,发挥区域优势,推动"国际强港"建设。

坚持科学发展,转型发展。要紧紧围绕港口转型升级和国际强港战略,以延伸港口价值链为导向,推进港口由功能比较单一、附加值比较低的运输港逐步向功能比较丰富、附加值较高的物流港、贸易港转型。

坚持创新发展,特色发展。创新发展理念,更加注重功能创新、管理创新和制度创新,加快集聚各类发展要素,把港口转型升级与做大吞吐量作为两个关联点连成一条线,使之相得益彰。更加注重因地制宜、错位互补的特色发展,充分发挥港口资源、现实基础和对外开放等特色优势,抓住浙江省海洋经济上升为国家战略的契机,择优选择货种发展专业市场贸易和临港工业,将"三位一体"港航物流服务体系融入海洋经济发展中,与区域经济发展紧密结合起来。

四、发展目标

1. 近期目标

至 2015 年,以现有大宗商品交易市场和电子商务交易平台为基础,依托物流园区和物流产业基地建设，引进若干个国内外大型港口物流企业和大宗商品运营商，完成一批重大港口基础设施和集疏运项目建设，推进金融服务产品创新，构建宁波港口信息服务体系框架，基本建成若干大宗商品交易市场，争取成为浙江综合性大宗商品交易中心，基本形成现代物流服务体系、现代金融服务体系和电子信息服务体系三大服务支撑体系。港口综合服务功能明显增强，基本建成全国物流节点城市，亚太地区重要国际门户和上海国际航运中心主要组成部分地位更加巩固。宁波港口货物吞吐量 5.5 亿吨，集装箱吞吐量 2000 万标箱。

2. 远期目标

至 2020 年，全面建成"三位一体"港航物流服务体系，成为承接上海国际金融中心功能、辐射周边城市群的区域金融服务中心和亚太地区重要的综合性国际枢纽港。宁波—舟山港货物吞吐量 8.9 亿吨，集装箱吞吐量 3000 万标箱。

第六节　重点任务

一、大宗货物及进出口商品交易市场的重点任务

按照构建我国区域性资源交易配置中心的战略要求，充分发挥港口资源优势和开放优势，以宁波大宗商品交易市场的现实基础为依托，提升和培育以液体化工、煤炭、钢材、铁矿石、木材、塑料、粮油、镍金属、铜等为重点的大宗货物及进出口商品交易市场。宁波上报省政府的宁波市"三位一体"交易市场项目汇总如表 5-4 所示，宁波"十二五"规划建设的大宗商品交易市场项目如表 5-5 所示。

表 5-4　宁波市"三位一体"交易市场项目汇总

序号	项目名称	牵头单位	相关单位
1	宁波镇海液体化工产品交易市场	镇海区政府	宁波镇海液体化工产品交易市场有限公司、宁波大宗货物海铁联运物流枢纽港开发公司
2	宁波镇海煤炭交易市场	镇海区政府	宁波市镇海煤炭交易市场有限公司、宁波大宗货物海铁联运物流枢纽港开发公司
3	宁波镇海钢材交易市场	镇海区政府	宁波大宗货物海铁联运物流枢纽港开发公司
4	宁波镇海木材交易市场	镇海区政府	宁波大宗货物海铁联运物流枢纽港开发公司

续表

序号	项目名称	牵头单位	相关单位
5	宁波华东物资城钢材交易市场	江东区政府	宁波华东物资城市场建设开发有限公司
6	余姚中国塑料城	余姚市政府	余姚市中国塑料城集团有限公司
7	中国镍金属交易中心	江东区政府	宁波神化化学品经营有限责任公司
8	宁波长三角固体石化产品交易中心	宁波国家高新区管委会	浙江前程石化股份有限公司
9	宁波国际航运中心船舶及船用产品交易市场	市交通局	宁波船舶交易市场、宁波国际船舶与船用设备交易公司、宁波国际航运中心船舶交易市场
10	宁波大榭能源化工交易中心	大榭开发区管委会	中信大榭物流有限公司
11	宁波镇海大宗生产资料交易中心	镇海区政府	宁波大宗货物海铁联运物流枢纽港开发公司
12	宁波长三角汽柴油交易中心	市发改委	中石化浙江石油分公司（暂定）
13	宁波铁矿石交易中心	市发改委	宁波神化化学品经营公司、巴西淡水河谷公司、宁波港股份公司、杭州钢铁集团公司（暂定）
14	宁波进口煤炭交易中心	市发改委	宁波市煤炭协会（筹建）
15	宁波粮食交易中心（宁波粮食现代物流中心）	市粮食局	宁波东粮物流有限责任公司

注：1~9为提升类项目，10~11为启动类项目，12~15为规划类项目。

表5-5　宁波"十二五"规划建设的大宗商品交易市场

1. 宁波镇海液体化工产品交易市场	11. 宁波铁矿石交易中心
2. 宁波镇海煤炭交易市场	12. 宁波进口煤炭交易中心
3. 宁波镇海钢材交易市场	13. 宁波大榭能源化工交易中心
4. 宁波镇海木材交易市场	14. 宁波粮食物流中心
5. 宁波华东物资城钢材交易市场	15. 宁波船舶及船用产品交易市场
6. 余姚中国塑料城	16. 余姚中国有色金属材料城
7. 宁波镍金属交易中心	17. 余姚中国裘皮城
8. 宁波长三角固体石化产品交易中心	18. 北仑LNG清洁能源储备交易中心
9. 宁波镇海大宗生产资料交易中心	19. 宁波保税区大宗商品进口交易中心
10. 宁波长三角汽柴油交易中心	20. 梅山保税港区进口商品交易中心

二、现代物流服务体系的重点任务

1. 港口设施重点任务

（1）沿海港口设施。规划沿海港口完成建设投资156.6亿元，新增码头泊位32个，其中新增集装箱泊位9个，新增货物吞吐能力6807万吨，新增集装箱吞吐能力540万TEU，具体项目如下：

首先，沿海港口续建项目。续建项目预计建设泊位数14个，新增能力5030万吨，具体项目如下：①大榭港区小田湾油品码头工程，计划完成10万、5万、0.5万吨级油品码头各一座，设计吞吐能力1100万吨；实华二期45万吨原油中转码头，该项目计划建设45万吨油码头一座，泊位长490米，设计年通过能力1700万吨，其中接卸1450万吨/年，装运250万吨/年。②梅山港区1#—5#集装箱码头工程项目，项目主要建设3个7万吨级、2个10万吨级集装箱泊位，形成设计通过能力为300万TEU集装箱。③中宅煤炭码头工程项目，该项目建设规模为1个15万吨级（水工结构按20万吨级设计）煤炭接卸泊位，1个5万吨级煤炭装船泊位，码头全长872米，设计通过能力1330万吨，其中接卸能力900万吨，装船能力430万吨，工程占地总面积123.0612公顷。④浙江LNG码头工程，该项目设计靠泊8万~14.5万立方LNG船，设计能力900万吨。

其次，新建并完成项目。新开工项目包括沿海码头项目建设泊位数15个，新增泊位能力1327万吨，具体项目如下：①镇海港区19#、20#液体化工码头，该项目计划建设1个5万吨级、1个2万吨级液体化工泊位，设计年吞吐量195万吨。21#、22#散杂货码头项目，计划建设一个2万吨级、一个3.5万吨级泊位，设计吞吐能力180万吨。②北仑港区414米煤炭泊位改造工程，该项目计划改造成一个10万吨级集装箱泊位，设计吞吐年通过能力80万TEU。③穿山港区1#集装箱码头工程，该项目计划建设5万吨级泊位1个，设计年通过能力60万TEU。④北仑港区穿山西口建龙钢厂配套码头，该项目建设5个1万~2万吨级的散杂货泊位，设计年吞吐量500万吨。⑤北仑港区亚洲纸业有限公司码头项目，该项目建设1个5万吨级的公用码头，年吞吐能力172万吨。

（2）内河港区设施。规划内河新增500吨级码头14个，新增货物吞吐能力1000万吨，具体项目如下：①余姚东港区二期工程项目，该项目建设3个500吨级通用码头，设计年吞吐能力200万吨。②城西港区工程，该项目建设11个500吨级通用和散杂货码头，设计年吞吐能力800万吨。③杭甬运河宁波段三期工程，该航道等级为四级。

2. 集疏运设施

（1）高速公路。至2015年，计划新建高速公路307.9公里，投资368.7亿元，稳步推进高速公路网络建设，基本形成"一环六射"高速公路网主骨架格局。重点建设项目包括：续建宁波绕城高速公路东段、象山港大桥及接线、穿山疏港高速公路，新建三门湾大桥及接线、杭州湾跨海大桥杭甬高速连接线、杭甬高速复线宁波段—期和六横大桥宁波接线，如表5-6所示。

表5-6　高速公路规划建设

序号	项目名称	建设性质	建设规模（公里）				开工年	完工年
			合计	高速	桥梁（米）	隧道（米）		
	合计		307.9	300.9	7000	0		
1	宁波绕城高速东段	续建	43.5	43.5			2008	2011
2	象山港大桥及接线（甬台温复线宁波段一期）	续建	47.0	40.0	7000		2008	2012
3	穿山疏港高速	续建	33.3	33.3			2009	2012
4	三门湾大桥及接线工程	新建	49.0	49.0			2011	2015
5	杭州湾跨海大桥杭甬高速连接线工程	新建	23.1	23.1			2011	2014
6	杭甬高速复线宁波段一期工程	新建	52.0	52.0			2011	2014
7	六横大桥宁波接线	新建	60.0	60.0				

（2）铁路。全面改善宁波末端式铁路状况，构建对外四条主干通道和枢纽内部路网有机衔接的"一环四射"的铁路格局，初步确立国家铁路枢纽地位。重点建设项目包括：续建铁路宁波站、货运北环线、杭甬客运专线，迁建铁路北站，新建大榭、穿山铁路支线，铁路集装箱中心站；开展甬金铁路、沪甬跨杭州湾铁路等项目前期工作，如表5-7所示。

表5-7　铁路规划建设

序号	项目名称	建设性质	建设内容	建设年限	总投资（亿元）	用地规模（亩）
1	宁波南站改扩建工程	技改	5万平方米、8台16线	2009~2012	35.14	117
2	杭甬客运专线宁波段	续建	60公里	2009~2011	70.00	1889
3	宁波铁路货运北环线	续建	40.1公里	2010~2013	45.50	1654
4	宁波北站搬迁工程	续建	500万吨/年	2010~2011	18.50	1965
5	集装箱枢纽站北仑办理站	新建	120万TEU/年	2011~2015	10.00	1200
6	大榭、穿山铁路支线	新建	36.3公里	2010~2012	22.20	1700
7	甬金铁路	新建	（前期）			
8	沪甬跨杭州湾铁路	新建	（前期）			
	合计				201.34	8525

（3）货运枢纽场站建设。建设与港口配套的货运枢纽场站4个，分别是穿山集装箱综合场站、邬隘集装箱综合场站、大榭集装箱综合场站，开展梅山保税港区物流园区二期以及镇海大宗货物海铁联运枢纽港公路物流基地前期工作，

如表5-8所示。

表 5-8　货运枢纽建设

序号	项目名称	建设规模（亩）	开工年	完工年	功能定位
1	穿山集装箱综合场站	900.0	2011	2015	主要为穿山港区四期、五期集装箱码头提供公路、铁路集疏运服务
2	邬隘集装箱综合场站	975.0	2011	2015	宁波集装箱公铁联运中心，主要为北仑港区二、三期集装箱码头提供公路、铁路集疏运服务
3	大榭集装箱综合场站	975.0	2011	2015	主要为大榭招商国际等集装箱码头提供公路、铁路集疏运服务
4	江北陆港物流中心一期	300.0	2011	2016	一枢纽，三中心：宁波干线运输枢纽，宁波城市配送中心，宁波公铁联运中心以及宁波物流交易信息集散中心
5	梅山保税港区物流园区二期	5778.9	2011	2015	提供商务综合配套、金融服务、仓储物流、国际转口贸易、国际采购分销及配送、国际中转、物流加工制造、口岸服务八大功能
6	镇海大宗货物海铁联运枢纽港公路物流基地	14235.0	2011	2015	为镇海大宗货物海铁联运枢纽港内液化品、钢材、粮食、有色金属、煤炭等货物提供中转运输、仓储管理等公路集疏运服务
	合计	23163.9			

3. 物流信息重点项目建设

（1）建设物流公共信息平台。以第四方物流平台为基础，打造宁波物流公共信息平台，提供覆盖陆路和水路的物流信息服务，实现港口、海关、货主、承运人、金融、保险等信息集成利用，高度共享。推动第四方物流平台与浙江交通物流公共信息系统的无缝对接。积极推进物流企业信息化建设，加快对传统物流企业的信息化改造。推广使用条形码、激光扫描、传感器、盘点机等技术和设备，加强对物流基础数据的采集。普及完善仓储管理系统、集装箱运输管理系统、电子订货系统等信息管理系统。推进港口物流的"一卡通"工程建设，统一标准，方便车辆管理。

（2）港口信息系统。目前，宁波港口已建立了管理信息中心，为了适应宁波港口业务经营范围扩展和进一步提高港口经营管理水平，要进一步加强管理信息中心建设。建设内容主要有：在港口股份公司管理信息中心扩充与信息容量增大相适应的数据库；在港口的8个港区分别建立和完善管理信息分中心；实现和加强关系信息中心与各管理信息分中心联网联通；建立和完善港口股份公司决策支持保障信息系统，提供港口股份公司高层经营管理者的决策信息支持。

三、现代金融服务体系的重点任务

一个有效的现代金融服务体系应该是一个多层次、多元化的金融系统。根据国外的发展经验，结合宁波发展的实际情况，一个有效的金融服务体系主要体现在金融市场体系、金融的保障体系、金融的法律体系以及金融的服务体系四个方面。

1. 金融市场体系建设

（1）建立完善多层次资本市场。积极发展直接融资，推动优质企业进入资本市场，努力扩大直接融资比重，做大做强宁波板块。研究探索建立非上市企业股权交易市场，并在条件成熟后，逐步与其他地区对接和向外辐射。利用宁波丰富的民间资本和中小企业股权托管的需要，创造条件成立以基础设施为标的的融资交易子平台和股权托管交易分中心，并且同上海的主平台和主中心链接。大力发展债券融资，推动符合条件的企业以公司债、企业债、中期票据、短期融资券等多种形式进行融资，有效拓宽企业融资渠道。

（2）引进培育金融组织及机构，加快金融组织体系建设。一是大力引进国内外各类金融机构到宁波设点、运作，提升宁波金融资源的积累。大力发展金融外包公司，提升金融后台服务水平。二是大力发展中小企业金融服务机构，鼓励和支持金融机构设立小企业专营机构，改善金融服务。三是做大做强地方性中小金融机构，支持宁波银行等地方性金融机构跨区域经营。四是研究创新型金融机构，建立宁波金融租赁公司，创新金融租赁，尤其船舶租赁，带动金融租赁业在宁波的发展壮大，带动船舶制造、维修、登记、评估、交易等相关产业的发展。五是研究成立宁波金融控股公司，丰富金融机构的组织体系，在更高层次上促进金融业综合经营的活力与效率。六是充分重视金融中介机构的作用，加快金融中介组织体系建设，完善服务功能。

（3）积极引导金融机构面向航运金融的职能部门和产品创新。努力引导宁波金融机构设置专门的航运金融部门，积极进行航运金融产品和业务创新，并对其进行相关鼓励、支持或奖励。

2. 金融服务体系建设

整合社会中介，引入产权交易所、投资中介机构、风险投资机构、担保机构、财务公司、会计师事务所、资信评估机构等入市，建立包括信用担保体系、无形资产及有形资产的评估体系、股权评估体系、综合诊断体系以及信息沟通体系等在内的金融服务体系。根据企业发展的特点与不同需要，从融资方式、政策信息、咨询培训、融资担保、项目评估、财务规划等方面为企业提供全方位的金融服务。

建立多层次的企业信用担保机制。采取多种形式促进担保机构发展，构建起以商业性担保机构为主体，政策性、互助性担保机构为补充，担保机构和再担保机构配套协作，运作规范，充分发挥担保效能，有效分散、控制和化解风险的信用担保体系。鼓励担保公司扩大业务领域，丰富担保品种。财政部门应出台相关法规并在预算中设立相应担保机构风险补贴基金，充分发挥财政资金的导向作用，提高担保机构拓展和扩大业务的积极性和主动性。

大力发展各类投资咨询机构。积极配合国家金融管理部门推动证券、期货等投资咨询服务机构扩大业务规模，促进各类投资咨询服务机构规范运作，不断增强服务能力和水平。

积极推进信用评估、资产评估、会计审计和法律服务等金融中介配套机构发展。大力引进并培育发展金融配套中介机构，加强政策扶持，鼓励并支持各中介机构的业务开拓和发展，促进资本市场各要素平衡发展。加强金融证券、企业并购和重组等专业领域的会计师、律师、评估师培训，引进具有金融专业背景的国际化、复合型会计师、律师、评估师人才。

四、电子口岸政务服务体系的重点任务

在原有宁波电子口岸的基础上，依托电子政务和电子商务平台，加强与交通、海关、国检、工商业等相关管理部门联系，协调各口岸单位、港口码头公司、堆场、货运站、港航部门、物流园区、交易市场及企业等单位，制定信息共享协议和标准，统一数据接口规范，开发物流标准业务信息系统通用软件，建设与国际共通、标准统一、接口开放、功能通用的基础物流数据平台。打通进出口数据、港口数据、物流数据等的传输通道，在信息统一标准化的前提下，按照"统一平台、互联互通、实时交换、安全保证"的要求，把宁波电子口岸建设成为宁波公共信息平台和数据交换中心。

第七节　保障措施

一、大宗货物及进出口商品交易市场的保障措施

1. 发挥政府规划管理职能

加强对大宗货物及进出口商品交易市场发展的组织领导，加强区域配合，合理地利用政府的规划管理职能。

积极发挥政府规划职能，加强大宗货物及进出口商品交易市场发展战略研究，完善大宗货物及进出口商品交易市场体系。通过整合政府行政资源，搭建管理平台，从而促进宁波大宗货物及进出口商品交易市场配套服务的整合提升。

2. 引进和培育大宗货物及进出口商品交易市场主体

有计划、有步骤地引进大生产商、大批发商入场经营，特别是国内外知名企业，要积极创造条件，吸引企业入市，增强市场品牌效应。同时，要培育本地企业集团参与到大宗货物及进出口商品交易市场中。支持具备条件的宁波大宗货物商品交易市场"走出去"，在全国实行兼并扩张，建立分支机构。积极支持有条件的公司上市，拓展融资渠道，形成一批全国领先的交易公司。

3. 加大财政资金投入和税收优惠

积极完善财政政策，加大龙头企业、重点项目的扶持。鼓励民间资本参与，在财税、投融资、土地等财政方面享受同等待遇。加大政府对大宗货物交易市场基础设施建设的支持力度，通过提供引导资金、提高补助标准、财政贴息、减免税收等手段给予扶持。

4. 引进高级人才扶持政策

采用多种途径和形式培养、引进各类贸易、物流、金融等专业人才，制定针对型人才引进扶持政策，优化人才结构，增强人才储备和竞争力。完善高级人才支持的工作机制，探索建立政府、社会、用人单位多元化的人才开发投入体系。

5. 支持上下游相关产业的发展、集聚

一是提升相关产业，促进产业转型，逐步形成以石化、钢铁等为主导的产业体系。二是要发挥现有产业优势，拉长产业链，培育产业集群，将优势产业做大做强，提高区域竞争力。三是要鼓励产学研联动，促进科技成果产业化，支持培育新技术产业和改造传统产业。要根据临港工业的发展需要，加快建设适应发展需要的专业技术人才队伍和产业工人队伍，为临港产业发展提供全方位智力和人力支撑。

二、现代物流服务体系的保障措施

1. 继续完善第四方物流的平台建设，实现标准化和品牌化

从发展物流增值服务角度来看，一方面要继续完善该平台，重点在该平台的功能和标准；另一方面，通过平台建设，要着力打造一批物流品牌，进一步提升宁波物流的对外辐射力。

2. 支持金融机构对物流企业提供多样化的金融产品和服务

（1）提供更有力的信贷支持，包括流动资金贷款支持，以及针对物流企业基础设施的中长期贷款支持。

（2）根据物流业资金流量大，特别是现代物流的布点多元化、网络化的发展趋势，促使银行为其提供多方位的资金结算服务。

（3）针对物流企业的资金使用频繁的特点，商业银行可以推荐企业使用银行的票据业务。

3. 培育龙头物流企业

引进国内外知名物流企业，提升物流配套服务。同时，积极培育一批宁波本地的物流企业集团，努力为物流企业的兼并重组提供支持，打造"巨无霸"型的物流企业集团，成为宁波物流发展的"龙头"。

4. 鼓励物流企业创新物流服务模式

从根本上满足客户的个性化需求，是为了更好地为物流业的客户企业提供增值服务，延伸和拓宽价值链。

5. 加强物流业务发展的跨区合作

一方面，宁波可以与周边城市在物流方面展开更多合作，包括建立和对接相关信息平台，复制成功的物流金融产品和平台等。另一方面，宁波还可以促进本地物流企业与物流产业链中的外地企业结成联盟、展开业务合作等，或者支持本地物流企业和客户企业接受外地物流企业的服务，以此来强化宁波的物流资源集聚和辐射效果。

6. 健全物流业政策法规

确立物流业优先发展战略，完善土地、税收、市场准入、区域通关、交通管理等物流相关政策法规。制定相关政策，鼓励物流企业运用网络信息技术和现代经营方式、管理手段，鼓励商贸和制造业剥离物流业务和物流企业，鼓励大型贸易与物流企业建立国内外营销网络体系，鼓励发展总部经济，鼓励金融保险业等为物流及相关企业提高高效的专业服务，鼓励各类物流主体和相关机构加盟贸易物流平台。加强仓储用地管理，逐步统一各县（市）区仓储土地使用属性和费率，降低仓储用地价格；逐步统一各县（市）区同类型物流业务税收优惠政策，消除区域间不平等的竞争差异。在国家政策法规许可条件下，适度减轻物流企业税赋，避免重复纳税。规范货运市场管理，制定城市配送货运车辆技术标准，调整货运车辆在中心城区通行的限制政策，优先保障城市配送车辆通行。调整牵引车、挂车相关管理政策，支持甩挂运输发展。

7. 培养和引进高级物流人才

加快物流人才培养，鼓励高等院校开展物流专业多层次学历教育，培养现代物流管理人才和专业技术人才。开展在职培训，重点培训商贸、运输、仓储等物流企业高层管理人员。加强高校毕业生就业培训，充实物流企业人力资源。完善人才引进机制，大力引进高级物流人才。

8. 推动物流标准化

（1）开展物流企业及设施的标准化评估、评定等推进工作，提升宁波物流企业的服务标准化，开展对通用仓库等物流设施及相应服务的质量达标评估，提高物流设施的利用效率与综合服务质量，结合"信用宁波"建设，积极推进物流企业的信用评级，提升优化物流市场环境。

（2）在跟踪有关国际标准、按照国家已有标准的基础上，宁波应结合自身实际，制定宁波物流作业和服务的标准，开展物流用语、计量标准、技术验收、数据传输、物流作业和服务标准的普及工作，积极推动托盘、集装箱、条形码等通用性较强的物流技术和装备的标准化，建立以物流信息分类编码和信息技术标准化为主要内容的物流技术标准化体系，保证物流信息平台在高效、统一、有序的环境下正常运行。

三、现代金融服务体系的保障措施

1. 加强金融产品创新建设

（1）大力发展物流金融业务。依托第四方物流平台等市场体系，大力发展信用证、银行保函、打包放款、保理业务、出口票据贴现等贸易融资业务，为企业发展提供优质服务。

（2）大力发展航运金融业务，包括船舶融资、运单融资、货单融资、海上保险、货物在库保险、航运再保险等。加快建设船舶融资租赁市场，加大对船舶航运融资的支持力度，促进大航运的发展，创建航运产业基金。

（3）积极推动动产担保融资业务，完善中小企业信用担保体系。不断提升中小企业金融服务，拓展中小企业的融资渠道，鼓励中小企业利用短期融资券、中期票据、集合票据、资产支持票据等债券工具进行融资，积极推进应收账款质押贷款、动产融资等担保融资新方式。

（4）设立和引进基金管理公司，大力引进股权融资基金，成立产业投资基金，通过这一政策性与商业性高度结合的金融工具，促进产业结构优化，企业竞争力的增强。

（5）参照上海、天津和深圳等地的做法，创造条件建立金融租赁公司等新型金融机构，以金融租赁公司为平台发行各类专项金融债券，为企业提供更多的融资渠道。

（6）充分利用梅山保税港积极开展离岸金融业务的试点，有步骤地推动离岸银行业务、期货保税交割、离岸保险和再保险、境内关外资产管理的试点工作，为航运金融奠定基础。

2. 改善金融发展基础环境

（1）加大科技投入，切实构建安全、高效、先进的现代化支付体系，支持建立联网的金融管理信息系统及其信息共享平台，依托第四方物流平台推进物流市场网上结算业务。

（2）加大财政政策的保障力度，支持宁波重点金融区域建设、机构的引进、创新发展以及对有突出贡献的金融机构和从业人员进行奖励，将区域金融服务中心建设成宁波的"产业金融中心"和"金融创新中心"。

（3）以信贷征信体系建设为重点，全面推进社会信用体系建设，加快建立与经济社会发展水平相适应的体系完整、分工明确、运行高效、监管有力的社会信用体系。

（4）不断完善金融监管体系，改进监管方式，加强区域内金融办和一行三会等金融监管部门的信息沟通和协调，共同促进区域金融的稳定健康、协调发展。

3. 加快金融人才队伍建设

坚持"以人为本"，实施金融人才战略，加快金融人才的培养、引进和开发利用。金融监管和政府部门应加强管理，如开展人才预测和编制人才长远规划。加大高层次人才引进力度，探索符合宁波特点的人才培养、人才引进新模式。对高层次金融人才及其配偶、子女的教育就业提供"绿色通道"，增强高管人员对宁波的认同感和归属感，加快海外高级金融人才引进。

四、电子口岸政务服务体系的保障措施

1. 推进企业信息化，提高企业信息化水平

企业推行信息化，一方面，满足企业内部经营管理的需要，实现企业管理的信息化和自动化，提高经营效率；另一方面，满足企业与外部的信息交流沟通、共享，有利于市场及物流等运作经营，有利于将企业、船公司、代理、物流公司、金融机构和口岸单位等有机集成，实现整个市场及供应链信息整合与共享。

2. 推进宁波交通信息化

加快宁波市交通信息化建设速度，促使信息化应用逐步深入到交通建设、管理服务以及港口中的各个领域，促进交通信息资源的开发与综合利用能力的深化，使得宁波港口信息共享程度有较大提高。通过以电子政务为龙头、以资源共享为核心、以有效监管为重点、以公共服务为落脚点，推进信息化建设，逐步形成交通信息化管理服务体系。

（1）统一网络，促进业务系统整合。按照国家、省有关电子政务网络建设的要求，以宁波市电子政务网络设施为基础，利用现有交通网络资源，完善、整合统一的宁波市交通网络。

（2）公开共享，有效开发利用信息资源。对跨部门、跨行业信息资源进行统一规划、统一标准，分步建设，逐步建立完善的信息资源开发和资源共享体系，协调各信息系统间的数据交换，实现广泛的信息资源共享，服务于大交通，

服务于全宁波。

（3）理顺流程，建立高效的综合业务管理应用。建设和完善综合交通管理平台、交通运输应急指挥平台、综合交通服务平台、决策分析平台，以及四条业务管理主线（即"数字公路"、"数字运管"、"数字港航"和"第四方物流"）。

（4）优化环境，强化信息化制度建设。健全交通信息化发展的保障环境，建立安全保障体系，实行信息安全等级保护制度，推进网络与信息安全应急机制建设，健全灾备恢复机制。加强技术标准和规范建设，逐步建立宁波市交通电子政务标准体系。

3. 推进信息标准化

以国家和行业（以宁波港口为重点对象）信息化标准为基础，推进宁波"十二五"信息标准化，为实现在宁波信息化建设过程中，信息化基础设施建设的优质高效和信息网络的无缝连接，各信息系统间的互联互通和操作、信息的安全与可靠，信息资源的有效开发和利用，使交通信息资源得到最大限度的共享等目标。通过宁波信息标准化的实施与推进，促进企业、宁波港口的信息体系与政府政务网络体系、公路水路信息网络等信息系统之间的互联互通，实现共享。在信息标准化过程中，要注意以下保障措施的实施。

（1）组织机构保障。成立信息化标准战略工作领导小组，统一领导和协调宁波市的标准化工作，定期研究和决定宁波市实施标准化战略的重要事项，做好标准研究、制定、贯彻、实施的全过程管理。各县、区也要建立相应标准化组织机构，共同推进标准化战略的实施。

（2）制度保障。制订标准化建设制度和建立考核激励机制。标准化相关部门应将标准化工作作为重要责任目标，引导和鼓励企业及社会其他组织参与交通信息化国家和行业标准的制修订工作，创立标准化示范项目，建设标准化示范区。加强考核工作，对在标准化工作中成效突出的企业和部门进行表彰。

（3）人员保障。加大对标准化人才引进和培养的力度，与大专院校合作，培养标准化人才，建立宁波市标准化专家库，造就一支素质高、能力强，既懂技术又善管理的标准化人才队伍。

（4）资金保障。应建立信息化标准专项资金，保证标准的研究、制定、贯彻、实施全过程的顺利进行。

（5）政策措施保障。根据国家相关法律、法规和规章，结合宁波本地区实际，制定信息化标准建设的相关规范性文件，对标准化工作进行科学的、规范的管理。适时对涉及面广、通用性强的新颁标准进行集中宣传和应用培训，同时积极发挥各级行政主管部门在信息化标准宣贯工作中的重要作用，共同推动标准的贯彻执行。

第六章 城市物流配送体系构建策略

第一节 城市物流配送的基础理论

一、城市物流配送的概念和意义

宁波市作为国际性的枢纽港,其物流业在近年来得到了巨大的发展,但宁波市的城市物流配送由于受城市配送小批量、多频次等特点以及经营管理等方面的影响,一直滞后于宁波物流业的整体发展,是宁波物流业发展中的一个难点。如何充分利用宁波市区内的快速路、主干道以及次干道形成的城市路网进行配送作业,如何合理地设置宁波市的城市物流配送中心,真正使宁波城市物流配送服务更有效地成为宁波市的商业、零售业以及其他与城市居民生活息息相关的各项生活服务业的支撑平台,更好地为居民日常生活提供必要的物流配送服务,是目前宁波城市物流配送的重要任务。进入 21 世纪以来,随着宁波物流业的全面发展,城市物流配送服务也取得了较大的成就。但是在配送线网规划、物流资源整合、配送运营管理以及配送系统的信息化、标准化等方面依然存在很多问题亟待解决。能否成功解决这些问题,将直接影响宁波城市物流配送的进一步发展。

城市物流配送体系的研究一般是以城市道路网和城市物流配送中心这两个方面为主要研究内容。城市道路网是物流配送服务的承载主体,城市物流配送中心是城市生活物资的主要集散地,这两部分的"线"与"点"的结合,形成了城市物流配送的网络结构。通过构建具有合理规模、优良服务、先进技术的城市物流配送网络,可以为居民生活、商业零售等方面提供高效的、优质的物流配送服务,进而实现城市物流配送的迅捷化和专业化,实现经营管理上的规模化和集约化。

城市物流配送的具体作用体现在以下方面:

首先，城市物流配送能够对缓解城市交通问题起到积极的作用。通过实行物流配送服务，可以减少城市范围内各自为政的零散运输模式，减少重复运输、交叉运输等现象，有利于减少城市道路交通拥堵，同时，也能够减少城市运输服务的整体运费。

其次，城市物流配送可以合理地配置有限的资源。通过实行仓储的集中化与配送的整体协调，才有可能实现真正的零库存和准时配送，减少社会的物流成本，提高物流的经济效益。

另外，城市物流配送能够推动新技术的研发和应用。城市物流配送的过程，对设施、设备和管理技术的要求进一步提高，任何的改进和更新都需要新科技的支撑。反之，物流技术水平的高要求也促进了新技术的发展，为新科技的研发提供了资金和动力。

由此可见，城市物流配送已经成为城市发展过程中不可或缺的重要组成部分，是推动城市经济和社会发展的基础要素之一。

目前，根据宁波的实际情况，按配送货物目的地的不同，可以以宁波市北侧的环城北路、西侧的机场路、南侧的鄞县大道、东侧的世纪大道为界，将宁波城市配送分为市内配送和市郊配送。市内配送主要为配送目的地在宁波城区以内的配送服务，主要是指宁波城市的核心区。而市郊配送主要为配送目的地在宁波城区以外的周边配送服务，主要指城乡结合部。例如，鄞西的高桥、古林和集士港镇，鄞南的姜山镇，鄞东的东钱湖镇，北部的骆驼等。其中，城市核心区是经济发展的中心点，也是城市物流配送的重点和难点。构建合理的城市物流配送体系，有利于形成高效运转的城市物流配送服务系统，改善城市的物流配送环境，推动城市的经济和社会发展。由于城市物流配送具有环节多、服务面广、配送线路复杂等诸多因素，宁波城市物流配送能力不足的现象已经非常突出。因此，构建合理、高效率的城市物流配送体系就显得十分重要。

二、城市物流配送的主要模式

城市物流配送是一种末端服务，它面对的是城区最终用户。与一般物流运输比较，更强调备货和更高效地送货。城市物流配送一般以货车运输为主，为城市各类商业活动和居民日常生活提供运输服务。城市物流配送主要以小件货品为主。城市商业的交易方式和商业设施的空间布局决定了城市物流配送的模式和空间分布。[①]

城市物流配送模式一般基于3种基本的物流网络形式：直达模式、经枢纽节点中转模式、回路模式。其他形式都可以看做是这3种基本形式的混合型或

----

① 曹翠珍：《城市物流配送模式选择研究》，《商品配送》2008年第4期，第20~22页。

变种。

城市物流直达配送模式为一个或多个市郊供应点直送到一个或多个市内需求点。直达配送模式的主要优势在于环节少，无须中转节点，减少物流枢纽节点的建设运营成本，而且在操作和协调上简单易行，效率可能比较高。由于这种运输的规划是局部的，一次运输决策不影响别的货物的运输。同时，由于每次货物的运输都是直接的，因此，总的来说，从市郊供应点到市内需求点的运输时间较短。

如果市内需求点的需求足够大，每次运输的规模都与整车的最大装载量相接近，那么，直达配送模式还是行之有效的。但如果市内各个需求点的运输需求量过小，没有达到满载的话，则直达配送模式的成本会过高。

中转模式为多个市郊供应点通过城市物流配送枢纽节点处理后配送到多个市内需求点。其配送过程的核心为：收集（Collection）、交换（Exchange）和发送（Delivery），通常简称 CED 模式。城市物流配送枢纽节点的引入有利于降低整个城市物流配送网络的成本耗费。

如果运输的规模经济要求大批量地进货，而市内需求点的需求量又偏小，那么，城市物流配送枢纽节点就保留这些库存，并为市内需求点的库存更新进行小批量送货。如果市内需求点对市郊供应点的产品需求规模大到足以获取进货的规模经济效益，则城市物流配送枢纽节点就没有必要为市内需求点保有库存了。在这种情况下，城市物流配送枢纽节点可以进行货物对接。

回路模式是从一个市郊供应点提取的货物连续运送到市内多个需求点，或从多个市郊供应点连续收集货物后送至一个市内需求点。这样通过供应商或零售商的货物装载在一辆卡车上的联合运输更好地利用车辆的装载能力，降低了配送过程中的运输成本。

三、城市物流配送中心的选址模型

对于城市物流配送中心的选址问题的研究，往往是在研究区域范围内，同时确定多个配送中心的选址问题。由于不能将这些配送中心看成是经济活动上互相独立的，而且可能存在相当多的选址布局方式，寻求最优解比较困难，因此，问题通常十分复杂。常用的物流配送中心的多中心选址方法有多重心法、覆盖模型、P-中值模型、Baumol-Wolfe 模型、Kuehn-Hamburge 模型、CFLP（Capacitatel Facilities Location Problem）模型等。

多重心法通过分组后，再运用精确重心法来确定多个物流中心节点的位置与服务分派方案。

覆盖模型是一类离散点选址模型。在有限的候选位置里，选取最为合适的若干个设施位置为最优方案，并对这几个有限的位置排列组合进行分析。[①]

P–中值模型是指在一个给定数量和位置的需求合集和一个候选设施位置合集下，分别为 P 个设施找到合适的位置，并指派每一个需求点被一个特定的设施服务，使之达到在各设施点和需求点之间的运输费用之和最低。

Baumol–Wolfe 模型和 Kuehn–Hamburge 模型均为多节点选址模型，只是分别从单品种货物和多品种货物的角度进行考虑。

CFLP 模型是带容量限制的多设施选址问题。在每个候选地都有容量限制和固定成本的前提下，从多个候选地址中选择合适地点修建配送中心，使物流费用达到最小。

四、国内外城市物流配送发展现状

1. 国外城市物流配送发展现状

国外通常所说的城市物流配送主要是指，物流配送公司在城区内，在市场经济下，对物流运输进行总体优化的过程。同时，关注交通拥堵、城市环境、节能减耗等方面。国外城市物流配送的目标，一方面，从物流公司的利益出发，尽可能地减少成本，提高服务水平，从而获得更大的收益；另一方面，从社会的角度出发，尽量减少交通拥挤，减轻对环境的污染。国外在城市物流配送研究方面已经有较长的一段时间，美国、日本和欧洲等发达国家基本上已经构建起了各自的城市物流配送体系。

（1）美国城市物流配送发展现状。在美国，城市物流配送的合理化普遍得到重视。为了在流通领域产生效益，美国企业大多采取了一系列措施。首先，将老式的仓库改为城市物流配送中心。其次，对装卸、搬运、保管实行标准化操作，提高作业效率。此外，各个连锁店共同组建城市物流配送中心，促进连锁店效益的增长。美国连锁店的城市物流配送中心主要有 3 种类型：批发型、零售型和仓储型。批发型的城市物流配送中心主要靠计算机管理，业务部通过计算机获取会员店的订货信息，及时向生产厂家和储运部发出订货指示单。零售型的城市物流配送中心以美国沃尔玛公司的配送中心为典型。该类型配送中心一般为某零售商独资兴建，专为本公司的连锁店按时提供商品，确保各店稳定经营。仓储型的城市物流配送中心以美国福来明公司的食品配送中心最为典型，它的主要任务是接受独立杂货商联盟的委托业务，为该联盟在该地区的若干家加盟店负责货物配送。

（2）日本城市物流配送发展现状。在日本，零售商业的迅猛发展推动了城市物流配送的快速发展。尤其是遍布日本的便利店需要利用高效的物流配送技

术，以保证店内各种货物的供应顺畅。因此，日本城市物流配送一般具有以下特点：一是分销渠道发达。为了保证有效地供应商品，日本物流配送公司对分销渠道一再进行合理化改造，更好地做到与上游或下游公司的分销一体化。二是频繁又小批量地供货。日本城市物流配送企业很多是以便利店为主要服务客户。便利店依靠的是小批量的频繁进货，这就迫使物流配送企业不断更新和改进自身的物流配送系统，采用先进的物流配送技术，才有可能使小批量的频繁进货得以实现。三是城市物流配送的混合配送的特征日趋明显。这种趋势的发展使原来按照不同生产厂、不同商品种类划分开来的分散物流，转变为将不同厂家的产品和不同种类的商品混合起来配送的集中物流，从而发挥物流配送的批量效益，提高物流配送车辆的满载率。四是物流协同配送。日本生产企业、零售企业与物流公司之间基本上都存在一种长期的物流协同合作关系，并且关系不断深化。五是政府在城市物流配送的发展中起到极其重要的作用。

（3）欧洲现代物流配送的发展状况。在欧洲，城市物流配送最发达的是德国。在城市物流配送的过程中，德国物流配送公司按照客户的要求，在城市物流配送中心进行分货、配货以后，将配好的货物送交收货人。德国的城市物流配送已经脱离了商品从产地到销地的传统配送模式，基本形成了商品从产地到配送中心，从配送中心到达最终客户的现代模式。德国的物流配送已经形成了以最终需求为导向，以现代化交通和高科技信息网络为桥梁，以合理分布的物流配送中心为枢纽的完备的运行系统。德国十分重视按照商业连锁经营的规模和特点来规划配送中心，一般在建店的同时就进行物流配送中心的布局建设。①

通过对各国现状的分析，国外城市物流配送发展的主要特点有：

1）通过高新科技支撑。国外城市物流配送在运输技术、储存保管技术、装卸搬运技术、货物检验技术、包装技术、流通加工技术以及与物流各环节都密切相关的信息处理技术等方面，都建立在先进的物流技术基础上。物流配送中心完全采用计算机管理，仓库内从货物入库时的分拣、刷码到进入指定的库房里待装配送车辆，全部是自动化操作。配送中心的所有环节都由以卫星通信为载体的电脑网络跟踪控制。如美国的沃尔玛连锁公司是美国最大的连锁公司，公司配有专业化的人员和自动化程度较高的配送设备，它代表了美国目前物流管理与技术的最高水平。日本的配送中心机械化、自动化水平比较高，完全用计算机控制分拣系统。

2）利用规模效益获益。城市物流配送是一种规模经济活动。规模经营产生规模效益，以统一进货、统一配货、统一管理的规模经营取得规模效益，可以

① 赖平仲：《从德国物流园区发展历程和模式中得到的启发》，《交通世界》2003 年第 11 期，第 61~63 页；敦蕾：《中德物流园区比较研究》，《商业时代》2008 年第 6 期，第 18~19 页。

享受批量折扣，降低流通费用和社会交易成本，从而赢得竞争实力。其中物流配送中心起到了重要的作用。例如，在日本一个城市物流配送中心通常负责配送 70 个以上的商业连锁店。

3) 以灵活多样的形式为特点。国外城市物流配送的形式日趋完善，具体形式多种多样。例如，美国以城市配送的形式零售业为主、以仓储运输业为主的物流配送模式和以批发商为主的共同配送模式等。

2. 国内城市物流配送发展概况

我国物流配送的早期发展始于 20 世纪 70 年代，但物流配送的运作很早就存在于国民经济的领域中。21 世纪初，我国很多城市都设立了配送中心，城市物流配送得到了很大的发展，彻底改变了传统的流通模式和方式。

近年来，我国各大中城市都开始兴建物流配送中心，物流基础设施逐渐得到改善，整体物流技术水平也开始得到提高。例如，深圳市目前物流配送中心有：机场航空物流园区、华南国际物流中心、平湖物流园区、深圳邮政分驳转运中心、笋岗—清水河物流园区等。同时有 UPS、TNT、MAIZRSK、佐川急便、台湾东源等跨国物流公司提供配送服务。但由于我国长期以来的重生产、轻流通的思想，城市物流配送的发展一直存在较多的问题，突出表现在：一是城市物流配送的规模效益难以发挥。目前的城市物流配送方式，基本上仍是以中小型物流公司的分散配送为主。由于物流配送主要是由各物流公司独自进行，难以形成有组织、协调、平衡、管理等综合作用的城市物流配送调度中心。二是物流配送过程中现代化程度较低。目前，国内从事城市物流配送的企业，在配送过程中计算机的应用程度较低，通常仅为日常事务管理，而对于物流中的许多重要决策问题，如配送中心的选址、运输的最佳路径、最优库存控制等方面，仍处于人工化或半人工化决策状态，适应国内物流公司具体操作的物流信息系统的开发滞后。[①]

综上所述，我国城市物流配送业的发展与国外的先进水平还有一定的差距，需要结合各个城市自身的情况，因地制宜，快速发展，以适应经济社会发展的需求。

---

① 崔吉茹：《城市物流配送的现状与展望》，《交通与运输》2009 年第 4 期，第 44~45 页；王凌峰：《中国物流配送研究分析》，《空运商务》2008 年第 12 期，第 29~31 页。

第二节　宁波城市物流配送的现状分析

一、宁波城市物流配送的发展现状

1. 宁波城市物流配送的市场需求

随着宁波城市的快速发展，宁波城市物流配送的需求急剧扩大。宁波城市物流配送的需求主要来源于城市范围内工业生产、商贸流通等经济活动以及城市市民的消费需求。随着宁波周边地区城市化水平不断提高，西侧向古林、高桥和集土港镇，东侧向邱隘和下应镇，南侧向姜山镇，北侧向骆驼等区域的扩张，宁波的城市规模越来越大，城市工业生产和商贸流通活动的规模也急剧扩大，产生的城市配送的需求也越来越大。在"十一五"期间，宁波 2010 年全市物流总额已经达到 1.5 万亿元，年均增长 15.4%；物流业增加值达到 506.9 亿元，年均增长 17.4%；物流业增加值占地区生产总值比重为 9.9%，占服务业比重达到 24.6%。这一系列数据充分表明宁波物流业发展的迅猛势头。

2. 宁波城市物流配送的基本运送模式

宁波城市物流配送的基本运送模式有以下几种：自营配送、外包配送、协同配送和综合配送。

自营配送通常是大型生产企业和连锁经营企业创建自营配送中心完全为本企业的生产经营提供配送服务。选择自营配送的企业一般自身物流具有一定量的规模，完全可以满足物流配送中心建设发展需要，同时，企业能够充分认识到流通环节的重要性，将物流配送作为企业发展的重点内容之一。

外包配送是企业外包配送业务给专门的物流配送公司的配送模式。物流配送公司通过为一定市场范围的企业提供物流配送服务而获取盈利和自我发展。

协同配送的模式一般可以由几家大型生产企业或专门的物流配送公司来实施。通常是为使物流配送合理化，在几个有定期运货需求的合作下，由一个物流配送单位，使用一个运输系统进行配送。协同配送即把按不同货主、不同商品分别进行的配送，改为不区分货主和商品的集中配送。

综合配送是指以企业供应链管理为指导思想，全面系统地优化和整合物流资源、物流业务流程和管理流程，对生产、流通过程中的各个环节实现全方位综合配送，充分提高产品在制造、流通过程的时空效应，并为此而形成高效运行的物流配送模式。

3. 宁波城市物流配送的经营实体

从事城市物流配送服务的经营实体一般有快件运输公司、第三方物流配送企业、自行配送的生产或商业企业和自营小型货车（货的）等。其中，以前 3 种类型所占比重最大。

从统计数据来看，2010 年宁波从事物流相关业务的企业超过 5000 家，注册资本超过 600 万元以上的第三方物流企业超过 100 家。A 级以上的物流企业超过 70 家，其中 4A 物流企业 6 家，3A 物流企业 40 家。世界排名前 20 位的船公司和 FedEx、UPS、TNT、DHL 等国际知名快递企业、物流巨头及物流投资商均落户宁波。本土物流企业，如宁波海运集团、浙江中外运、富邦物流等营业额达数亿元甚至几十亿元，实力迅速壮大。综合型物流企业较"十一五"初期增长了 3 倍，75% 的企业涉及运输业务，并逐步向仓储、配送、代理等业务延伸。

此外，宁波市江北区的货运物流企业占全市各类物流企业的 34.78%。基本上所有位于江北区的物流企业都涉及了物流配送业务。江北区的物流配送企业是目前宁波市物流配送业的主体。

4. 宁波城市物流园区的分布格局

目前，宁波城市物流园区正处在全面快速发展的阶段。如镇海大宗货物海铁联运物流枢纽港以液体化工、煤炭、钢材、木材、再生金属、有色金属等大宗货物交易市场为依托，以存储、配载和运输方式转换为手段，正加快建设华东及中西部大宗货物资源配置中心和集散中心。宁波经济技术开发区现代国际物流园已引进中外运、前程物流等一批知名物流企业落户，正在形成依托港口的高端国际物流中心。空港物流园区已建成 10 万平方米的标准仓库和 1 万平方米的商务楼。梅山保税港区按照国际"自由港区"定位，累计引进物流、贸易、金融等企业 800 家。宁海物流中心的配送中心和果蔬市场已投入运营。

根据《宁波市"十二五"物流业发展规划》，"十二五"期间宁波市又将增加 3 个城市配送物流节点，分别是宁南（奉化）物流中心、丁家山物流中心和陆港物流中心，三大物流中心交通区位优势明显，作为城市配送物流中心优势显著。[①]

二、宁波城市物流配送存在的主要问题

1. 供需结构方面

社会化的城市物流配送需求不足与专业化的配送供给不够，是制约宁波城市物流配送发展的主要矛盾。一方面，城市物流配送需求聚集和释放的速度不快，"大而全"、"小而全"的企业物流配送运作比例还比较大；另一方面，物流

---

① 《宁波市"十二五"物流业发展规划》，2011 年。

配送服务供给能力还不能满足需求，目前宁波市仅有13.04%的物流配送企业的业务是以向宁波市区配送为主，提供的供给能力有限。特别是高端需求、即时需求、特色需求、"一体化"需求满足率不高，基础性服务与增值性服务发展不平衡，增值性服务所占比例很小。宁波物流配送企业向客户提供的服务还主要集中在传统运输业务上。这一问题是城市物流配送发展必须跨越的一个"门槛"。

2. 基础设施方面

宁波城市物流配送在总体上表现为设备陈旧、分拣自动化程度低、交通设施建设不足等现象。

宁波物流配送企业在物流技术的应用方面仅82.61%的物流企业可以实现车辆的GPS定位，50%的企业拥有托盘设备，17.39%的企业掌握了条形码技术，8.7%的企业拥有自动化立体仓库，8.7%的企业拥有自动传输装置，8.7%的企业掌握了无线射频技术，只有4.35%的企业拥有自动分拣设备。现代化水平仍然较低。

由于城市交通设施建设的不足和交通管理的不完善，宁波市区的配送拥堵现象突出，配送运输通道不畅通，尤其表现在以下三个方面：

（1）中心区货运交通管制的影响。通常国内各大城市为减少货车对城市交通和环境的影响，城市中心区大多进行改造，减少货运需求，实行严格的交通管制。但宁波中心区内目前仍有大量货运配送需求存在，而宁波实施的"四禁"货运交通管制又给城市物流配送带来很大困难。如兴宁路果品市场、大世界水产市场、江东水产市场、鄞奉路淡水产市场、环城南路蔬菜市场、现代装潢市场、望湖桥市场、灵桥市场、二号桥市场、三号桥市场、轻纺城市场、南门汽配市场、华东物资城、石碶钢材市场、鄞州钢材市场等专业市场均位于宁波市中心区内部，产生了大量的货运配送需求。甬江北岸在白沙、大通桥、孔浦、路林等区域仍有若干煤炭、建材、钢材、水产码头和堆场，货运配送需求依然较大。大红鹰卷烟厂、金光纸业、雅戈尔制衣、鄞州中心区亨润化工园等大型生产企业也位于中心区内部，同样产生较大的货运配送需求。

（2）部分城市内部主干道客货交织严重。造成这一现象的根本原因是宁波市的路网结构不合理。宁波市本身具有巨大的货运配送交通量，但由于城市快速路网建设滞后，城区很难实施严格的交通分离和客货分离，严重影响了物流配送车辆的运行，在很大程度上增加了城市物流配送的难度。

（3）物流配送园区、停车场地缺少。其根本原因是城市物流配送基础设施严重落后。由于2003年开始提出的为城区配套的江北物流园区、明州物流园区、空港物流园区等规划没有一个得到落实（仅有的空港物流园区一期目前没有城市服务功能），致使大量的物流仓储企业长期无序地散布在城区的各个角落，严重制约了物流企业规范化、集约化、现代化发展。城区内部的商场及超市配送、搬家等必需的城市配送仍处于无序状态。

3. 配送管理方面

在管理制度方面，尽管几乎所有宁波市的大型物流企业都具有健全的经营、财务、统计、安全、技术等机构和相应的管理制度，并且通过了 ISO9001 质量管理体系认证。但是，基础设施处于垄断经营、物流配送资产布局分散、信息系统不健全、管理方法落后、从业人员素质低的现状，城市物流配送粗放经营的格局均尚未根本改变。尤其是城市物流配送业虽然整体上存量资产较大，但是资产布局分散，企业规模小，技术力量薄弱，信息化程度低，管理手段比较落后，竞争力弱、发展滞后，服务网络和信息系统不健全，物流配送市场化程度低，影响了物流服务的准确性与时效性。

此外，专业的物流配送管理和技术人才短缺。目前，宁波市从事城市物流配送服务的从业人员素质仍普遍较低，服务意识不足，缺少市场开拓的主动性。能够对物流配送进行高效、科学管理，并通晓现代物流配送运作和物流配送管理的复合型专业高层次人才更为少见，这一问题已经严重制约了宁波市城市物流配送的进一步发展。

4. 配送规模方面

宁波的物流配送多采用直接上门送货，规模较小，协同配送较少，配送成本高。以宁波市江北区物流配送企业为例，宁波市江北区现有物流配送企业基本分布在 329 国道、环城北路、倪家堰路沿线。可分为六类：

(1) 以货车停车、物流信息交易、物流配套工具为主营业务的大型停车场。

(2) 以仓储、第三方物流、分拨为主营业务的仓储中心。

(3) 以分拨、自营快线运输、仓储为主营业务的大型物流中心。

(4) 以分拨、外包快线运输为主营业务的大型物流中心（B 型）。

(5) 以分拨、仓储、零单、专线运输为主营业务的中型物流中心（A 型）。

(6) 以分拨、专线运营、零单快运为主营业务的小型物流企业。

其总体规模如表 6-1 所示。

表 6-1　宁波江北区货运物流配送企业现状规模

企业类型	企业数量	日发送货物（万吨）	停车场面积/堆场（亩）	仓库/建筑面积（万平方米）
以货车停车、物流信息交易、物流配套工具为主营业务的大型停车场	7	—	234.9	—
以仓储、第三方物流、分拨为主营业务的仓储中心	6	—	155.3	7.88
以分拨、自营快线运输、仓储为主营业务的大型物流中心（A 型）	2	0.29	70.2	2.17

企业类型	企业数量	日发送货物（万吨）	停车场面积/堆场（亩）	仓库/建筑面积（万平方米）
以分拨、外包快线运输为主营业务的大型物流中心（B型）	6	1.20	188.9	11.48
以分拨、仓储、零单专线运输为主营业务的中型物流中心	5	0.21	143.3	1.71
以分拨、专线运营、零单快运为主营业务的小型物流企业	19	0.16	147	—
合计	45	1.86	939.6	23.24

第三节　宁波城市物流配送的发展趋势

一、宁波城市物流配送面临的机遇

1. 国家政策对发展城市配送的支持

近几年，国内与城市配送相关的一些矛盾非常突出，主要表现在：一是城市配送功能与城市其他功能之间争夺资源。二是城市配送运营中一些内部矛盾的凸显。三是政府如何处理满足居民消费与城市管理的冲突问题。本质上看，城市配送的问题是城市化进程中必然要面临的诸多问题之一，是由于城市低起点与高速度发展引起的体制、资源配置、城市功能、市场需求和政府管理等各种问题的综合体现。

在此背景下，2009年3月国务院出台的《物流业振兴规划》中，城市配送被列入九大工程。2010年，商务部确立了全国46个流通领域现代物流示范城市，确定"城市统一配送"作为中国一系列城市公共服务优先发展的主题，这是第一次确立以"城市统一配送"作为城市物流的发展导向。在这一发展机遇的前提下，国内城市物流配送发展的政策环境大为改善，同时，也为宁波市的城市物流配送发展提供了政策保障。

2. 宁波经济社会快速发展的需要

为居民生活、城市管理、商业贸易等提供高效的、优质的物流配送服务的城市物流配送系统，是城市的经济发展和社会和谐进步的有力支撑，这就使得一个规模合理、服务优良、技术先进的城市物流配送系统对于宁波市经济发展的必要性和重要性体现得日趋明显。

宁波周边地区城市化进程的加快、经济总量的扩张和人口规模的增大，对城市物流配送服务提出了更高的要求。城市化过程中需要大规模的原料与产品向城市高度集中，如果没有有效的城市物流配送系统，城市运转将会陷入瘫痪。从人口发展的角度来看，2010年宁波周边地区的人口数量为高桥镇9万人、集士港镇5.6万人、古林镇10.8万人、邱隘南区2.8万人、姜山镇10万人，至2020年规划人口为高桥镇10万人、集士港镇10万人、古林镇12万人、邱隘南区3.5万人、姜山镇18.1万人。作为卫星城镇，集士港镇人口发展速度最快。此外，各镇都加快了城市化进程的速度，高桥镇的城镇化水平达到27.8%、集士港镇66.7%、古林镇22.2%、邱隘镇84%、姜山镇47.37%。预计2020年达到高桥镇50%、集士港镇75%、古林镇35%、邱隘镇88.5%、姜山镇61.33%。由此可以看出，各乡镇都在大幅加快城镇化发展速度。面对如此巨大的人口增长，为了满足城市居民日常生活需要，对被城市化地区的城市物流配送系统提出了空前的要求。①

同时，宁波的工业也在迅猛发展。宁波已成为华东地区重要的先进制造业基地。累计培育61个"中国名牌产品"、297件中国驰名商标，实现名牌产品销售产值近3000亿元，是全国唯一连续三届荣膺"中国品牌之都"称号的城市。工业和经济的迅猛发展，同样对城市物流配送系统提出了更高的要求。

3. 宁波智慧城市发展的需要

根据《宁波市加快创建智慧城市行动纲要（2011~2015）》制定的目标：到2015年，宁波信息化水平要保持全国领先，智慧城市智慧应用体系、智慧产业基地、智慧基础设施和居民信息应用能力建设取得明显成效。建成一批智慧城市示范工程，智慧城市应用商业模式创建和标准化建设走在全国前列，力争在优势领域形成对智慧城市建设的引领能力，为建成智慧城市奠定基础。

在这一背景下，通过智慧物流软件的开发、重点物流园区智能化建设和业务平台建设，进一步提高宁波城市物流配送系统的智能化、网络化、自动化水平。推动城市物流配送企业从传统模式走向现代模式，从低端走向智慧，提高城市物流配送企业运作的信息化、标准化、智能化、专业化。推动物联网技术在城市物流配送领域的创新应用，初步实现物流配送过程的可视、可控和互联互通，推进物流配送企业运营模式的创新。

---

① 《宁波市鄞州区高桥镇城镇总体规划（2006~2020年）》，2008年；《宁波市鄞州区古林镇城镇总体规划（2006~2020年）》，2009年；《集士港卫星城总体规划（2010~2030年）》，2011年；《姜山镇国民经济和社会发展五年（2011~2015）规划纲要》，2011年。

二、宁波城市物流配送的发展趋势

1. 城市物流配送需求发展

随着宁波城市的快速发展，宁波城市物流配送也必然迎来一个快速发展的高峰期。2010 年全市物流总额达到 1.5 万亿元，年均增长 15.4%；物流业增加值达到 506.9 亿元，年均增长 17.4%；物流业增加值占地区生产总值比重为 9.9%，占服务业比重达到 24.6%。此外，社会物流总费用占 GDP 比重下降到 17.83%，与 2006 年水平相比，相当于年新增社会经济效益 75 亿元。初步形成以港口物流为龙头，制造业物流、城乡配送物流、航空物流、专业物流等为配套的物流产业体系。作为国际化港口，2010 年宁波港域货物吞吐量达到 4.1 亿吨，集装箱吞吐量达到 1300 万 TEU，集装箱吞吐量排名跃居中国港口第三位，全球第六位。在宏观经济形势利好的大环境下，宁波物流配送需求必定稳速增长。以上数据表明，宁波的物流业务需求是巨大的。

2. 交通运输基础设施发展

在城市路网中快速路是城市道路网中等级最高的道路，为城市中、长距离的快速交通提供服务，是城市交通运输的主动脉。同时，也是支撑城市物流配送系统的主要基础设施之一。宁波市在《宁波市城市总体规划》中，基本确定了"三横四纵一沿海"的城市快速路网总体格局，但进展缓慢。目前主要成形的和在建的主要有东外环路、机场路快速干道、甬金高速连接线、北外环路、环城南路、鄞州大道 6 条快速路，形成短期内"三横三纵"的布局。通过快速路网的保障和支撑，既加强了宁波市区与市郊的物流配送中心的交通可达性，又加强了宁波内部与城市周边的货运停车设施的交通联系。①

此外，停车设施的建设对城市物流配送体系同样具有重大的影响。根据宁波货运停车设施规划的布局，城市北面主要形成"一主三辅"的货运停车设施，其中一主为陆港物流中心，三辅分别为城西港辅助停车场、高桥辅助停车场和镇海辅助停车场。城市南面形成"一主两辅"的货运停车设施，其中"一主"为空港物流园区，"两辅"分别为宁南（奉化）物流中心和宁波（丁家山）城市商业物流集中配送交易中心。

3. 城市物流园区布局前景

物流配送中心、物流园区的建设对城市物流配送体系的发展起着决定性的作用。宁波城市物流园区规划主要以五大物流园区为主。五大物流园区分别为宁波北仑现代国际物流园区、宁波机场物流园区、宁波空港物流园区、宁波保税物流园区、宁波铁路货运北站陆港物流园区。其中，宁波陆港物流园区由于

---

① 《宁波市"十二五"综合交通规划》，2011 年。

其紧邻铁路北站，地理位置优越，更为受到关注。

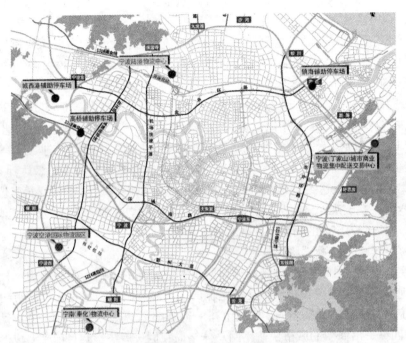

图 6-1　宁波货运停车设施规划布局

宁波陆港物流园区的发展目标是：充分发挥区位、交通、市场等优势，建成集公铁运输、生产服务和商业配送于一体的现代化综合服务型物流中心。其园区内部，一是规划建设货运交易中心与省际公路物流功能区、城市配送和第三方物流功能区、物流企业总部基地功能区、商贸物流功能区，配套建设高端专业市场和核心商务区和综合商务功能区。二是加强招商引资，重点引进国际知名供应链服务商和第三方物流服务商，限制以低档次专线运输等传统方式为主要服务模式的中小物流企业。三是利用综合功能区商流、物流、信息流、资金流等多流交会集聚的优势，配置适量的商务与商业设施，提升物流中心综合服务功能和区域价值。

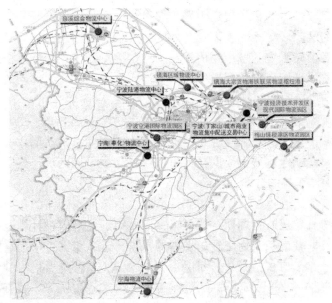

图6-2　宁波"十二五"重点物流园区规划布局

第四节　宁波城市物流配送体系的构建

一、宁波城市物流配送体系构建的总体思路

1.规划合理的配送网络

宁波城市物流配送路网现状主要是以"两横三纵"的主干路网为主要的物流配送通道，其中两横是指环城南路和北外环这两条路，三纵是指甬金高速连接线、机场路和世纪大道这三条路。宁波市区内部的物流配送通道以几条快速路、主干路为主干，主要有鄞县大道、鄞州大道、环城西路、环城北路、人民路、兴宁路、通途路、联丰路等。随着宁波城市的飞速发展，物流配送通道的交通压力也越来越大，面临的运输形势也越来越严峻。

城市物流配送体系构建通常都是以城市路网为主要载体，形成城市物流配送通道网络。同时，以物流配送中心、物流园区为依托，通过构建具有合理规模、优良服务、先进技术的网络，为居民生活、城市管理、商业贸易等提供高效的、优质的物流配送服务，从而实现城市物流配送的快速化、专用化，经营方式的规模化、集约化、多样化。物流配送通道与一般的货运道路有所不同，城市物流配送通道主要是指连接主要的城市物流配送中心、物流园区、物流中心、交通枢纽场站等的货运快速道路。城市物流配送通道网络是连接城市物流配送中心、物流园区等之间，以及与外部的铁路、公路、水运、航空等货运站场之间的货运道路系统。城市物流配送通道网络规划主要是构建快速畅通的货运道路系统，保证城市物流配送中心、物流园区等各功能区之间的各项功能正常运行，达到货运通畅的目的。

城市物流配送通道网络构建的重点是城市物流配送中心、物流园区向终端客户配送的城市短途配送快速通道建设。作为配送体系中"最后一公里"这一环节，城市短途配送通道主要依托城市快速路和主干道网络，其实质是配送车辆的通行权和停车权的分配和保障。

城市物流配送道路网络规划主要是指城市物流配送网络的布局与配送点的设置。城市物流配送道路规划一般要求参照城市道路规划设计规范和道路交通管理要求，根据城市未来物流配送发展的需求，进一步完善市区路网，打通断头路、改造道路卡口、建设过江通道、开辟货运通道等，如宁波打通沧海路、通途路等断头路，改造兴宁路沿线道路卡扣、拓宽解放桥等。城市物流配送路网应形成由主到次的不同层次，如宁波城市物流配送路网应主要以城市快速配送通道（如机场快速干道等）、主要配送通道（如通途路等）、一般配送通道（如福明路等）构成。城市快速配送通道是指连接城市物流配送中心与配送点，或连接配送点与终端用户，设计时速在 80 公里/小时以上的配送道路；主要配送通道是指连接快速配送通道与终端用户或配送点，设计时速在 60 公里/小时以上的配送道路；一般配送通道是指连接终端用户，设计时速在 40 公里/小时以上的配送道路。配送点设置同样也是城市物流配送不可缺失的内容。一般在最接近需求点的附近应设置配送点，这样有利于提高城市物流配送的服务水平，减少物流配送对城市交通的影响，提高配送的效率。专用配送点一般位于大型商业设施、集中办公区和集中居住区附近，其停放条件和交通条件较好。而临时配送点的停放条件和交通条件一般，但有实际需求，配送车辆在该处的停放时间一般不应超过 1 小时。

2. 成熟的物流配送主体

目前，宁波城市物流配送从总体能力上有了一定的改善，特别是在需求较大的商业领域，如大型连锁企业、大卖场等新型商业业态中得到了长足的发展。同时，一些机制灵活、经营规范的第三方物流配送企业也得到了迅速的发展。一些初具规模、知名度较高的连锁企业，如国美电器有限公司等，其配送中心已初步建立了较完整的体系，并正发挥着积极的作用，配送商品比例甚至已经超过企业经营品种的 50%。同时，本土的物流企业和大型零售连锁企业正在积极地探索和尝试开展社会化物流配送服务，有的企业已经开始建立自己的物流配送中心。此外，外资物流企业在城市物流配送服务领域的发展也在快速展开，为城市各类工商企业提供物流配送服务。由此可以看出，宁波城市物流配送主体仍主要以大型企业自身和中小型物流企业为主。而中小型物流企业大多处在传统储运企业的转型、配送中心的建设、连锁经营的发展的初级阶段。加快城市物流配送主体的培育是现阶段的主要任务之一，可通过大量引进国际快递公司的同时积极培育本地龙头物流企业、整合现有资源的多层次结合，促使城市物流配送服务主体的快速发展。

3. 完善的物流配送管理体系

城市物流配送管理体系是城市物流配送快速发展的软环境，要形成一个完善的物流配送管理体系需要多方面的支持和努力。

首先，需要政府部门的积极引导。政府要围绕整合资源、合理规划、严格资质、协调发展的思路积极引导城市物流配送行业的发展，同时召集交通、公安、经贸委等部门共同研究制定相关的政府规范性文件，将城市物流配送行业的发展纳入法制化、规范化、标准化的发展轨道。

其次，需要严把城市物流配送市场准入关。可根据交通部《货运企业经营资质管理规定》的要求，由交通部门制订城市物流配送企业的开业标准。同时，对配送市场进行调研，根据市场变化情况确定年度运力投放额度，在保证市场需求的前提下适度发展，避免运力盲目投放。整合现有车辆、站场、仓库等运输资源，最大限度地减少资源浪费。对从事城市物流配送车辆的选型方面，应确定适合城市运输需求的安全环保型厢式货车。①

最后，需要加强市场监管。在严格城市物流配送市场准入的同时要加强事后管理、强化监督。一方面，管理部门要建立一整套综合考核、考评的制度，并将考评结果与企业的年度审验、运力投放等相结合。另一方面，要促进物流配送企业完善内部管理，提高服务质量。对城市物流配送企业及车辆实行统一外观标识，统一喷印监督电话，充分发挥用户和社会的监督作用。

4. 先进的物流配送技术应用

城市物流配送系统的构建离不开物流高新科技的支撑。在城市物流配送过程中通过物流仓储自动化技术、物流标准化技术、物流信息化技术的应用，才能够实现物流运输配送过程的实时追踪服务和全程管理，进而真正发挥物流配送的优势。

首先，通过物流自动化技术，实现城市物流配送快速化。主要是指城市物流配送的作业速度加快，包括备货作业快速化、分拣及配货作业快速化、装卸作业快速化和送达服务快速化等。物流配送体系内部运作的快速化的目的在于缩短订单处理时间以及进行配送主要作业的时间，它不仅是一个环节的加快，

---

① 于傑：《关于城市配送的立法思考》，《中国物流采购》2008 年第 9 期，第 16~20 页。

而且是整个城市物流配送系统的加快。

其次，通过物流信息化技术，实现城市物流配送信息电子化。城市物流配送信息和运输、仓储等环节都有密切的关系，在城市物流配送活动中起着神经系统的作用。加强物流配送信息的管理能使得城市物流配送系统成为一个有机的整体，而不是各个环节孤立活动。在城市物流配送活动中，不仅要对各项生产活动进行计划预测、动态分析，还要及时提供物流费用、生产情况、市场动态、相关政策等信息。

最后，通过物流标准化技术，实现配送运作规范化。根据现代化城市物流配送的要求，必须对城市物流配送作业流程和具体配送作业进行规范，并确立作业检查、评估标准，按此标准进行具体运作组织及管理，以提高城市物流配送作业质量、降低配送作业成本和损失的过程。它是提高城市物流配送服务水平的必要条件。城市物流配送运作规范化主要体现在：城市物流配送企业的规范化、市场化和城市物流配送运作流程的规范化。[①]

二、宁波城市配送通道子系统构建

1. 宁波城市配送通道子系统构建和发展的主要思路

宁波城市配送系统的基础交通设施供给仍然不足，交通网络还很不完善，必须进一步完善基础交通设施网络布局，提升路网整体结构水平，扩展网络覆盖范围，提高通达深度与连通度。完善路网结构、加强交通组织管理。以城市快速路为骨架、城市货运主干通道为基础、城市支路网为联络线的快速配送通道体系。

2. 城市路网体系

目前，宁波市正在加快城市道路路网建设，全面形成"一环六射"高速公路网络和"八横五纵三沿海"干线公路，加快打通城区断头路，实现城区道路网格化。道路网络的完善成为建设城市物流配送系统的主要支撑。

宁波城市道路网络发展的"瓶颈"主要分布在 4 个区域内。一是贯穿城区南部的杭甬高速和铁路线，将城区一分为二，使得宁波核心区与鄞州新城区之间的衔接通道建设尤为困难。这一"瓶颈"严重阻碍了宁波南翼的城市物流配送通道的进一步发展。其道路卡口节点主要位于鄞州新城区，鄞州区作为宁波城市经济快速发展的重点区域，对城市物流配送需求的增幅较大。二是鄞西地区的古林、高桥和集士港镇与宁波核心区之间的衔接通道建设，受杭甬高速、机场高架路的影响，对物流配送道路网络产生一定的阻隔。三是鄞东地区的下应和邱隘镇，由于甬台温高速的影响，物流配送网络的发展也存在较大问题。

---

① 王甫：《城市配送的关键信息技术研究》，《价值工程》2011 年第 2 期，第 21~22 页。

图6-3　宁波市路网规划

四是鄞南地区的姜山镇，受绕城高速的影响，也存在类似的问题。

（1）鄞州新城区与宁波核心区的衔接。针对这一现状，根据"十二五"期间鄞州新城区路网建设规划，鄞州新城区全面推进快速路、主干路、次干路、支路的多层次路网建设。在鄞州新城区内将形成"两横三纵"的快速路网体系，其中"两横"为环城南路和鄞州大道，"三纵"分别为机场快速干道、广德湖路和同三高速改造道路。鄞州大道快速路西接绕城高速，东至象山港高速连接线，是贯穿鄞州新城区东西的重要交通干道；广德湖快速路北接解放南路，南接同三高速公路姜山出口，连接宁波市区与鄞州新城区，是鄞州新城区最中心的南北大动脉。

鄞州区的主干路系统中，已经形成了"六横八纵"的主干路网结构，成为新城区内部的骨架路网，其中"六横"为永达路、四明路、鄞县大道、首南路、茶桃路和纬四路，"八纵"为雅戈尔大道、宁南路、天童路、钱湖路、福明路、宁南路、金达路和福庆路。永达路现状为中兴南路至现代商城段已按规划断面实施到位，江东南路至中兴路段现状为支路（桃源街、永达西路）。永达路向西延至中兴南路，向东延至沧海路。永达路贯通后将成为贯通海曙、新城区的东西通道，增加了海曙区至鄞州新城区、海曙区至东部新城的线路。四明路现已建成了百梁北路至凤起路段，建议四明路向西延伸至机场快速干道往东延伸至金源路，促进鄞州周边与鄞州新城区的联系。首南路现状为已建成了宁南南路至金峨路段，建议首南路往西延伸与万兴路相接，同时建议往东延伸与东钱湖大道相接，可直至东钱湖。首南路打通后将成为连接鄞州内部的主要干道，促进下应片区的整体开发。茶桃路西起三星路东至宁横路，成为新城区东西走向的主干道。纬四路西至34省道东至宁横路，成为南部商务区及鄞州大道以南区块与朝阳出口连接的最便捷的道路。金达路状作为新城区的东部边界，已建成北斗路至鄞县大道段，建议往北延伸至兴宁路，与海宴路相接；往南延伸至福庆路，与新宁横公路相接，形成连接东部新城与鄞州创投中心的主要干道。福明路南延工程北起环城南路，南至长寿路，建成后将与创新路相连，彻底打通现在的断头路，有力地拉近新城区与江东的关系。福庆路已全面开工建设，往南将与鄞州大道相连并连接绕城高速云龙出口，往北则与"十二五"期间将建的院士桥相接，跨甬江而与明海大道相连，直至镇海新城，将成为宁波市连通南北的主要干道。

鄞州区的次干路系统中大致分为"五横八纵"，"五横"是嵩江路、董山路、惠风路、日丽路、泰康路；"八纵"是石泉路、雅源路、明光路、蝶缘路、前河北路、桑田路、下应路、金谷路。日丽路西延至百梁路，东延至福庆路；惠风西路东延至百梁路；董山中路东延至创新路，将嵩江东路的宁横路—凤起路段打通。董山中路以及嵩江路这两条断头路的打通有利于鄞州新城区内部的连接。金谷南路南延至日丽东路东延段；前河南路南延至鄞州大道；桑田路南延至长寿路；下应北路南延至鄞州大道；蝶缘路南延至鄞州大道。桑田路南延，前河南路南延都有利于促进老三区与鄞州新城区之间的紧密连接。次干路的改建有利于缓解新城区内部的交通压力。

鄞州区的支路系统中，各支路的改建以及新建缓解了鄞州内部的交通。长寿东路西延至桑田路；万顺路北延至鄞县大道；万金路北延至鄞县大道；万达路新建自石泉路到万金路；泰安路贯通百梁路止于学士路；它山堰路北延至鄞县大道；百梁北路南延至鄞州大道。

图6-4　宁波市鄞州新城区与宁波老三区衔接通道规划

（2）鄞西地区与宁波核心区的衔接。鄞西片由于涉及三个乡镇，城市道路路网布局较为复杂。结合通途路、环城南路西延甬金高速连接线建设，以及既有的鄞县大道—横少线，鄞西片区可形成"八纵十横"的路网体系。"八纵"包括薛家南路、庙洪路—阳光路、学院路、凌漕路、梁祝路、甬金高速连接线、古集路、横古路；"十横"包括通途路、甬梁线、望童路、望童线—梁祝路（至蓝天路）、春华路—联丰中路、学院路（至气象）、环城南路西延、四明路、云林中路、鄞州大道—横少线（鄞县大道）。

其中，通途路、环城南路、机场路、甬金高速连接线4条线路在规划施工中。此次通途路西延，起到承接海曙区与鄞州区横向的连接作用。环城南路自与世纪大道的交叉口开始，断于与机场路相交处，此次西延便由断处向西拓展，规划西延到薛家南路，加强了鄞西内部与市中心的联系。机场路从宁波栎社机场开始纵贯鄞州区，止于环城西路。规划中机场路将打通环城西路与江北大道。甬金高速连接线起于甬金高速，连接至横少线，此次在建将甬金高速连接线横跨鄞西地区，连接片区内部的交通。

连接鄞西地区与海曙区、江东区主要有两条线路，一是海曙区—中山西路—机场路；二是海曙区—柳汀街—联丰路—联集线。连接鄞西地区与江北区主要道路有江北区—风华路—环城北路—机场路。

图6-5　宁波市鄞西地区与宁波老三区衔接通道规划

（3）鄞东地区与宁波核心区的衔接。规划中的鄞东地区道路是"四横二纵"。"四横"分别是环城南路、北斗路、富强路和诚信路；"二纵"即盛莫路和盛梅路。其中北面有甬台温高速过境，东面以东外环为界。

环城南路是连接着宁波老三区与鄞东地区的一条重要道路。环城南路东接到东外环（在建），可使老三区和鄞东地区的居民到北仑等地。北斗路贯穿了二纵——盛莫路和盛梅路，连接着东外环（在建）和甬台温高速。北斗路在某种程度上间接地缓解了鄞东地区里下应街道和东钱湖地区的交通，缓解鄞东地区至老三区的交通。富强路和诚信路东接东外环，西面穿过东钱湖和下应街道可到达宁波老三区，尤其是诚信路。富强路和诚信路使得鄞东地区与其他地区衔接上。二纵——盛梅路和盛莫路，给鄞东地区带来的是更多的方便，贯穿其南北。两条道路都可以把鄞东地区与老三区衔接起来。规划路网中盛梅路和盛莫路上东西走向有多条，可通往宁波老三区和北仑，缓解了交通堵塞。

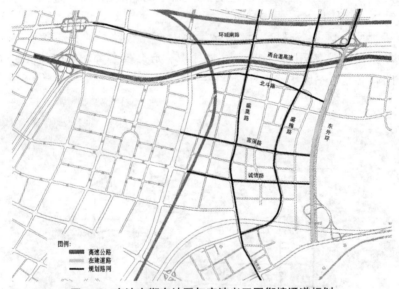

图6-6　宁波市鄞东地区与宁波老三区衔接通道规划

（4）鄞南地区与宁波核心区的衔接。鄞南片区由"三横三纵"的主干路构架与方格网式次干路和支路组成镇区路网结构。东西向主干路有明州大道、人民路西段、天童南路西段，南北向主干路有天童南路、环镇路、规划的市心路，即构成"三横三纵"。

明州大道东西向贯穿鄞州工业园区，连接姜山片区和洞桥片区，建成后对明州大道区域内的经济社会活动会起到集散与组织作用，主要承担起工业园区对外及镇乡组团之间的快速交通。可以连接园区的宁姜公路、明曙路、明光路、

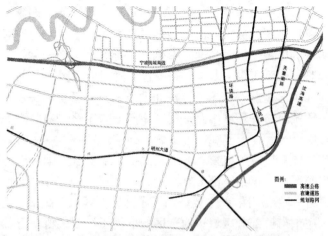

图 6-7　宁波市鄞南地区与鄞州新城区衔接通道规划

明辉路、明昌路等南北向道路。人民路、天童南路、环镇路拉近了鄞州中心区与鄞南的距离，把鄞州中心区与鄞南连接起来。路网建设主要注重加强与鄞州新城区和宁波核心区的联系，打通与鄞州中心区联系的三大出入口：天童路、宁姜路、环城高速公路连接线。

3. 城市货运交通组织

宁波市全面实施货运管制的"四禁"方案。该方案的中心区逆时针由北环东路—北环西路—机场路（含在建段）—望春路—甬梁线—学院路—联集线—秋实路—鄞县大道—34 省道—鄞州大道—金峨路—宁横路—沧海路—环城南路—世纪大道—通途路—盛梅路—菁华路—聚贤路—甬江—329 国道等道路构成的封闭圈。

图 6-8　宁波市原货车"四禁"方案交通管制分布

2011 年，宁波市交通管理部门又重新讨论和提出了新"四禁"方案，扩大了禁货范围，将禁货区分成中心区和核心区两大块。中心区为逆时针由北环东路—北环西路—机场路—杭甬高速—奉化江—鄞州大道—金峨路—宁横路—沧海路—环城南路—东环南路—东环北路等道路构成的封闭圈。核心区为逆时针由通途路（含江东通途路—庆丰桥—江北西草马路—新马路—永丰桥—海曙永丰西路等）—环城西路—环城南路—中兴南路—兴宁路—福明路等道路构成的封闭圈。

新"四禁"方案与原"四禁"方案相比扩大了禁货范围，核心区白天全面禁货，实行夜间配送，仅给予部分客车货物运输权利。东部区域扩大至"北外环路—东外环路—环城南路"，主要增加了东部新城区域、高新区梅墟街道部分区域、镇海区庄市街道部分区域；西部区域取消了江北大桥—青林渡路—新星路的货车通道。由于东部区域调整为"北外环路—东外环路—环城南路"，且明州大桥已通车，故过境车辆可经东外环路绕行，所以新方案取消了常洪隧道的货车通道。

虽然新"四禁"可以缓解核心城区交通拥堵状况，改善宁波城市交通环境，区分生活性干道和交通性干道。但是与此同时对于城市物流配送的运行来说成了一个大问题，核心区白天全天禁货，意味着货车只能在晚上作业，这对城市物流配送中心来说是一项艰难的调整工作。按新"四禁"方案，城市物流配送将基本上转变为夜间配送方式，并且大量采用 0.75 吨以下的小型厢式货车进行作业。

图 6-9　宁波市新货车"四禁"方案交通管制分布

三、宁波城市配送基地子系统构建

1. 宁波城市配送基地子系统构建和发展的主要思路

借鉴国外大城市经验，结合宁波市城市规模不断扩大的发展特点，以宁波市五大物流园区为支撑，以信息化水平提升为手段，全面提高宁波城市物流配送能力。一方面，按城市发展规划，尽量减少市中心地区物流配送站场以及仓储设施布局，将城市物流配送站场以及物流仓储场地尽量布局在市区外围地区。另一方面，将物流园区与货运枢纽站场相结合，进行共同建设，防止形成两套系统和增加运输配送环节及成本。

2. 宁波市城市物流园区近期发展规划

宁波市近期城市物流配送中心布局规划主要强调三大城市物流配送基地建设，即宁波（丁家山）城市商业物流集中配送交易中心、宁南（奉化）物流中心，以及宁波陆港物流中心。

《宁波市现代物流"十二五"发展规划（初稿）》提出的为宁波城市配套的商业配送中心和物流园区共有3处。一是利用北仑小港原北仑化肥厂选址，丁家山互通立交以东、丁家山以西，规划建设总占地面积168亩、总建筑面积25万平方米的宁波（丁家山）城市商业物流集中配送交易中心，设置仓储区、商务服务区和停车服务区等功能区块，引进知名城市配送企业，建立城市配送信息和车辆服务中心，提供门到门配送服务。二是在奉化市江口街道方桥产业区内，绕城高速朝阳出口南端，机场路延伸线两侧，东至东江、南至儒江路、西至方港路、北至恒兴路，规划建设宁南（奉化）物流中心，总占地面积1500亩，先期启动350亩，以都市公共综合配送功能为主体，配套建设宁波名特优产品展销平台和生活性商贸物流市场，致力于打造宁波南部的特色商贸物流园。三是在江北骆费线以南、新铁路北站以北、机场快速路北延段以东区域内，规划建设宁波陆港物流中心，与新铁路北站相衔接，充分发挥区位、交通、市场等优势，建成为集公铁运输、生产服务和商业配送于一体的现代化综合服务型物流中心。江北区提出的规划总建设用地2380亩，上报后市政府初步决定将园区规模扩大到5000亩左右。目前，市政府已决定由宁波市交通投资有限公司出资80%、江北区政府出资20%组建宁波园区开发公司，负责园区规划、建设、运营、管理。

上述三个大型城市物流配送的规划建设，可为宁波市城区内部的大部分物流配送提供服务，市、区两级政府应全力推进，宁波核心区的物流配送压力将得到大幅缓解。

同时，应充分利用甬江北岸开发以及杭甬运河王家洋港区和城西港区建设契机，迁移甬江北岸的煤炭、建材、钢材、水产码头至上述两个地区。解决甬

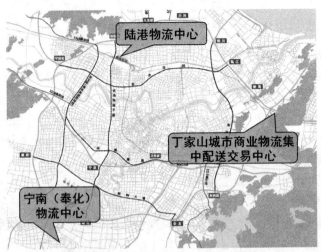

图6-10　宁波城市配送中心规划布局

江北岸配送通道缺少，货运通道拥堵等带来的一系列配送问题。江北的路林市场将成为宁波集中设置的大型水产交易市场，大世界水产市场、江东水产市场、鄞奉路淡水产市场也将搬至该市场。而路林市场自身的交通、区位等条件决定了必将产生与常洪停车场类似的新的配送困难和交通拥堵等问题，如调整其功能，将路林水产交易市场迁移至城市更外围的杭甬运河王家洋港区，该区域空间开阔，并可减少不必要的跨江交通，可以缓解路林市场周边的货运通道拥堵现状，尤其是常洪隧道和环城北路的配送通道阻塞问题，对交通等各方面影响都将更小。

　　此外，充分利用铁路北站搬迁以及宁波陆港物流中心建设契机，整合环城北路、倪家堰路、329国道、宁镇公路等区域传统的中小型物流企业、货运场站。与新铁路北站结合的宁波陆港物流中心规划了5000亩的用地规模，有较大空间接纳环城北路、倪家堰路、329国道、宁镇公路等区域传统物流企业。可以通过土地、规划、财税、货运交通管制等多方面手段，促进上述区域的功能调整，届时甬江北岸区域的物流配送通道，如环城北路、世纪大道等的混乱状况将得到根本的改变。

四、宁波城市配送技术子系统构建

1. 宁波城市配送技术子系统构建和发展的主要思路

　　宁波城市配送技术子系统构建和发展的主要思路以科技手段降低物流成本、实现高效高质的物流配送。通过对不同环节的调整以及优化，促进城市配送系统的完善，以不断发展的科学技术，来降低物流整体成本，达到整体最优化，实现高质量高效率的物流配送体系。

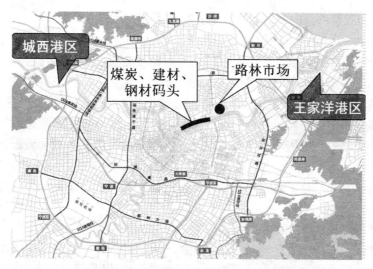

图6-11　宁波水产、建材等配送中心规划布局

2. RFID 物流配送跟踪管理系统

宁波城市物流配送的科技水平仍然较低。而现代化物流配送过程中的货物跟踪是整个体系中的一个重要环节，正是当前宁波城市物流配送公司所缺乏的。该环节的顺利实施离不开相关的跟踪技术。目前，货物跟踪系统主要是基于 RFID 的货物跟踪管理系统，通过 RFID 技术支撑的配送管理可以实现自动分拣、自动传输和自动化仓储，可以对中途运输实行在途监控，设定沿途监控点，对车次进行全方位跟踪，记录每个路段的信息。

从国外发展的经验来看，利用 RFID 技术，每秒钟可进行上千次的读取，可以快速高效率地进行货物的核查，这样物流配送企业就可以对货物进行快速的分拣配送，间接加快了货物的流散速度。通过对货物进行跟踪，可以全面提高物流配送企业的运作效率，增强物流配送企业的反应能力，降低成本，增强信息的透明度。此外，RFID 在管理方面为企业节约很大一部分成本，自动化的操作使得员工不用再亲自去操作繁杂的中间环节，既减少了精力的浪费，又提高了工作效率。在运输过程中进行实时实地追踪，结合区域交通状况，及时做出路线调整，不仅能整体把握在途运输时间减少误点的情况，也能对突发事件进行及时部署，及时抢救。

总体来说，在 RFID 技术逐渐普及应用之后，宁波城市物流配送企业的发展将会进入一个新的阶段，对发展智慧物流将起到极其重要的促进作用。另外，加上合理的制度体系，依靠不断引进先进的技术，通过物流配送企业自身不断改革，对于智慧物流的实现也具有重要的意义。①

3. 城市物流配送 GIS 系统

由于历史发展的原因，宁波市的交通运输设施建设与城市物流配送的发展需求并不能够相互适应，运输配送能力不能满足配送需求，主要货运通道供需矛盾依然突出。虽然，宁波目前正在大力建设快速路，促进物流的快速发展。但是路网整体不够完善，依然存在诸多问题，影响了城市物流配送的发展，如城市断头路较多、专用货运通道的缺乏等。鉴于这种情况，在物流配送系统中广泛引入 GIS 系统就显得尤为重要。GIS 系统可以间接或直接地解决这些问题，促进物流的发展，对于目前正在强力促进智慧物流发展的宁波来说，将是一件意义重大的事情。

对于现代物流配送服务来说，追求的是效率，需要能在最快的时间内满足客户的要求，因此在途运输时间是很大的一个制约因素。通过 GIS 系统自动设计出最佳行驶路线，可以根据客户的不同要求，快速做出反应，不仅可以减少在途运输时间，也可以避开那些高峰段拥堵的路段，减少不必要的交通冲突，促进货物的周转速率。在城市物流配送中，利用地理信息系统（GIS）和全球定位系统（GPS）可以实时显示出配送车辆的实际位置，对重要车辆和货物进行跟踪监控。此外，地面指挥调度中心对监测区内配送车辆的运行状况进行监测，对被监控车辆进行合理调度，也可以随时与被监控车辆进行通话，实行管理。

随着宁波城市的快速发展，城市物流配送的需求较大，无疑对城市道路建设提出了更高的要求。运用 GIS 系统可以尽量减少这部分的冲突，缓解城市交通堵塞，合理应用各类道路。通过在宁波城市物流配送中采用 GPS/GIS 技术可实现全市范围内配送车辆的动态实时调度、配送车辆的规范化管理、配送车辆技术状况的监测，并可建立完整准确的市区配送车辆查询系统。②

五、宁波城市配送模式优化

1. 宁波城市配送模式优化的建议

对于宁波城市物流配送，要建立和不断完善以城市物流配送中心和物流园区为核心的物流配送系统，积极发展第三方物流和城市统一配送组织方式，促进具有规模化的大型物流配送企业的发展，充分发挥政府的指导作用，由为单一货主配送为主的运送组织方式向城市统一配送的运送组织方式转变。③

2. 统一配送

2010 年 4 月，商务部提出将城市统一配送作为中国城市物流发展的主题，

---

① 陈珊珊：《基于 RFID 的物料跟踪管理系统研究》，《技术与市场》2009 年第 1 期，第 39~40 页。
② 蓝岚：《GIS 在现代城市物流配送中的应用》，《地理空间信息》2010 年第 8 期，第 93~95 页。
③ 廖伟、贺政纲：《城市物流配送体系构建》，《物流工程》2008 年第 10 期，第 93~94 页。

而此前国内一直采用共同配送作为城市配送发展的导向。城市统一配送的核心任务，是要克服不同层面的分散性带来的困难，即城市统一配送要解决的主要是不同层面上的分散性问题。

推进实施城市统一配送工作可分为两个部分：一是对影响城市统一配送的软环境要素进行改善。在不改变现有城市配送基本格局的前提下，从解决城市配送中急迫的问题入手，比如城市统一配送的政策、实施方法、规划、计划与组织等，着手改善城市配送的统一度。二是对影响城市统一配送的结构性问题寻求根本性解决的思路。比如城市配送物流节点的布局、商品的流向和渠道、城市统一配送组织的打造、城市配送市场机制中各个关联方的角色定位和联系等。

但是，城市统一配送政策的确定和实施涉及上千家商贸流通企业、数以万计的经营户和数量巨大的个体运输户的根本利益，各个利益群体对于城市统一配送的态度千差万别，想法各异，在制定城市统一配送政策时，必须综合考虑各方面的利益。

综上所述，城市统一配送是个极为复杂的大工程，它的实施有许多方面的困难，目前国内还没有成熟的经验可以借鉴，因此，实施城市统一配送时要谨慎行事。

3. 绿色配送

在当前国内大力提倡节能减排、低碳运输的大环境下，政府推动的城市物流配送系统建设更多的是在向绿色配送转变。绿色配送主要是指以降低对环境的污染、减少原料消耗为目标，利用先进物流配送技术，规划和实施的运输、存储和装卸等物流配送活动。

推动绿色配送可以从三个方面来考虑，分别是使用小排量汽车、近距离运输和夜间运输。

首先，小排量汽车最大的优点是节约能耗。小排量汽车是指百公里油耗在4~6升范围内。在城市物流配送的环节中，因为城市物流配送中心一般离市区较近，而且小排量汽车耗油少，排出的污染物总量相对少，这样只需采用较低成本的技术，就可较为容易地达到排放标准，达到节约资源的目的。所以在城市物流配送的过程中多以"绿色"的、小排量汽车为主要的运输工具，来达到绿色配送的目的。[①]

其次，一般的货物运送路程都会比较远，而汽车在运输过程中所造成的污染比较大，耗费能源比较高，所以，近距离运输就成为一种节能的运送方式。

① 吴茹：《关于构建金华市现代城市物流配送体系的探讨》，《中国证券期货》2011年第5期，第105~106页。

针对这一点就需要城市物流配送中心和物流园区的建设不能远离城市核心区域，多设置于城市周边较近的地区。这样，当货物通过城市物流配送中心，送至市区终端用户的过程中，一般运送距离较近，因此，也属于近距离运输的范畴。

最后，宁波的交通路网目前还不够完善，货运通道极易造成交通拥堵，货物的运输应尽量避免高峰时段。白天由于各交通线路比较繁忙，运输车辆会加重道路负担，同时也增加了运输时间，降低了运输效率。由于交通不便造成运输车辆的燃料无法完全燃烧，所排放的尾气，也给环境造成较大污染。而在夜间，车流量少，交通压力得到缓解，运输车辆能够快速有效地到达目的地，避免了交通拥堵所造成的时间浪费，提高了效率，大幅度地降低了污染，实现了绿色配送。此外，由于宁波市货运"四禁"方案的管制，配送车辆在白天较难抵达市区内终端用户的取货点，从这一角度来看，夜间运输也是城市物流配送过程中的首选方式。①

第五节　构建宁波城市物流配送体系的措施建议

一、加大相关政策扶持，促进物流配送行业快速发展

切实推进政府财政补贴扶持政策。为宁波城市物流配送企业提供仓租补贴、车辆补贴、信息平台建设补贴、税收减免等一系列优惠。从而降低宁波物流配送成本，提升企业竞争力。

对物流配送企业的道路通行进行政策性扶持。主要为过路过桥费的减免，支持对民生影响较大的物流配送企业的特许通行证申办，为宁波城市物流配送的准时性、迅捷性提供保障。

对宁波城市物流配送企业的车队建设进行扶持。提供购置车辆抵税的优惠条款、对于配送车辆的年检优待等。支持宁波城市物流配送企业大发展，通过增加企业总量规模，推进增量调整，提高物流配送的服务水平和质量，以更好地满足宁波市的经济社会发展需求。

二、加强政府部门对城市物流配送的协调与管理

市政府相关部门成立专门的城市物流配送研究机构——市物流配送研究中心。中心成立的首要目的是使城市物流配送在规划、建设和管理等方面更具有

---

① 冯浩：《完善城市配送车辆交通管理的若干思考》，《综合运输》2008 年第 10 期，第 38~41 页。

系统性和科学性。中心的主要任务是：专门协调、统筹规划物流配送体系建设；监督行业协会管理职能的发挥；开展仓储设施、配送车队的整顿；引导物流配送企业进入物流基地；推动电子商务下的配送市场建设；定期或不定期地开展城市物流配送发展的专题研究，发挥组织外和非正式组织的专家咨询顾问作用，完善专家咨询顾问制度。

三、完善城市物流配送相关基础设施建设

政府投资补贴基础设施建设。加快物流配送基础设施的更新改造，提升运输装备的现代化水平。在充分发挥现有交通设施功能的基础上，继续加快宁波城市物流配送基地建设。同时，在物流配送基地建设用地上给予调剂，减少收费，改造老工业厂区。

四、强化规划、组织实施，推动城市物流配送实质性发展

高度重视宁波城市五大物流园区规划。切实保证规划的执行，坚决维护规划的严肃性，充分发挥规划配置资源的导向作用，严格按规划推进各类物流配送重大项目建设。培养物流配送专业技术人才，重点孵化宁波本土物流配送品牌企业。

城市物流配送与城市的经济发展密切相关，与整个城市居民的生活密不可分。城市物流配送的发展水平一定程度上体现了城市政府的现代化意识。城市物流配送体系建设的工作量大、难度高、涉及部门众多，较难协调好各部门的利害关系。因此建议将城市物流配送体系建设工作纳入区政府及有关部门的日常管理，成立专门的协调小组，协调解决体系建设与管理过程中的重大问题，统筹考虑城市物流配送系统整体效益的提高，并保证规划、交通、交警大队等相关部门的良好协作。建立目标责任制，将各项目标和任务分解落实有关部门，建立考核机制，定期进行考核、评比和表彰，以促成目标的顺利实施，使城市经济的发展具有良好的城市物流配送环境。

第七章 公共智慧物流信息平台建设与发展策略

第一节 智慧物流含义解析

一、"智慧物流"概念的提出

1. IBM 的智慧供应链

"智慧物流"的概念来自于 IBM 提出的"智慧地球"设想。2008 年，IBM 在美国纽约召开的外国关系理事会上以题为《智慧地球：下一代领导人议程》的演讲报告，正式提出"智慧地球"的概念。2009 年 1 月 28 日，美国工商业领袖举行了一次"圆桌会议"，IBM 首席执行官彭明盛（Sam Palmisano）在会上阐述了"智慧地球"的短期与长期战略意义，给奥巴马政府提出了投资建设下一代智慧型基础设施的建议。奥巴马肯定了"智慧地球"的思路，并将"智慧地球"上升为美国的国家战略。2009 年 2 月 24 日，IBM 在中国发布了《智慧地球 赢在中国》的报告，认为"智慧地球"这一概念可以推动中国经济转型。

IBM 提出的"智慧地球"的主要思想是把感应器嵌入到电网、交通设施、房屋建筑、油气管道、运输车辆等各种物品中，基于此通过网络传输设备将这些物品连接起来，形成"物联网"，并通过超级计算机和云计算将"物联网"整合起来，让人类可以更加精细和动态地管理生产和生活，并认为这就是"智慧"状态。IBM 认为，中国首先需要用"智慧"思想来武装的包括医疗、电力、交通、物流、银行等行业或领域，由此衍生出智慧医疗、智慧交通、智慧电力、智慧供应链（智慧物流）、智慧城市、智慧银行等众多新概念。

智慧供应链（Smart Supply Chain）是 IBM 重点关注的应用领域之一。2009

年，IBM 发布了一份名为《未来的智慧供应链》的报告，① 阐述了供应链必须智慧化的原因及未来社会中智慧的供应链应该如何构建等问题。

该报告首先应用了 IBM 在对金融危机中北美、西欧和亚太地区的 400 余位供应链高管的调查结果来说明供应链必须要智慧化的原因。IBM 对供应链高管的调查发现，当前和未来供应链面临的挑战主要来自于 5 个方面，分别是：①成本控制：持续的快速变革使得这一传统优势不再突出，供应链主管也不得不全力应对。②可视性：信息量大增，供应链主管必须寻找并利用合适的信息做出判断，采取行动。③风险管理：并不仅仅只是首席财务官们关注风险，风险管理已成为供应链管理的首要任务。④客户需求：尽管客户需求是公司发展的原动力，可公司与供应商的联系远比客户更紧密。⑤全球化：与最初的设想不同，全球化更能推动企业增加收入，而不仅仅是预想中的节省成本。

基于上述五个方面的挑战以及越来越复杂、越来越不确定、变化越来越快的竞争环境，按照"高效、需求驱动、整合优化"等原则设计的供应链已经不能很好地解决这些问题，而供应链的智慧化成为解决这些问题的必由之路。

那么，IBM 是如何定义"智慧供应链"的？根据 IBM 的报告，未来的智慧供应链应具备如下 3 个关键特性：②

先进（Instrumented）：供应链应该有遍布各地的数据收集网络提供实时、可视的信息支撑，先前由人工填写的信息将逐步由机器生成——信息来自传感器、RFID 标签、仪表、执行器、GPS 等自动化设备。在可视性方面，供应链不仅可以"预测"更多事件，还能见证事件发生时的状况。由于像集装箱、货车、产品和部件之类的对象都可以自行报告，供应链不再像过去那样完全依赖人工来完成跟踪和监控工作。设备上的仪表板（也许尚未研发出来）将显示计划、承诺、供应源、预计库存和消费者需求的实时状态信息。库存可以自动盘点，集装箱可以自行检测其内部的货物，托盘被放在错误位置时会自动报告。

互连（Interconnected）：应该对供应链上下游各信息系统之间进行整合，整合不仅包括贸易伙伴，还应涵盖各个部件、产品和其他用于监控供应链的智能工具（从底层到最高层）。智慧的供应链将实现前所未有的交互能力，一般情况下，不仅可以与客户、供应商和 IT 系统实现交互，而且还可以对正在监控的对象，甚至是在供应链中流动的对象之间实现交互。这样紧密相连就能使全球供应链网络协同规划和决策。

智能（Intelligent）：为协助管理者进行交易评估，智能系统将衡量各种约束

① IBM Corporation.The Smarter Supply Chain of the Future Somers，NY：IBM Global Business Services，2009.

② IBM Corporation.The Smarter Supply Chain of the Future Somers，NY：IBM Global Business Services，2010.

和选择条件，这样决策者便可模拟各种行动过程。智慧的供应链还可以自主学习，无须人工干预就可以自行做出某些决策。例如，当异常事件发生时，它可以重新配置供应链网络；它可以通过虚拟交换以获得相应权限，进而根据需要使用诸如生产设备、配送设施和运输船队等有形资产。使用这种智能不仅可以进行实时决策，而且还可以预测未来的情况。通过利用尖端的建模和模拟技术，智慧的供应链将从过去的"感应—响应"模式转变为"预测—执行"模式。

为了更清楚地描述 IBM 设想中的"智慧供应链"，基于上述三个关键组成部分，IBM 还更具体地描述了在供应链决策的各个领域这三个组成部分的具体应用，如表 7-1 所示。[①]

表 7-1　未来智慧供应链的组成

		智慧供应链的组成部分		
		先进	互连	智能
供应链管理能力的领域划分	战略	• 可视化和绩效管理 • 供应链优化和透明 • 客户需求数据的传递和仿真	• 与合作伙伴的业务和供应链战略协同 • 整合的可持续性战略 • 随市场需求波动的可变成本结构	• 从成本到服务的分类分析 • 经过深入分析持续地降低供应链成本 • 风险影响分析
	计划	• 实时需求管理与库存优化 • 库存实时的可视性 • 早期预警检测：供求的同步性	• 制订合作计划并执行 • 财务和运营分析的整合 • 整合 S&OP 与外部指标	• S&OE（销售与运营执行） • 根据风险调整库存并进行优化 • 具有优化决策支持的网络化 S&OP
	生命周期管理	• 预测分析与仿真设计技术 • 嵌入式系统 • 用于预防性维护的传感器	• 与客户和合作伙伴进行合作开发和工程设计 • 通过客户的意见推动品牌知名度 • 知识共享以达到持续的改进	• 新产品开发创新和分析 • 整个生命周期始终考虑可持续性和"绿色" • 模型驱动的系统工程
	溯源与采购	• 风险与合规性传感器及建模 • 主动和实时的供应网络事件监控 • 全球寻源与进口物流KPI 及检测	• 多级供应的实时可视性 • 合同管理与战略采购 • 利用全球网络进行外包，以实现风险共担，并创造多元结构	• 预测性购销分析 • 可持续的采购活动 • 智能化支出分析

---

① IBM Corporation. The Smarter Supply Chain of the Future Somers, NY：IBM Global Business Services，2010.

		智慧供应链的组成部分		
		先进	互连	智能
供应链管理能力的领域划分	运营	• 优化的库存控制与事件检测 • 在监控碳、水和废物生产过程中使用感应器与执行器 • 运营风险管理与控制的可视化	• 针对制造、供应、使用和再利用的网络化设计 • 与合作伙伴 KPI 相关的贸易条款管理 • 受需求驱动的生产和延期	• 管理资本支出的供应链模型 • 灾难响应模型 • 评估灵活性因素（服务水平、成本、时间和质量）的模拟模型
	资产管理	• 总成本管理仪表板 • 环境的可持续性资产监控 • 全面的可能性风险评估	• 整合的资产和资源管理 • 地理信息系统 • 动态和可变资产成本结构	• 所有权成本分析 • 税收及合规性建模 • 资产的主动重调配/重配置/剥离
	物流	• 事件驱动的物流预警 • 优化网络的实时传感器 • 从物流伙伴处获取可用网络和自动提供数据的便捷性	• 针对物流提供商的实时可视化 • 网络化整合可变的应急计划和政策 • 灵活的物流网络	• 碳足迹管理 • 数据驱动的逆向物流 • 网络与分销策略分析及建模
	企业管理系统	• 监控与实时检测和警报 • 库存优化 • ERP 到 MES 的整合	• 合作平台：客户、提供商、供应商 • ERP 到 ERP 的整合 • 企业与网络性能管理	• 业务智能化与整合分析 • 针对事件的预测分析与高级分析 • 与培训和变革管理活动相关的 KPI 趋势

2. "智慧物流"概念的提出

IBM 提出"智慧地球"概念并获得奥巴马政府支持并上升为美国国家战略后，这一概念连同其关键支撑——"物联网"的概念迅速在全球传播，并得到了广泛的认可。除了美国，欧盟、日本和韩国等国家和地区也纷纷出台了物联网相关发展战略计划。我国对物联网的发展也极为重视，2009 年 8 月 7 日，国务院总理温家宝在无锡提出了"感知中国"的理念，表示要抓住机遇，大力发展物联网技术。同年 11 月 3 日，温家宝总理再次指示要着力突破传感网、物联网关键技术。2010 年，物联网被写进总理的《政府工作报告》，正式被提升为国家战略和国家重点支持的产业之一。

在物联网广泛的应用领域中，物流业被认为是物联网技术成熟度和应用成熟度较高、政策扶持力度大、市场容量大的应用领域，可以作为发展物联网技术的先行领域。不仅物联网技术部门认识到了这一点，物流产业部门也认识到了这一点，技术界和产业界均对如何将物联网等先进技术恰当地应用到物流业中展开了积极的探讨。

2009 年 10 月，中国物流技术协会信息中心、华夏物联网、《物流技术与应用》编辑部联合提出了"智慧物流"的概念。然而，这几个机构在提出智慧物流概念时并未对"智慧物流"进行明确的定义。

这3个机构有一个共同的核心人物就是王继祥，他同时任职于3家机构，是现任中国物流技术协会副理事长、华夏物联网研究中心主任和《物流技术与应用》杂志常务副主编。从媒体对智慧物流的相关报道来看，对王继祥相关文章的转载和对其本人的采访占据了重要部分。王继祥在《物联网发展推动中国智慧物流变革》的文章中对物联网的本质进行了剖析，认为物联网是现代信息技术发展到一定阶段后出现的一种聚合性应用与技术提升，将各种感知技术、现代网络技术和人工智能与自动化技术聚合与集成应用，使人与物智慧对话，创造一个智慧的世界。[①]文章未对"智慧物流"进行直接的定义，但从文章的观点来看，作者认为智慧物流应该是基于物联网的，即将物联网技术与模式应用于物流中就是智慧物流。

到目前为止，国内对智慧物流的探讨还处于起步阶段，虽然从2010年开始已逐渐有学者开始研究智慧物流建设的相关问题，但还是以尝试性、探讨性的文章为主，到目前为止还没有提出对智慧物流的明确定义。

为了更好地认识智慧物流，有必要将其和智能物流与物流信息化这两个相近的概念进行对比，下面就智慧物流与智能物流、智慧物流与物流信息化分别展开辨析。

二、智慧物流与智能物流

1. 国内学者对于"智能物流"含义的探讨

在"智慧物流"概念提出来以前，国内已经有了"智能物流"的概念，且已有学者围绕智能物流开展过相关研究，这里着重探讨国内学者对"智能物流"含义的阐述与理解。

申金升和关伟[②]（2001）等在国内最早提出了基于智能交通（ITS）和电子商务的智能物流系统（Intelligent Logistics System，ILS）概念。他们认为：智能物流系统是1个基于ITS系统的电子商务化运作的物流服务体系，它通过ITS系统解决物流作业的实时信息采集，并对采集的信息进行分析和处理，通过在各个物流环节中的信息传输，为货主提供详尽的信息和咨询。在电子商务的运营环境下，它为客户提供增值性的物流服务。申金升教授在其文章中还对智能物流系统能提供的增值性服务的含义和内容进行了分析，认为智能物流系统可

---

① 王继祥：《物联网发展推动中国智慧物流变革》，《物流技术与应用》2010年第6期，第30~35页。

② 申金升、关伟、高辉：《基于ITS和EC的智能物流系统》，《交通运输系统工程与信息》2001年第4期，第294~298页。

以简化手续、增加物流便利性，加快反应速度、降低服务成本，延伸物流服务内容。

周立新和刘琨[1]（2002）在关于智能物流运输系统的研究中，虽未明确给出"智能物流"的定义，但从其文章对智能物流和智能运输系统的阐述上来看，他们的观点与申金升等学者类似，认为智能物流是基于智能运输系统，同时集成了物流系统中其他管理模块（如订货、仓储、配送、财务管理等）的信息化管理平台。

闻学伟和汝宜红[2]（2002）在其文章中也对智能物流系统进行了定义：ILS是利用系统集成技术，使物流系统能模仿人的智能，具有思维、感知、学习、推理判断和自行解决物流经营问题的能力，从而使物流系统高效、安全地处理复杂问题，为客户提供方便、快捷的服务的物流系统。他们认为，智能物流系统是当物流经营管理处于复杂条件下的产物，在物流经营管理系统比较单一的条件下，高投资的智能技术使用只能大幅增加物流经营成本。智能物流系统需要智能技术的支持，但是不等同于智能技术在物流系统中的简单应用，智能物流系统应该具有思维、感知、学习、推理判断和自行解决问题的能力。

周光辉等[3]（2004）认为，智能物流系统能够解决流通行业的"数据监狱"现象，为各层成员实时地提供立体化、多视角、有渗透力的数据和具有预测性的、潜在的市场信息，使他们可以实时有效地进行日常事务操作、日常决策和战略决策，同时允许他们实时地监控流通过程中物流、信息流和业务流的流动；智能物流系统的目标是将企业所掌握的信息转换成竞争优势，提高企业决策能力、决策效力和决策的准确性。该系统主要包括销售管理、产品管理、库存管理、运输管理、生产与采购管理、客户服务、知识库管理等模块。

赵长东等[4]（2007）提出了基于智能运输系统（ITS）与电子商务（EC）的第三方智能物流系统的概念，并对该系统的结构进行了设计。他们指出第三方智能物流系统就是在电子商务环境下，运用ITS技术运作的第三方物流服务体系。顾客通过互联网下订单，电子系统对客户的订单进行格式化，运用电子数据交换技术（EDI）将订单发送给第三方物流服务提供商，由其将商品送达客户。在此物流过程中，综合应用ITS技术解决物流作业的实时信息采集问题，并对采集的信息进行分析处理，通过在各个物流环节中的信息传输，优化车辆

---

[1] 周立新、刘琨：《智能物流运输系统》，《同济大学学报》2002年第30卷第7期，第172~173页。

[2] 闻学伟、汝宜红：《智能物流系统设计与应用》，《交通运输系统工程与信息》2002年第2卷第1期，第16~19页。

[3] 周光辉、鲍立威：《面向供应链的智能物流管理系统设计》，《工业控制计算机》2004年第17卷第4期，第7~8页。

[4] 赵长东、徐双应、高洁：《第三方智能物流系统研究》，《中国储运》2007年第1期，第117~118页。

配载和调度，并为客户提供详尽的信息和咨询。

刘志硕[①]（2007）分析了智能物流的内涵和特点，指出智能物流系统是以信息运动为主线，综合运用现代物流技术、信息技术、自动化技术、系统集成技术，特别是人工智能技术，通过信息集成、物流全过程优化以及资源优化，将物流信息、物流活动、物流制品、物流资源以及物流规范有机集成并优化运行的实时、高效、合理的物流服务体系。它能够有效地提高企业的市场应变能力和竞争能力，为客户提供方便、快捷、及时、准确的服务。

北京邮电大学的李书芳教授在"2010 中国国际智能卡与 RFID 博览会暨第八届中国（北京）RFID 与物联网国际峰会"上就物联网和物流现代化的关系提出了自己的看法。他认为，智能物流是基于物联网的广泛应用基础上，利用先进的信息采集、信息处理、信息流通和信息管理技术，完成包括运输、仓储、配送、包装、装卸等多项基本活动的货物从供应者向需求者移动的整个过程，为供方提供最大化利润，为需方提供最佳服务，同时消耗最少的自然资源和社会资源，最大限度地保护好生态环境的整体智能社会物流管理体系。主要特征表现在多元化的数据采集、感知技术，泛指在网络支撑下的可靠传输技术和基于海量信息资源的智能决策、安全保障及管理技术。[②]

朱文和（2010）认为，要实现真正的集约化、智能化物流配送模式，就必须要实现供应链企业之间的信息分享和信息互动，而以物品状态信息作为流动主体的物联网技术，正是构建覆盖供应链全过程智能化物流配送的关键所在。通过物联网技术，能够实现供应链之间的信息无缝整合，状态即时沟通，动作即时协作，从而构建统一的物流配送服务信息平台，在该平台上提供供应链全过程的智能化配送服务模式。[③]

中国物流与采购联合会副会长戴定一于 2010 年先后两次发表文章阐述其对智能物流与物联网的理解。他认为，物联网时代的"智能"应该是基于网络的，或者说是依托"基于网络的集中式数据处理和服务中心（简称数据中心）"的，并认为这是物联网时代的智能化最重要的特征，目前务虚为主的物联网讨论涉及数据中心的建设就会务实。[④] 他也更新了之前认为"智能 = 信息化 + 自动化"的看法，认为该说法不足以展示"智能"的新发展。他强调物联网促进物流智能化物联网只是技术手段，目标是物流的智能化。[⑤]

① 刘志硕：《智能物流系统若干问题的探讨》，《铁路采购与物流》2007 年第 6 期，第 23~24 页。
② 李书芳：《物流现代化与应用物联网的关系》，2010 中国国际智能卡与 RFID 博览会暨第八届中国（北京）RFID 与物联网国际峰会论文，2010 年。
③ 朱文和：《基于物联网技术实现供应链全过程的智能化物流配送服务》，《物流技术》2010 年第 7 期，第 172~173 页。
④ 戴定一：《物联网与智能物流》，《中国物流与采购》2010 年第 8 期，第 34~36 页。
⑤ 戴定一：《物联网与智能物流》，《中国物流与采购》2010 年第 23 期，第 36~38 页。

2011 年初，赛迪顾问开发区咨询中心总经理龚发金对智能物流的含义提出了自己的看法，他认为智能物流是在现代物流的基础上，综合运用物联网、计算机、自动控制和智能决策等技术，由自动化设备和信息化系统独立完成包括订单、运输、仓储、配送等物流作业环节，实现可靠、经济、高效、环境友好的发展目标。据此，龚发金表达了其对智能物流的一些基本看法：①智能物流是在物联网、云计算、机器人、信息系统等先进技术的支持下发展起来的产业，同时也是这些高端技术的重要应用。②物流智能化的核心技术是物联网。③从产业结构上，智能物流包括自动化设施及设备、物流智能化技术、信息化系统、智能物流服务 4 个层面。①

胥军（2011）也对智能物流的概念发表了自己的看法。他认为"智能物流是基于互联网、物联网技术的深化应用，利用先进的信息采集、信息处理、信息流通、信息管理、智能分析技术，智能化地完成运输、仓储、配送、包装、装卸等多项环节，并能实时反馈流动状态，强化流动监控，使货物能够快速高效地从供应者送达给需求者，从而为供应方提供最大化利润，为需求方提供最快捷服务，大大降低自然资源和社会资源的消耗，最大限度地保护好自然生态环境"。②胥军等人在其另一篇文章中采用了同样的定义来描述智能物流，同时还分析了智能物流的特点、基本思路与关键技术。他们认为，智能物流的智能性体现在如下一些方面：实现监控的智能化，企业内、外部数据传递的智能化，企业物流决策的智能化，通过 EDI 等技术实现整个供应链的一体化、柔性化，以及在大量基础数据和智能分析的基础上，实现物流战略规划的建模、仿真、预测，确保未来物流战略的准确性和科学性。③

张全升和龚六堂（2011）认为，智能物流系统（ILS）是物联网技术的典型应用，是由智能交通运输系统（ITS）与移动通信、云计算等信息技术相结合，以电子商务的方式为用户提供高效完善物流服务。它是通过对物流信息的实时准确地采集、监控、处理和分析，为物流服务提供商和客户提供物流信息和服务的系统，基于物联网技术的体系智能物流系统应当由智能物流管理系统、智能交通系统、物流电子商务系统这 3 个部分组成。④

中国物流与电子商务专家王凌峰认为"智能物流"源自于"智慧地球"，是信息化进入一个"动态、实时进行选择和控制的管理新阶段"的标志，智能物

---

① 龚发金：《中国智能物流产业发展回顾与展望》，《中国高新区》2011 年第 2 期，第 107~108 页。
② 胥军：《智能物流将推动零售行业跨越式发展》，《信息与电脑》2011 年第 3 期，第 41~43 页。
③ 胥军、李金、湛志勇：《智能物流系统的相关理论及技术与应用研究》，《科技创新与生产力》2011 年第 4 期，第 13~18 页。
④ 张全升、龚六堂：《基于物联网技术的智能物流的发展模式研究》，《信息与电脑》2011 年第 3 期，第 250~252 页。

流是利用集成智能化技术，使物流系统能模仿人的智能，具有思维、感知、学习、推理判断和自行解决物流中某些问题的能力。从其阐述中可以看出，王凌峰所说的"智能物流"与"智慧物流"的含义等同。①

2. 智慧物流与智能物流之辩

综合国内学者对"智能物流"的已有研究成果发现，从2001年提出这一概念到2011年这10年间，国内学者赋予智能物流的含义在逐渐发生变化。早期对智能物流的研究大多从信息化角度出发，将其视为智能运输系统与电子商务的结合或信息技术、自动化物流设备在物流企业的应用。简单来说，即物流过程的信息化与自动化。几年后，"智能物流"的概念在业界已有所认知。例如，2006年，由中国物流与采购联合会、中国机械工程学会、德国汉诺威展览公司和汉诺威展览会（中国）有限公司联合主办的亚洲国际物流技术与运输系统展览会就以智能物流技术领域的发展及趋势为主题，展示内容涉及物料搬运技术、仓储物流的完整系统、物流控制和软件等多方面，在当时的展会上就推出了被认为会引发供应链革命的无线射频识别技术及保证企业生产、仓储和配送更加顺畅与高效的物流自动化解决方案。

随着信息技术、自动化技术、人工智能技术的发展，尤其是物联网技术应用于物流业的巨大潜力与前景被认知后，学者对智能物流理解得更为全面，认为智能物流除了信息化与自动化以外，还需要智能化与网络化。2009年后，学者们在给出智慧物流含义时基本上将物联网技术囊括其中，此时对智能物流的定义已与前面中国国内学者对智慧物流的理解基本一致，一些学者甚至直接指出其所定义的智能物流源自于IBM的"智慧地球"概念，甚至还有学者认为智能物流就是智慧物流。

值得一提的是，在IBM发布的《智慧的未来供应链》（中文版）中，将英文版中的"they must be also smart"翻译成"它们还必须智能"，这里的它们指的是供应链；而在该报告的标题中，"智慧"一词使用的是"smart"的比较级"smarter"。也就是说，同一个单词"smart"，翻译成"智能"，"smarter"翻译成"智慧"。据此，IBM的想法是在原有智能的供应链（物流）上有所改进和升级，这个升级后的"更加智能"的供应链（基于物联网技术）如果再称其为"智能供应链"就体现不出其高端，因此使用"智慧"一词与先前的"智能"有所区分。

在讲到智慧供应链的内容时，IBM用了三个词来表达：先进、互连和智能；这里的"智能"所使用的英文单词是"Intelligent"。是否"智慧"和"智能"的差别就是"smart"和"intelligent"的差别呢？

---

① 王凌峰：《智能物流：物流信息化的下一站》，《人民邮电》2011年4月15日第8版。

　　《牛津高阶英汉双解词典》对"smart"一词的解释，与此相关的含义有两条，其一为非正式用法，表示人很聪明；其二表示装置是自动的、智能的。该词典对"intelligent"的解释也是两个方面，其一指人有智力的，有才智的（尤指才智高的）；其二指（装置、机器、建筑物，尤指计算机终端）是智能的。从中文释义来看，两个单词没有明显差异，且从《牛津同义词词典》中，"smart"一词的同义词也包括了"intelligent"，说明这两个单词在表示"智慧"或"智能"的相关含义上基本一致，并非"smart"表示"智慧"，"intelligent"表示智能。

　　因此，与以前的智能物流相比，IBM提出的"智慧"一词，差别就在于"smart"一词的比较级上。"智慧"一词应被视为IBM商业宣传的口号或手段，智慧物流也好，智能物流也罢，关键是看具体使用环境中赋予其什么样的内容，在一些文章中智慧物流与智能物流被认为是同一事物被赋予了两个不同的名字，在有些文章中则认为智慧是智能化的高级阶段。

　　通过前面对国内学者相关研究的梳理，可以发现凭借"智慧"的方式对供应链进行优化以节约物流成本并非IBM的首创。之所以IBM提出的"智慧供应链"受到了广泛的关注和认同，首先，IBM提出这一概念的时机恰到好处，刚好处于金融危机后迫切需要新的经济增长动力之时。其次，由于其"智慧地球"的理念获得了美国政府及其他国家政府机构的赞同且这些政府机构帮助IBM广泛地宣传它的理念。IBM的最大贡献并不在于其提出了"智慧供应链（物流）"的概念，而在于它让世界知道了通过使用技术、优化流程、整合网络可以进一步提高物流效率，降低物流成本。

　　宁波的"智慧物流"理念来自于IBM，因此，这里的"智慧"应该与IBM提出的"智慧供应链"中的"智慧"有着相同的内涵。

三、智慧物流与物流信息化

　　不同学者在定义物流信息化概念时侧重有所不同，《中国物流发展报告》认为物流信息化是通过广泛应用信息技术，全面提高物流管理水平和服务效率，降低物流能耗和环境污染，促进经济增长方式的转变。[①]戴定一（2003）认为，物流信息化是采用信息技术对传统物流业务进行整合、优化，达到降低成本、提高服务水平的目的。[②]任天舒（2005）则认为物流企业将信息技术应用于物流活动的过程，并对产生的信息进行一系列的处理活动，可以实现对货物流动过程的控制，降低成本、提高效益的管理活动。[③]李日保在对物流信息化的定义

---

① 中国物流与采购联合会：《中国物流发展报告（2001）》，北京：中国物资出版社，2002年版。
② 戴定一：《我国物流信息化战略发展现划的思考》，《物流技术与应用》2003年第9期，第28~31页。
③ 任天舒：《物流企业信息化的可行性及必要性研究》，《物流技术》2005年第6期，第85~87页。

中，强调了物流企业的物流信息化要以业务流程的重组为基础，并在此基础上利用信息技术获取物流活动的所有信息，实现企业内外信息资源共享和有效利用，以提高企业的经济效益和核心竞争力。[1] 物流信息化一般是指物流信息技术、计算机网络和管理方法等要素的集成，以实现由物流实务经济转向物流信息、经济活动的综合性过程。[2]

综合国内学者对物流信息化的典型定义，虽然侧重点有所不同，但基于物流信息技术这一本质是一致的。

信息技术指利用计算机和现代通信手段实现信息收集、传递、存储、处理、显示、分配等的相关技术。普遍认为，信息技术主要包括感测技术、通信技术、计算机和人工智能技术、控制技术四类，其他信息技术可认为是这4类基本技术的高阶逻辑综合或分解衍生。其中，感测技术包括信息识别、信息提取、信息检测等技术，这类技术让人们能更好地从外部世界获取各种有用的信息；通信技术主要功能是实现信息快速、可靠、安全的转移，使人们能更有效地利用信息资源；计算机和人工智能技术使人们更好地加工和再生信息；控制技术是指能根据输入的指令控制或改变外部事物运动状态的技术。这4类信息技术在物流行业均有所使用。

物流信息化表现为物流信息的标准化、信息收集的自动化、信息加工的电子化和计算机化、信息传递的网络化和实时化、信息存储数字化，以及由此带来的物流管理的自动化、物流决策的智能化。对比智慧物流与物流信息化的内涵，可知智慧物流建设和物流信息化建设并非两个完全不同的概念。智慧物流依托于物联网等相关信息技术，而物联网的本质是信息技术的深化应用和发展，因此可以说智慧物流是物流信息化向高级阶段发展的一种表现形式，属于物流信息化演进中的一部分。

在IBM提出"智慧供应链"的概念并认为这是帮助许多企业走出金融危机阴影的有力手段时，国内物流界也展开了大量关于"物流业、制造业如何走出金融危机"的讨论。物流信息化建设被视为推动物流与供应链整合、降低物流成本、增强企业竞争力的措施之一。2009年3月，国家颁布的《物流业调整和振兴规划》将"提高物流信息化水平"作为十项主要任务之一，提出要积极推进企业物流管理信息化，促进信息技术广泛应用。2011年年初，工业和信息化部组织编制了《物流信息化发展规划（2010~2015）》，提出了八项物流信息化试点示范工程，即主制造商供应链信息化提升工程、物流信息平台建设工程、重

---

[1] 李日保：《现代物流信息化》，北京：经济管理出版社，2005年版。
[2] 董千里、路春涛、张凯：《陕西省区域物流信息化战略及其实施》，《长安大学学报》2006年第3期，第8~16页。

点领域物流信息化提升工程、电子商务与物流服务集成建设工程、军民结合物流信息化体系建设工程、集装箱多式联运信息化工程、重点物流信息化标准研制宣贯工程、物流信息技术创新应用工程。作为物流信息化领域纲领性的重要文件，该规划为我国物流信息化的发展指明了方向。

IBM 在金融危机后提出"智慧供应链"和国内在金融危机后全面地倡导"物流信息化"的思路和目的是一致的，差异在于不同经济环境和物流（供应链）信息化水平下采用的手段不同。IBM 提出"智慧供应链"解决方案主要的对象是大型跨国企业，如已经与 IBM 开展合作的包括 AIRBUS、Cisco、Nuance 等世界知名企业。这些企业大多具备较为完善的供应链管理方法和物流信息管理手段，在金融危机以前，它们是行业里的佼佼者，竞争能力强，是金融危机的冲击让它们意识到自身的危机。IBM 正是看准了这类企业的需求，在这些企业已有物流信息化手段的基础上，提出可通过"智慧供应链"让企业寻找到新的经济增长点，领先对手，赢在未来。

戴定一认为，物流信息化的发展大体分成三个阶段，中国大部分物流企业处于第一阶段，少部分处于第二阶段，只有很少的企业进入了第三阶段。这三个阶段分别为：①基本建设阶段。在这个阶段，原来的业务通过信息系统完成，解决的是规范化和透明化的问题，这个阶段的应用层次比较低，需要买设备、建网络、培训人才，是无法逾越的基础阶段。②整合优化阶段。这个阶段主要解决流程的优化改造，提高效率，降低成本，这也是物流业发展本应体现的宗旨。物流业的信息化通过数据分析，使决策建立在数据的基础上，提高了科学性；通过改变流程，包括解决方案，提高了效益；用系统优化和整合的方法降低了总成本。③服务创新阶段。当服务、业务需要创新的时候，没有信息系统根本无法支撑。现在很多生产企业都开始进行订单生产，按订单组织采购、生产、物流、配送，这需要有高效的信息系统来接受订单、处理采购、组织生产和物流配送。这使得物流系统成为企业生存的必要条件。根据其文章中的数据（不完全统计），中国已经实施或部分实施信息化的物流企业仅占 39%，全面实施信息化的企业仅占 10%。而中国大部分物流企业的信息化仍处于第一阶段，少部分处于第二阶段，部分"领头羊"企业如中外运、中远集团等信息化建设已经进入第三阶段。此外，还有相当多的中小物流企业基本没有信息化。

在这种情况下，帮助大部分信息化程度不高的企业通过新型信息化手段的采用以提高物流效率是切合实际的选择，国家在《物流业调整与振兴规划》中以及许多省市级政府在物流发展规划中提出通过建设公共物流信息平台等手段促进物流业发展是正确的决策。

四、本书对"智慧物流"的界定

结合国内外学者对智慧物流及相关概念的已有认识，可以得知智慧物流（系统）是综合采用多种现代信息、通信和智能技术，基于硬件和软件系统建立起来的物流管理与控制系统。智慧物流（系统）能够实现物流管理决策智能化、功能要素一体化、物流企业联盟化、物流过程可视化、物流信息实时化、物流监管透明化，从而达到优化区域物流资源配置，提高物流服务效率水平，降低物流社会成本，促进区域经济发展的目的。

第二节　智慧物流建设的主要内容

一、智慧物流建设的主要内容

基于智慧物流的含义，智慧物流建设的主要工作包括：

1. 公共智慧物流信息平台

公共智慧物流信息平台的建设无论对企业、政府还是社会都具有重要意义。公共智慧物流信息平台对货主企业的意义在于增加了其选择物流资源的范围，可以以更低的交易成本获得更好的物流服务；对于物流企业的意义在于增加了货源信息，使其能在更大范围内优化配置物流服务，提高物流效率，增加收益；对政府的意义在于方便实施对物流市场、物流主体的监管，保证物流市场的公开、公正、公平竞争，通过物流信息的统计分析保证物流政策的科学性有效性，提高政策绩效和执政能力；对于社会的意义在于节约社会物流成本、提高社会物流效率，最终降低经济运行成本，提升区域经济竞争力和居民生活水平。《物流业调整和振兴规划》中，提出要加快企业物流公共信息平台建设，推动区域物流信息平台建设，加快构建政府有关部门物流管理与服务公共信息平台，扶持一批物流信息服务企业成长。《物流信息化发展规划（2010~2015）》提出的八项物流信息化试点示范工程中，将物流信息平台建设工程列入其中，证明了公共物流信息平台的重要性。在国家纲领性文件的引领下，已有多个省区开展了区域公共物流平台的建设。

2. 公共智慧物流（配送）中心

物流节点与各种方式的运输是构成物流网络的基本要素，物流节点中最重要的节点就是物流中心和配送中心。物流、配送中心几乎承担了物流过程中除运输活动外的所有物流处理活动，具有衔接、管理、信息服务等多项功能，对提升物流速度、降低物流成本具有重要意义。因此，基于 RFID、传感技术、声、光、机、电、智能手持终端等多项先进技术，建立自动化、信息化、网络化、智能化的物流配送中心是智慧物流的一项重点工作。通过对物流中心内物流处理活动的智能化控制可提升作业效率，减少差错率；通过物流作业状态的网络化监管，可实现物流过程各环节、物流与生产更好地衔接协调；通过大量公共的智慧物流中心及信息平台的建设，实现社会生产中商流、物流、资金流、信息流的全面协同。已有一些行业中实力雄厚的企业在开展智慧物流中心、智慧配送中心建设的探索。例如，当当网开始探索智慧物流中心与电子商务网络紧密融合的模式创新；无锡新建的粮食物流中心探索将各种感知技术与粮食储存配送结合起来，实时了解粮食的温度、湿度、存量与配送等信息，打造粮食物流的智慧物流体系。

3. 物流过程可视化

物流过程的可视化是对物流运输全程跟踪查询以便在适当时采取相应的管理措施的基础，物流过程可视化通过提升货物运输质量与安全，从而达到提升物流企业管理水平、客户服务水平与客户满意度等效果。物流过程可视化基于全球定位技术、卫星通信技术、无线射频与识别技术、传感技术等多种技术，实现对物流过程中的车辆进行定位、货物进行监控，并能够进行可视化的在线调度与配送。虽然配送调度软件在行业中有较广泛的应用，但总体上以前的调度软件应用层次较低，网络化程度不够，大部分系统不具备实时调度的能力，物流效率的提升不明显。

4. 产品智能追溯

产品的智能追溯是指利用 RFID、GPS 技术等信息技术对产品在生命周期中关键变化点及相关信息的监测、识别、记录与追踪，建立产品在全程的信息档案，实现对产品多方细节的获得与管理。产品智能追溯系统在医药、农业、食品生产等领域已有成功的应用案例。例如，粤港合作供港蔬菜智能追溯系统通过 RFID 标签和相关技术的采用，实现了对供港蔬菜从种植、用药、采摘、检验、运输、加工到出口申报等各环节的全过程监管，可快速、准确地确认供港蔬菜的来源和合法性，加快了查验速度和通关效率，提高了查验的准确性。2010 年 9 月 26 日，商务部办公厅、财政部办公厅联合发出《关于肉类蔬菜流通追溯体系建设试点指导意见的通知》，并推动上海、重庆、大连、青岛、宁波、南京、杭州、成都、昆明及无锡市 10 个城市作为第一批试点城市开展肉类蔬菜流通追溯体系建设。2011 年 4 月，上海市徐汇区启动标准化菜市场改建工程，继猪肉质量追溯系统全覆盖后，该区选择 6 家标准化菜市场 "试水" 水产品销售安全追溯。在药品流通领域，国家相继出台了众多的药品生产和药品管理的标准、规范，但由于医药流通环节多、渠道复杂，导致我国药品流通存在诸多问题。通过对流通过程中每个药品建立唯一的身份标签并以此实现药品信息及时、准确地采集与共享，被认为是提高医药流通效率与安全性的新方法。

二、智慧物流信息平台建设的必要性与紧迫性

在上述主要工作中，智慧物流信息平台建设是首先需要解决的问题，因为：

（1）国外物流巨头强势进入。物流市场开放后，DHL、UPS、FedEx 等快递巨头和马士基物流、法国邮政、美国伯林顿、日通公司等国际货代、货运巨头纷纷进入中国市场。国外物流公司的进入有利有弊，利益在于增加行业竞争，有利于本土企业改进运营方式，提高物流服务水平，这些企业先进的管理模式也可供本土物流企业学习和借鉴。国际物流巨头进入国内市场的弊端在于，国内外物流行业发展水平差距太大，国际巨头们有一整套成功的模式和体系，有遍布全球的物流网络，有雄厚的资本和在长期发展经历中累积的应对各种危机的经验，因此，这些企业进入国内占领的是物流行业的高端市场，且有垄断行业的趋势。如果本土物流企业不能够与国际巨头们抗衡，中国的物流业将逐渐控制在这些国外巨头们的手中。一旦这样的格局形成，本土物流企业将依靠为这些巨头们提供节点上的服务来维系企业生存，也就是说国外巨头们控制的是整个物流网络，赚取的是高额利润，而本土物流企业将成为这个物流网中的一枚棋子，赚取微薄的利润。

为了避免这一结局出现，必须形成本土企业控制的物流网络。这个网络的形成可以由本土物流龙头企业通过自身创新与发展从而成为物流网络运营商，然而在物流企业规模普遍较小的地区，缺乏具备潜力的龙头企业，通过政府建设公共物流平台的方式将现有中小物流企业联合起来，不失为增强本土物流行业竞争力、抗衡国际物流巨头的一个选择。

（2）本土物流企业联盟意图增强。将中小物流企业联合起来的想法并非现在才提出，之所以未有成功的案例主要原因在于各种小企业在自身利益和发展目标的不一致。然而，经过多年"白热化"的正面竞争，许多企业也逐渐意识到价格竞争除了"两败俱伤"外，不能给企业带来规模和经验的增长。日前，在宁波物流企业第三次物流沙龙上，参与活动的企业领导者们也表示出对"价格竞争"的无奈和对"企业联盟"的期待，甚至还有企业领导者提出是否可以通过政府调控价格的方式来缓解物流企业间的"价格竞争"。中小物流企业间"价格竞争"让物流行业陷入恶性循环中，要走出恶性循环，企业应从改变经营方式、优化业务流程、提高作业效率等方面入手，企业间应有差异化的服务对象，企业应从相互竞争于低端市场的现状走向联合发展开拓高端市场的未来，宁波的物流行业竞争力才能得以提升，形成良性、有序的市场格局。

这样的发展思路已在宁波的政府主管部门和物流企业中有一定的共识，但

现实的问题是，宁波缺乏可以联合这些中小企业的行业领导者。根据国家星级物流企业评定标准，宁波没有一家 5A 级企业，而深圳、上海、杭州等城市却有多家，宁波也没有一家在全国甚至在区域有影响力的快递公司。另一个数据显示，宁波最大的物流企业其规模还比不上深圳十大物流企业中排名最后的企业。作为一个拥有世界级大港的港口城市，宁波没有一家知名的物流企业，这是与国际大港的地位不相称的。国际物流巨头的虎视眈眈让本土物流业没有更多的时间等待，且本土物流企业的联盟意识逐渐增强，若能通过政府扶持产生一家运营物流网络的企业，则对宁波的物流行业、物流企业都有巨大的促进作用。

（3）制造业进入转型升级的关键阶段。"十二五"时期，是我国工业化发展的重要时期，也是实现工业转型升级的关键时期，我国工业发展面临的环境和条件继续发生深刻变化。目前，我国人均国内生产总值超过 4000 美元，进入了从中等收入国家向中等发达国家迈进的重要阶段；城镇化率将超过 50%，城乡人口结构将发生转折性的变化；原油、铁矿石、铝土矿、铜矿等重要能源资源进口依存度已经超过 50%，整个工业能耗和二氧化硫排放量分别占全社会的 70% 以上，传统增长方式面临新挑战。从全球范围来看，绿色低碳、创新发展成为引领未来发展新趋势，以信息技术和新能源革命为主导的科技创新及产业发展成为引领未来发展的重要力量，世界可能进入创新集聚爆发和新兴产业加速成长时期。根据相关研究显示，宁波制造业也正处于产业转型升级的关键时期，制造业需要从原来的引进消化吸收再创新，转向生产方式的模块化、链条化、集群化和精细化发展。因此，促进物流业及制造企业物流活动的信息化，是助力制造业升级的迫切需要，是推动区域经济持续快速发展、转变经济发展方式的重要举措，是实现节能减排、科学发展的重要手段。

（4）政府物流政策绩效有待提高。宁波市政府历来重视物流业的发展，出台了大量的政策扶持物流业的发展，在物流行业也投入了大量的扶持资金。然而从物流企业反馈的信息来看，政策扶持政策的效果并不明显。例如，物流企业信息化扶持政策，企业购买信息化设备和软件都可以获得一定的补偿，一方面物流企业众多，扶持资金对企业而言杯水车薪；另一方面企业内部信息化建设多从自身业务出发，企业与企业间的信息沟通不畅，并未从根本上优化供应链流程，因此带来的效益不明显。可以尝试通过建设公共智慧物流信息平台，依托该平台促进企业间信息畅通，促进供应链流程优化，并通过平台的推广促进企业内部物流信息化和行业物流标准化。政府依托智慧物流信息平台制定相应物流政策可从整体上提升行业水平，起到事半功倍的效果。

第三节　宁波智慧物流信息平台的需求与供给状况分析

一、智慧物流信息平台的服务对象及其需求分析

公共智慧物流信息平台其面向的服务对象是两方面的：一是需要物流服务的制造企业与流通企业。二是为出售物流服务的物流供给企业。这两类企业的进一步细分如图7-1所示。下文中将分析不同类别企业对公共智慧物流信息平台的需求程度及需求特征。

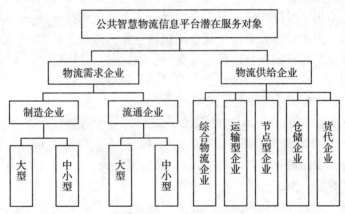

图7-1　公共智慧物流信息平台潜在服务对象群体结构

1. 制造企业

按照国家《中小企业标准暂行规定》，工业类中小型企业的条件为：职工人数2000人以下，或销售额30000万元以下，或资产总额为40000万元以下。其中，中型企业须同时满足职工人数300人及以上，销售额3000万元及以上，资产总额4000万元及以上；其余为小型企业。若按照此规定来衡量，根据2009年底宁波统计数据，全市工业企业总数为12059家，其中大型企业28家，中型企业约900家，剩余10000多家小型企业。因此，宁波的制造企业主要为中小企业。由于大型企业与中小企业在资金实力等多方面存在巨大差异，导致其对物流运作的控制程度与管理水平等都存在巨大差异，这些差异可导致其对公共智慧物流信息平台的需求存在差异。

由国家信息化评测中心公布的2003年度"中国企业信息化500强"中，前

100 名企业总销售收入达到 2.48 万亿元，超过中国 GDP 的 1/5 。在入选的前十名企业中，如宝钢、上海通用汽车、一汽大众、中国惠普、海尔、联想等工业企业的信息化建设已成为该企业发展战略的重要组成部分，其中物流信息化是其企业信息化中的重要组成部分。如宝钢的产供销一体化管理系统、海尔以订单信息流为中心的"一流三网"、联想进军物流与世界物流业巨头 APPL 公司联合投资，成立"志勤美集"，构建物流公用平台，为客户提供网络化、多功能、一体化的供应链管理服务。

（1）大型制造企业。由于大型制造企业处在供应链的核心（典型的如电器、汽车制造等大型企业），具有雄厚的资金实力，对供应链的掌控欲望强烈，具备通过自身投入对供应链进行优化和管理的能力。为了支持供应链整体运作，这类企业要么有完善的自建物流运输系统，要么与知名物流企业具有长期稳定的战略合作关系，许多企业也开发有自己的供应链管理系统实现对供应链全程的信息化管理。总之，这类企业自身有能力对供应链进行掌控，具备负担物流信息化技术的费用，对供应链信息安全的要求高，即使依托于第三方物流企业完成物流过程，由于合作关系稳定且合作物流企业的数量不会太多，制造企业与物流企业通过签订长期合作协议达成交易，因此对公共智慧物流信息平台没有需求。若通过行政手段迫使这些企业通过公共智慧物流信息平台来完成物流交易，反而会增加运作环节和交易成本。

（2）中小型制造企业。中小制造企业还可以分为两类：一类为给大型企业（供应链核心企业）提供零部件或半成品生产，处在大型制造企业供应链控制中的中小制造企业；剩下的中小制造企业构成另外一类。

首先来看第一类，这类中小企业通常生产的产品品类单一，其原材料产地和产品运送的目的地都较固定，产品生产的时间进度和数量安排由供应链核心企业决定，通常有事先的安排，因此物流组织工作简单。由于在供应链中处于"非核心"的位置，在物流服务上要根据供应链核心企业对供应链整体的优化来进行安排，物流服务可能由核心企业承担或者核心企业指定的物流合作商来承担，这类企业的物流运作与交易过程也比较简单，也不需要公共智慧物流信息平台来完成物流服务。

除了这些"供应链的跟随者"，剩下的中小制造企业其物流运作要杂乱得多。这些企业还可以分成两类，一类为生产工业产品的企业，其客户为下游制造企业；另一类为生产消费品的企业，其客户为消费者，但企业可能并不与消费者直接联系，而是通过下游批发商、零售商等流通环节再到消费者手中。这些企业规模小、资金实力不强、创新能力弱、信息化程度低、物流管理水平低、物流成本高。这些企业开展供应链优化的动力不足，担心大量的资金投入得不到应有的回报，而资金、人才等"瓶颈"又造成了诸多障碍，因此要它们凭借自身力量改革物流模式不太现实，需要外界力量的支持。

这些企业与物流服务商的关系不如处于供应链控制中的企业那么紧密，更换物流服务商的频率较高，需要随时了解市场行情，交易成本高，与它们合作的物流企业主要是中小物流企业或运输公司，货损赔偿的保障性差。

总之，那些具有供应链控制能力的核心企业和处于供应链控制中的其他企业有稳定的物流服务商、有自己的信息平台，这些企业通常不会借助公共物流平台来优化其物流业务，因此这些企业不是智慧物流信息平台服务的重点，而没有完整供应链体系的中小企业需要通过一些渠道了解市场状况并发生交易，因此这些企业才是智慧物流信息平台应该关注的重点。

2. 流通企业

根据《中小企业标准暂行规定》，零售业中小型企业须符合以下条件：职工人数 500 人以下，或销售额 15000 万元以下。其中，中型企业须同时满足职工人数 100 人及以上，销售额 1000 万元及以上；其余为小型企业。批发业中小型企业须符合以下条件：职工人数 200 人以下，或销售额 30000 万元以下。其中，中型企业须同时满足职工人数 100 人及以上，销售额 3000 万元及以上；其余为小型企业。根据 2008 年宁波统计数据，全市工商注册从事内外贸批发零售商业企业 33484 家，占全省的 19.1%，从事内贸的商业企业有 31260 家左右。其中中小型零售企业占到绝大多数。

（1）大型流通企业。流通企业中，一些大型零售企业成为行业的领导者。前文中提到的 2009 年 AMR 研究所评出的全球供应链 25 强中有 4 家为流通企业，这 4 家全为零售企业，包括沃尔玛、乐购、百思买和大众超级市场。这显示出流通行业的发展趋势：直面消费者的大型零售企业逐渐成为供应链的核心，庞大的消费者群体和销售网点让它们可以向制造商直接交易，中间环节较少，流通成本降低。这些企业的成功正是借助了物流信息化技术和物流信息系统的应用。例如，沃尔玛 1980 年开始使用条形码技术了解订单流向，1985 年开始在地区的分销中心采用 EDI 从而实现了集中采购，1988 年首次采用卫星定位系统并引入无线扫描枪等设备，1997 年可以实现销售和库存数据的实时查询，2003 年开始推广应用 RFID 技术。以沃尔玛为代表的大型零售企业总处在物流信息化的领先地位，它们有完善的内部物流信息系统，车队、配送中心和运输网络，这些企业不会是公共物流平台的使用者。

（2）中小型流通企业。相反，大部分中小型流通企业没有完善的物流信息系统，没有车队和自己的配送中心，它们没有凭借自身力量就能完全掌控全部流程的力量，它们需要物流服务商的协作才能完成业务。同样，由于资金的短缺和对物流信息系统投资回报的担忧，它们自己开发物流信息系统的比率低，公共物流信息平台是它们最优的选择。

3. 物流企业

根据《中小企业标准暂行规定》，交通运输业中小型企业须符合以下条件：职工人数 3000 人以下，或销售额 30000 万元以下。其中，中型企业须同时满足职工人数 500 人及以上，销售额 3000 万元及以上；其余为小型企业。邮政业中小型企业须符合以下条件：职工人数 1000 人以下，或销售额 30000 万元以下。其中，中型企业须同时满足职工人数 400 人及以上，销售额 3000 万元及以上；其余为小型企业。

目前，宁波注册物流及相关企业 4000 多家，总注册资本超过 110 亿元，实际从事物流相关业务的企业超过 5000 家。注册资本超过 600 万元以上的第三方物流企业达到 100 家以上，营业额过亿元的企业约为 35 家。开展运输、仓储、配送、加工、代理中两项业务以上的综合型物流企业较"十一五"初期增长了 3 倍，75%的企业涉及运输业务，并逐步向仓储、配送、代理等业务延伸，企业技术装备水平明显改善。依托港口优势，国际货运代理业务成为宁波物流业发展的一大特色，注册企业有 300 多家，有实际业绩企业达 1000 家以上。从所有权性质来看，物流及相关企业以民营为主，民营企业比例约为 2/3，外资背景企业比重约为 10%。

据此，宁波物流企业以中小物流企业为主，缺乏领导型企业，因此依靠市场力量在短时间内很难形成公共物流信息平台和行业标准。

根据上述分析，那些信息体系还不够健全的中小制造企业与流通企业才是智慧物流信息平台关注的主要对象，在设计平台时应该首先考虑中小企业的特性和需求。

二、宁波物流信息平台建设与运营状况分析

1. 宁波公共物流信息平台建设现状

目前，宁波公共物流信息平台建设以四方物流市场为主。宁波四方物流市场是以物流信息平台为主要功能载体，以实现物流服务交易为核心功能的市场体系。它是在政府监管及政务服务的双重支撑下，为市场内各物流供需微观主体（企业、中介、政府机构）提供包括方案设计、服务外包、交易撮合、支付结算、物流管理、跟踪监测、电子通关等综合性、一体化的服务。

政府期望通过第四方物流市场可以解决物流信息集聚、物流全程监管、物流资金流转、物流企业信用和物流服务交易等主要问题。

为了解决物流信息聚集问题，四方物流市场利用宁波电子口岸平台、宁波港 EDI 系统、宁波行业管理部门的已有信息，通过鼓励货主企业信息上网来从需求层面增强平台信息的集聚力，通过与第三方物流企业互通物流供需信息的模式来快速扩大物流信息的覆盖面。

为了解决物流全程监管问题，宁波第四方物流市场期望通过搭建 GPS 平台、RFID 平台，解决企业层面的物流信息监管问题，依托宁波电子口岸平台、国家和宁波市行业管理部门的监管体系，解决企业在市场层面难以完成的政府层面的物流信息监管问题。通过加入浙江省物流公共信息平台，并依托长三角地区物流标准化推进工作，拟进一步扩大平台的应用范围，使得第四方物流市场的物流监管能覆盖全宁波、浙江、长三角直至全国，解决全国范围内的物流全程监管问题。

为了解决资金流转问题，四方物流市场与银行等金融机构合作，构建了第四方物流市场网上支付结算同城同行、同城异行支付平台，下一步将实现异城异行的物流费用支付结算服务；设计了物流费用及时结算机制，鼓励物流企业间打破传统延期结算方式，实行实时结算；鼓励金融机构创造针对物流企业的金融衍生工具，为物流企业提供限额透支、低息贷款等服务以及优惠政策。

为了解决物流企业信用问题，四方物流平台发挥政府对平台的支持功效，综合工商、税务、交通、公安、银行等信用信息，构建了第四方物流市场物流信用信息系统，供第四方物流平台会员企业交易查询，提高了信用信息的广泛性；发挥市场本身在信用机制中的能动作用，给予会员企业在交易后对合作伙伴的评价权利，逐步构建物流企业的动态信用。

为了解决物流服务交易问题，针对零散物流服务交易的需求，第四方物流市场开发了实时撮合系统；针对大宗货物物流服务交易，第四方物流市场开发了大宗货物物流网上招投标系统。

基于此，宁波四方物流平台可为企业提供六大核心功能：①信息发布：为会员企业提供各种信息发布渠道，包括货源信息、车源信息、专线信息、仓储信息等各类物流供求信息。②交易匹配：为会员企业提供自动匹配和手动匹配两种交易匹配模式，快速找到符合要求的资源信息。③合同签订：为会员企业提供标准规范的电子交易合同，明确交易双方的责任和义务，保障交易双方的合法权益。④支付结算：为会员企业提供 B2B 的电子支付结算功能，会员可以通过四方物流市场平台进行账单管理和支付管理。⑤信用评价：为会员企业提供权威的信用评价管理体系，结合银行信用、政府信用等静态信用信息和交易产生的动态信用记录，提升企业经营品牌。⑥整体物流解决方案：为会员企业提供物流整体解决方案，集成第三方物流企业优势资源，优化货主企业供应链管理。

为了让四方物流市场发挥其应有的功效，宁波市政府专门成立了宁波国际物流股份有限公司来发展宁波第四方物流市场，运营宁波电子口岸及四方物流市场两大平台，为用户提供大通关、大物流全程服务。第四方物流门户网站

"四方物流市场"（www.4plmarket.com）于 2008 年末开通试运行，目前已吸引几千家物流企业加盟。

2008 年开始，市政府与各职能部门相继出台了四方物流市场的支撑政策。2008 年初市政府出台的《关于培育第四方物流运输市场的试行办法》提出了宁波市第四方物流市场的指导思想、目标和基本原则，11 月出台《宁波市公共部门服务和监管第四方物流市场暂行办法》和《宁波市第四方物流平台信息标准建设管理办法（试行）》，对推进第四方物流平台信息标准的组织机构、职责、编制、实施与监督管理等进行了规定。2008 年 5 月，宁波市政府办公厅印发了关于《培育第四方物流市场的扶持政策》的通知，对第四方物流市场实施主体（平台企业）、会员企业的具体扶持政策以及金融机构支持政策进行了规定。此外，人行宁波中心支行出台《宁波市促进第四方物流市场发展的信用信息管理暂行办法》和《宁波市第四方物流市场网上结算试行办法》，市口岸办、市财政局联合出台了《宁波电子口岸政务服务外包管理办法（试行）》，市法制办出台《第四方物流市场服务和安全监管办法》，市信息产业局出台《第四方物流平台信息标准和规范建设管理办法》，市财政局出台《关于培育第四方物流市场的政策扶持办法》和《宁波市第四方物流市场注册企业管理暂行办法（试行）》对宁波第四方物流市场中注册的运输物流企业在登记注册、交易结算、服务提供、政策优惠、监督管理、法律责任等方面的事项进行了规定。

截至 2010 年 12 月，第四方物流市场会员数达到 6850 家，比 2009 年增加了 4533 家，增长近 2 倍。其中核心会员企业 440 家，占 6.4%，普通会员 6410 家，占 95.6%。会员企业中，货主企业（工业企业和商贸企业等）5092 家，物流企业（包括运输、仓储、配送、货运代理企业等）1655 家，园区（包括物流园区和保税监管区域）24 家、专业市场（包括物流场站及专业商品交易市场）79 家。

除了四方物流市场，在宁波智慧物流建设蓝图中，新的物流信息平台也在酝酿中。

作为国内最早启动实施"智慧城市"战略的城市，"智慧物流"是宁波创建"智慧城市"的重要切入点。2010 年 5 月，IBM 智慧物流中心在宁波国家高新区正式启用，这是 IBM 在中国大陆继北京、上海、西安之后的第 4 个研发基地，为 IBM 全球首个物流行业方案解决中心，主要致力于智慧物流软件的开发，通过信息化手段提升整个供应链水平，为供需双方提供便捷的物流信息，促进传统物流业突破单纯发展的局限性，帮助成长中的第三方物流企业向专业化方向发展，并聚合闲散资源，以大中型物流企业带动中小物流企业的成长，提升整个行业资质和影响力，逐步完善物流行业标准和规范。

2010 年 8 月，宁波国家高新区和 IBM 共建的宁波国际智慧物流软件与信息服务外包产业园挂牌。该园区位于宁波高新区中央商务区，占地约 220 亩，总建筑面积 35 万平方米，总投资约 30 亿元。根据规划，这个园区将集聚包括 IBM 在内的各类软件企业 100 家以上，软件人才 5000 人以上，软件与服务外包业务年产值 5 亿美元以上，使宁波成为国内一流、国际知名的智慧物流信息服务产业基地。

2011 年 7 月 28~30 日，由宁波国家高新区和商务部国际贸易经济合作研究院共同主办的 2011 年中国（宁波）国际智慧物流大会于宁波举行，主题为《智慧的物流——宁波服务》。从会议中获得消息，宁波智慧物流产业园正在建一个以 IBM 智慧物流中心为核心的高端智慧物流信息平台，耗资约 1 亿元。这个平台类似于阿里巴巴，可供制造企业和物流企业实现信息共享，在这个基础上实现物流方案的优化配置。根据宁波国家高新区招商局局长林伟向媒体透露的情况，该平台计划在 2011 年底引入上线企业 1~2 家，到"十二五"末，计划组织 100 家企业加入平台并实现在线交易，实现年线上物流业务交易额 500 亿元、年收入 2 亿元，初步形成物流信息服务交互系统与物流交易指数系统，建成覆盖华东、国内知名的智慧物流信息服务平台。

2. 宁波物流信息平台存在问题及原因分析

从四方物流平台的实际应用来看，平台的交易量还不是很理想。表现在：

（1）发布信息较少。四方平台网上发布的需求信息主要为公路、海运与空运运力与需求信息。从 2009 年 1 月 1 日开始，截至 2011 年 8 月 23 日，平台上发布公路运输运力信息 115323 条，近 3 年平均每天发布约 120 条信息。2009 年，四方市场发布公路运输运力信息 57084 条，平均每天 156 条；2010 年，总共发布信息 57337 条，平均每天 157 条；2011 年截至 8 月 23 日，总共发布信息 902 条，平均每天约 4 条。从总体变化趋势来看，2009 年运力信息发布呈逐渐上升之势，到 2009 年中期后发布量较大，2010 年前期信息发布量大，末期突然减少，2011 年信息发布量有明显减少。2009 年初至到 2011 年 8 月 23 日，四方物流市场共发布公路货盘信息 82127 条，平均每天约 85 条。2009 年发布信息 23204 条，平均每天 64 条；2010 年总计 58247 条，平均每天 160 条；2011 年总计 676 条，平均每天约 3 条信息。公路货盘信息与运力信息变化趋势类似，在 2010 年上半年达到高峰，而后突然下降，2011 年信息发布量少。

信息量不足导致仅从发布信息中无法找到可以匹配的运力或货盘。以宁波到广州为例，在陆运货盘中搜索以宁波为起点广州为终点的货盘信息，2011 年信息总量为 2 条；在公路运力中搜索宁波为起点广州为终点的运力信息，2011 年信息总量为 1 条。这说明无论是物流企业还是货主企业都无法通过搜索发布信息找到合适的合作对象。

（2）使用状况不佳。通过上述信息发布量的增减状况也可以看出，四方物流在使用上还面临一些困难。四方物流市场从开始运作以来注册企业数量虽不断增多，在这个过程中与政府自上而下的强大推动作用关系密切。宁波市政府不仅出台了大量的政策要求政府相关管理部门、金融、税收等部门做好配合工作，还给予在平台内注册企业一定的补贴。在对物流企业进行调查的过程中，有的企业直言补贴的存在是其通过该平台进行交易的最主要原因，一旦补贴不存在还可能出现企业退出平台的现象。政府每年大量资金投入所期望产生的"鸡生蛋"式的良好预期效果并未出现。

究其原因，导致当前困局的主要原因如下：

（1）市场定位不准。作为双边市场，四方物流市场同时为货主企业和物流企业提供服务。和国内许多公共物流信息化平台一样，四方物流市场更多地考虑的是能够为物流企业提供什么样的服务，而忽略了货主企业对公共物流平台的内在需求。如果货主企业通过公共物流信息平台不能获得优于平台下的服务，平台的使用量就得不到增长，基于规模效益的物流优化就不能实现，平台上物流企业的效率和收益也不会有实质性增长。因此，平台能够快速成长，关键是要有需求，物流信息平台首先要考虑能够为货主企业带来哪些好处，只有货主企业受益并产生一定的集聚效应，依托于平台的物流企业才会受益。

（2）功能配置偏差。市场定位不准导致对市场需求把握不准，市场需求把握不准导致四方物流平台在功能设计上的偏离。四方物流市场具备信息发布、交易匹配、合同签订、支付结算、信用评价和整体供应链优化六大功能。从功能体系上看，覆盖了物流交易的全过程，然而前五项功能都是一般的在线交易平台均具备的基本功能，或者说是仅是交易手段的创新，缺乏促成交易的内在驱动力。第六项"整体供应链优化"功能针对单个企业实体开展，对公共信息平台无明显作用。

（3）细节上有待完善。对于一些信息化程度相对较高的企业，已经有自己开发的信息系统在使用。这些企业希望自己的信息系统能够与平台实施对接，但在技术、标准上还存在一些问题。

第四节　宁波智慧物流信息平台的结构与功能

一、公共智慧物流信息平台建设思路

基于上述对智慧物流信息平台供需状况的分析，在对智慧物流的总体架构和功能进行设计时，对于平台设计时必须考虑的一些相关问题如下：

1. 需求对象：首先考虑货主企业需求

一直以来，物流信息平台建设首先考虑的是如何满足物流企业的需求。然而，物流是涉及社会生产、生活的方方面面的行业，在制定物流规划和相关政策时，我们不能将眼光仅局限于物流行业内。要发展好物流业，首先要知道各类企业对物流有什么期望和要求，因此，在设计公共智慧物流信息平台时，首先应考虑的是要满足货主企业的需求，只有能够为制造企业、商业企业这些货主们解决其物流问题，节约其流通成本，才能吸引更多的货主企业来关注和使用智慧物流信息平台；只有货主企业都来使用该平台，才能为平台内的物流企业带来收益并留住这些物流企业；只有平台内的货主企业和物流企业达到较大的数量，才能真正实现物流资源在社会范围内的优化，降低社会物流成本，从而惠及大众。

2. 平台目标：实现流程整合与资源优化配置

物流的精髓在于"整合"，供应链的优化也在于"整合"。智慧物流信息平台应具备纵向与横向的整合能力，纵向的整合能力表现在流程的衔接优化与整合上，横向的整合能力表现为社会物流资源的优化配置能力。既然中小企业没有物流整合的能力，公共智慧物流信息平台就是企业和社会的最好选择。公共智慧物流信息平台最重要的作用在于它能汇集区域内各种物流信息，通过信息的交换与共享，加强货主企业、物流企业等与上下游企业之间的联系与合作，形成并优化供应链，从而达到调配社会物流资源、优化社会供应链、理顺经济链的最终目的。

3. 核心能力：实施动态供应链优化

在国外，智慧供应链的推动大都基于企业的自发行为，且推动智慧供应链建设的主要是大型制造企业。如2009年AMR研究所评出的全球供应链25强中（这25家企业中没有一家为中国企业），21家为制造企业（包括苹果、戴尔、宝洁、IBM、诺基亚、三星、百事、丰田等），4家为零售企业（包括沃尔玛、乐购、百思买和大众超级市场）。国内由于企业的规模普遍偏小，大部分企业不具备建设智慧供应链的能力，很多企业也不能参与到核心企业的供应链网络中。这部分企业在物流运输上的诸多问题是造成社会物流成本高的主要原因，在这个问题上，政府的"扶弱"比"扶强"更有效果。为了能够起到切实的整合作用，公共智慧物流信息平台应该能够为使用平台的企业围绕其产品建立起一种"动态供应链"结构，以使之能与大型企业为中心的"静态供应链"相抗衡。

4. 带动作用：以平台为手段促进中小企业物流信息化

中小企业物流信息化、智能化建设是普遍的难题。以智慧物流信息平台为手段推动中小企业物流信息化建设将达到事半功倍的效果。首先，集聚在智慧物流信息平台的企业将采用同样的标准来传递和处理信息，这间接促进了物流信息标准化工作。其次，依托智慧物流信息平台开发基于 ASP 模式的供应链优化服务可解决中小企业没有资本开发物流信息系统的难题。最后，政府以智慧物流信息平台为依托进行一些物流设施设备的更新也可让中小企业受益，减少企业信息化设备投入的巨额资金。表 7–2[①] 比较了基于 ASP 模式的企业信息化与传统企业信息化在硬件投入、软件投入、系统实施、维护、人才等多方面的差异，可以看出 ASP 模式对中小企业而言具有明显的优越性。

表 7–2　基于 ASP 模式的企业信息化特点

	传统信息化改造模式	ASP 信息化改造模式
硬件投入	购买全套昂贵的服务器、计算机及网络设备	只要具有可以连接 Internet 的相关设备
软件投入	购买昂贵的操作系统、数据库及应用软件	仅需免费的浏览器
系统实施	需要长时间的规划、选型、实施和培训	短期内可以直接租赁试行、应用，无须专门培训
维护升级	维护整套系统、定期重新规划、升级和换代	维护和升级都是由 ASP 中心专业人才完成
人才维护	需要一批专业 IT 人才，增加非主业人力成本	无须专业 IT 人才，省去信息化机构和人员
工程性质	大投资、高风险	无前期投资、低成本

5. 着眼未来：具备兼容性和扩展性

当下，信息技术革新和社会经济发展的速度可能会远超出我们的预期，智慧物流信息平台的可扩展性和兼容性是在平台设计时必须考虑的问题。许多具备自建物流信息管理系统的企业，既希望能沿用自建信息系统，又能享受到公共信息平台的相关服务，满足这类企业需求的关键在于系统的兼容性。基于此，

---

① 孙延明、吴少琴、郑时雄：《浅谈 ASP 模式在制造业信息化中的应用》，《机电工程技术》2003 年第 2 期，第 24~27 页。

智慧物流信息平台的系统结构、数据库结构、网络结构要采用标准化、模块化技术，满足与系统扩展以及与其他信息系统互连的需要。

　　基于物流公共信息平台的信息资源积聚优化原理，从未来的发展看，物流平台必须从区域走向全国，走向国际，才能在更大范围内、更大程度上实现资源优化配置。每个地区都建物流信息平台是不必要的，然而现在许多省、市都在建设，未来这些平台必然面临竞争问题，核心能力强、兼容性好的平台更容易在竞争中发展壮大。

二、公共智慧物流信息平台的系统结构

　　根据设计公共智慧物流平台的基本思路，本书设计的公共智慧物流平台总体框架如图 7-2 所示。制造企业、流通企业、物流运输企业、物流节点企业、货代企业、海关以及物流行业的各个行政管理部门都可通过不同的接口登陆智慧物流信息平台网站或客户服务端口进入系统，针对不同的主体类型，平台能提供差异化的服务。平台的核心为动态供应链优化系统，该系统通过对数据库系统实时物流信息的提取分析得出供应链的优化方案，并将优化方案经过相应界面反馈给货主企业供其选择或调整，货主企业将最终供应链方案通过平台反馈给供应链流程中涉及的各个物流相关主体如运输企业、货代企业、仓储企业等，如这些企业都同意货主企业的服务请求，则动态供应链建立成功，如该链条上有不同意的企业，平台可根据新的情况再次给出优化方案，直到动态供应链建立。

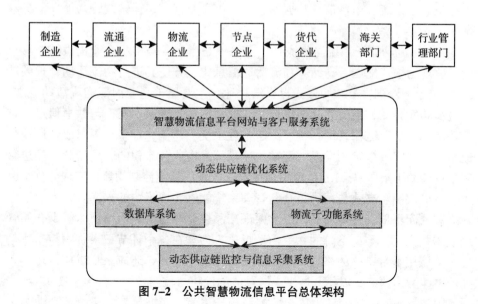

图 7-2　公共智慧物流信息平台总体架构

　　动态供应链建立后，产品在流动过程中的实时信息通过信息采集系统采集上来。该次建立的供应链所涉及的所有主体均可通过平台查询产品当前所处的地点及物流状态等信息。系统还可根据产品距离下一个节点的距离和车辆运行情况等预测到达下一个节点的时间，并通知下一个节点做好处理产品的准备并提前安排好相应的设施，做到流程之间的高效衔接。

　　（1）动态供应链优化系统。动态供应链优化系统以平台为中心开展动态供应链的建立、运营与管理活动。依托物流功能子系统、物流数据采集与监控系统等收集的数据，通过对于区域内各类物流资源与物流水平数据的掌握，根据货主企业对物流过程、时间、价格与服务质量的要求，从区域整体物流资源的优化角度出发，给出动态供应链的最优方案和备选方案，并能根据货主或物流企业反馈信息对动态供应链方案进行调整。

　　（2）数据库管理系统。数据库系统的功能是储存平台运作过程中涉及的各类物流信息，并能有效地对各类信息进行组织和管理。公共物流信息平台所需要储存的信息具有多源、多维、多层次、多粒度、多应用、海量等特征，应用层面上不仅要满足信息共享和交换等简单应用，同时要能够开展数据分析以支撑智能化的决策。根据智慧物流平台数据采集、储存与应用的特征，分布式数据库管理技术是较好的选择。分布式数据库管理技术具有"信息采集和用户地域上分散，而管理上又相对集中；数据管理的局部控制和分散管理；平台的全局控制和高层次的协同管理"等特征。智慧物流平台的数据库系统可围绕平台用户、主要业务等建立子系统，如货主企业信息子系统、物流企业信息子系统、交易信息子系统、车辆信息数据库、仓储信息数据库、运输线路与地理信息数据库等。

　　（3）物流功能子系统。物流功能子系统是指为各类中小企业提供的能够帮助其实现运输、配送、仓储等物流活动信息化，方便其进行物流活动管理的功能子系统。平台以 ASP 的方式提供给企业，主要用于企业内部物流活动管理。该系统相对独立，但又和其他平台、其他系统紧密联系，交换与共享信息。物流功能子系统由运输管理系统、配送管理系统、仓储管理系统等组成。运输管理系统能够完成接单、发运、到站、签收等基本业务流程的管理活动；配送管理系统借助于条形码、RFID 等识别技术，依靠信息流控制物流，实现分拣、配送作业的快捷、高效与精确；仓储管理系统能够实现货物的入库、在库、出库管理和仓库场地管理等活动，以此保证产品在此环节的保值增值，减少仓储管理成本并为运输等上下游的物流活动提供方便。在各个环节记录货物与车辆信息时应该用平台统一的格式，除了必要的内部信息外，还应采集供应链环节上其他主体所需的信息以便开展供应链总体的优化与控制。

　　（4）动态供应链信息采集与监控系统。目前，宁波已有不少物流企业为运输车辆配备了 GPS 装置，在宁波市政府大力推动智慧物流建设的过程中，GPS、GIS 技术、传感技术以及互联网与移动通信技术将得到快速发展，公共智慧物流平台建设中必须考虑如何使用这些信息技术来开展物流过程的信息采集与监控管理。平台应该能够采集物流活动中各个关键节点上（如货物出库、装车、到达转运节点、从转运节点发出、送达目的地等）的货物运输及相关信息，包括货物品种、数量、规格、特殊物流的温\湿度状态、交货期、发货地、目的地、出/入境港口、货主、承运人、承运车辆和驾驶员等信息，信息可供动态供应链上的各个数据需求方查询，也可与原计划路线、停留节点的时间、操作类别等进行比对，当有不当操作或不按照路线行驶时发出警告并通知相关管理主体。除了能够采集运输过程信息，根据平台反馈的行动命令，该系统能够完成与供应链中各主体的信息沟通，在原计划变更的情况下，能够传达新计划并依据新计划监督实施情况。

这样的公共智慧物流平台建成后，一次具体的物流过程将如此开展：货主在货物包装时嵌入 RFID 标签，装上物流公司安装了 GPS 定位系统的运送车辆，货物装载时自动收集货物基本属性与物流数据，物流公司和客户通过智慧物流平台可以随时掌握货物所处的位置、状态和环境。若货物需要配载或换装，物流公司可根据智慧物流平台提供的智能化决策建议对货物进行及时的调整并对物流运输路线和运输速度进行优化，优化线路能够直接节约运输成本，优化运输速度能够调节车辆到达节点设施的时间，对于需要交换货物再进行配送的物流业务，可通过到达时间的合理衔接实现车辆与车辆间的直接换货，而不需要入库后再配载，从而大大减少操作环节，节约中转时间，降低配送成本。对于需要入库的货物，通过货物包装内嵌入的 RFID 标签，或用嵌有 RFID 的托盘，经过安置读取设备的通道，放置到具有读取设备的货架，货物位置信息自动记入智慧物流平台的数据库系统，方便实现货物的查找。通过这种方式，仓库的管理变得方便、透明、高效、准确，货物盘点效率也会明显提高。

三、公共智慧物流信息平台的功能分析

一个智慧化的公共物流信息平台，应该能够为货主、物流服务提供商、交通、银行及海关、税务等相关企业和政府部门提供一个高效的信息采集、交换、发布、共享平台，并基于这些信息能够制定优化的供应链解决方案。这就意味着智慧的公共物流信息平台必须致力于满足物流运作中不同环节、不同主体、不同层次的信息需求和决策支持需求，即平台不仅要满足货主、物流企业等对物流活动的查询、监控等简单需求，还要满足来自这些企业对优化物流决策等更深层次的要求。公共智慧物流信息平台的主要功能如下：

（1）信息采集。能够利用自动化的信息识别、采集、传输、加工和存储技

术采集平台各方需求的数据。需要采集的信息包括：①货主与物流企业信息，包括货主、物流企业性质、规模、人员、信誉等各方面数据。②物流资源信息，包括运力资源（汽车、火车、轮船等的数量、规格与状态）、仓储资源（仓库、堆场等的面积、状态）和辅助工具资源（叉车、集装箱）等物流设备信息及物流营运网点与加盟企业网点的基本信息、分布信息与服务信息等。③物流需求信息，包括物流需求的流量、流向、流时、起点、终点、路线、货物种类、特殊要求等信息。④交通系统信息：公路、铁路、水路、航空等交通信息。包括节点信息（城镇、火车站、港口、码头、机场）、线路信息（线路名称、里程、等级、能力、运输成本）和后勤设施（加油站、修理厂、停车场）等信息。⑤物流过程跟踪监控信息。智慧物流平台通过 GPS/GIS 等一系列跟踪技术实现货物和流程跟踪功能，采集货物在途位置、状态、时间等信息，提高物流作业的准确率和安全性，减少货物的损失和延时，增强物流运作对客户的透明性。

（2）信息交换。信息交换功能指"一揽子"物流交易过程和货物实体移动交接过程中所产生的所有信息的发送、接收与反馈，主要内容为交易信息和货物实体流动信息传递两方面。交易信息交换指物流企业等市场主体之间的电子单证的翻译、转换和传输，如网上协议签订、报关、报检、许可证申请、结算、缴（退）税等交易相关信息的传输；货物实体流动信息传输指货物在发出、装卸、运输、储存、转运、通关、抵达目的地等各环节过程中产生的各种信息的翻译、转换和传输。在数据交换功能中，同时应进行存证管理，即将用户在物流信息平台中产生的所有具有法律意义的单证信息（包括附加信息）以一定的标准格式储存下来以备业务纠纷时查证。

（3）信息发布。信息发布功能以 Web 站点的形式，通过互联网向使用智慧物流信息平台的各类主体发布物流相关信息。发布的信息包括：①企业实体信息，包括使用平台的制造企业、流通贸易企业、物流企业的企业规模、产品类型、信誉等级、企业信念等基本信息。②行业信息，包括国内外物流行业动态、国内外物流行业标准、各级政府机构的物流政策法规/行政命令等。③物流教育、咨询和培训信息，提供物流培训信息、物流理论知识、物流研究、成果案例等信息服务。④运价与班次信息，包括公路、铁路、水运和空运价格、班次、里程和发到时间等信息。⑤统计信息，包括基于智慧物流信息平台交易开展统计分析得出的分期（每日/周/月季度/年份）数据与趋势数据，以及国家和地方统计部门发布的物流行业关键信息等。⑥关于信息平台本身的信息，包括平台功能简介、运作情况、使用说明等信息。

（4）在线交易。在线交易功能基于平台为货主企业提供的"一揽子"智能化供应链服务方案，为注册的会员企业提供在线交易平台，帮助完成物流服务的交易达成与交易过程的处理。这一功能主要包括的内容有：①交易磋商功能。

②订单生成功能。货主或货代可以通过在线订车专栏，联系订车、订船、订飞机等。通过填写相关信息（包括货物信息、目的地信息、集装信息等），并将其发给相关公司，从而完成订车服务。③交易过程管理。④辅助服务功能。物流信息平台通过与银行、税务、海关等信息系统的连接，为物流系统各方提供电子支付与结算、网上报税、报关等服务功能。

（5）动态供应链优化。通过平台中的动态供应链优化系统，最大限度地将物流中的运输、仓储、装卸、配送等多个环节整合在一起，为货主企业提供"一揽子"物流服务，让货主企业通过一次操作就可以完成整个供应链的规划与优化，改变传统信息平台上货主企业需单独与各物流企业分别联系的状况；将供应链上的货主企业、物流运输企业、物流节点企业、货代企业、海关、金融与政府监管机构等多个主体置于同一系统当中，实现这些主体之间的信息互通与共享，将各物流运输企业的剩余运力、各物流节点的空余储存与作业空间等物流资源整合在一起，提供给社会最大范围的资源选择，让动态供应链规划程序能够实现最高程度的路径优化和车辆配载，从而充分利用社会物流资源，节约社会物流成本。

（6）ASP应用服务提供商功能。公共智慧物流信息平台采用ASP的模式，为会员企业提供仓储、运输、配送、货代、合同关系管理、客户关系管理等物流功能管理。ASP是英文Application Service Provider的缩写，通常中文译为"应用服务提供商"，是指配置、租赁和管理应用解决方案，为商业、个人提供服务的专业化服务公司。通俗地说，ASP是一种业务租赁模式，企业用户可以直接租用ASP的计算机及软件系统进行自己的业务管理，任何用户只要有网络浏览器，就可以向ASP租用所需要的软件，而不必在本地的机器上安装该软件。ASP是把企业需要的软件和数据资料存储在ASP的数据中心，它负责动态地管理、维护和更新这些软件和数据，并通过将软件、硬件、网络和专业技术、管理进行合理搭配，提供给用户优质、完善的服务，而所有用户都是从Internet登录，以租赁的形式来获得远程服务的。[①]基于ASP模式的公共智慧物流信息平台，可为货主、物流企业提供更为深入、全面的信息整合与共享服务，对于依靠自身力量难以实现信息化的中小型物流企业，可以不必花费物流信息化建设的巨大开支，通过租用平台的管理服务就能获得专业的物流信息化管理支持。

（7）统计分析功能。由于物流系统的复杂性、过程的流动性和涉及主体的多样性，物流数据的收集与统计在国内外均面临着多重困难，我国从国家层面到省、市层面都没有权威、准确的物流统计数据发布，成熟的物流数据统计体系也尚未形成，宁波物流数据统计也面临同样问题。根据美国交通运输研究委

---

① GaryPalmatier：《应用服务提供商配置宝典》，谢文亮等译，北京：科学出版社，2003年版。

员会（TRB）对美国货运数据统计现状的评估，该机构认为，鉴于主动货运数据收集的高额成本，未来的物流与货运数据收集应更多地依赖于非主动数据源（Un-active Data Sources）。公共物流信息平台汇集了物流交易全过程的各种信息，不但每次运输的信息全面，更为可贵的是，通过该平台还追溯供应链全程，获得完整的供应链信息，这是通过其他数据收集方式难以做到的。通过对区域物流信息的分析与反馈，各类企业可根据反馈信息评估自己在行业中的位置，为调整经营战略提供支撑；政府机构可根据现状与趋势数据制定区域物流业发展规划及出台相应政策，物流平台自身也可根据物流信息的反馈了解平台的运行情况、存在的问题及改进的绩效等。

（8）政府监管功能。政府部门通过对公共智慧物流信息平台汇集的物流相关信息进行统计分析，掌握物流行业的状况与趋势，根据分析结果制定更为科学的物流政策，也可通过公共智慧物流信息平台及时广泛地发布物流相关政策、法规，有利于政策的下达与落实。通过将平台与政府物流相关监管机构网站进行互联，也便于企业用户查询与办理需要政府干预的物流业务。

（9）系统管理功能。系统管理功能指为了维护整个系统的正常运行并保证数据安全而采取的控制用户访问和使用信息的权限等措施。

上述主要功能在货主企业、物流企业中的功能分拆如表 7-3 所示。

表 7-3　智慧物流信息平台主要功能详解

主要功能	货主企业	物流企业	物流节点
动态供应链优化	● 能够提供产品流通全程的优化方案 ● 允许对整体方案的调整、修改 ● 通过货物配载和流程合理衔接降低物流费用 ● 能够对供应链全程实施掌控	● 将物流企业空余运力纳入平台供应链优化系统中 ● 通过货物配载提高效率和效益 ● 掌控企业承运货物状态并报告给供应链上所有相关成员	● 将物流节点空余储存空间和配送分拣能力纳入平台供应链优化系统中 ● 通过储存空间和配送分拣设施的利用率来增加收益 ● 掌控节点储运或配送货物状态与进程并报告给供应链上所有相关成员
信息采集	● 采集产品起运地点、时间、数量、批次、生产日期、要求抵达日期、包装状况、完好情况等信息	采集运输过程中产品数量、批次、时间、车辆型号、运输路线、运输速度、所在地等信息	采集产品入库时间、数量、批次、存储期限、包装状况、完好情况、储存货位、分拣时间、配送要求等信息
信息交换	● 能够提供所需服务的全部物流企业运力状态与信用 ● 物流节点储存与配送相关信息 ● 以往交易记录与支付方式 ● 商品在流通过程的位置、状态与到达时间（动态信息）	● 货主企业的基本情况与信用 ● 需运输产品的数量、批次与运输属性 ● 以往交易记录与支付方式 ● 商品在流通过程的位置、状态与到达时间（动态信息） ● 物流节点储存与配送相关信息	● 货主与物流企业的基本情况与信用 ● 需储存、配送产品的数量、批次与储存时间与属性 ● 以往交易记录与支付方式 ● 商品在流通过程的位置、状态与到达时间（动态信息）

续表

主要功能	货主企业	物流企业	物流节点
信息发布	• 企业规模、产品类型、信誉等级、企业信念等信息 • 待运输货物信息 • 物流相关人员招聘	• 企业规模、服务类型、信誉等级、企业信念等信息 • 运力、运价与班次信息 • 物流相关人员招聘	• 企业规模、服务类型、信誉等级、企业信念等信息 • 储存、理货能力与价格 • 物流相关人员招聘
电子商务	• 网上招标管理 • 业务洽谈管理 • 合同管理 • 电子支付管理 • 企业信用评价体系	• 网上招标管理 • 业务洽谈管理 • 合同管理 • 电子收款管理 • 企业信用评价体系	• 网上招标管理 • 业务洽谈管理 • 合同管理 • 电子收款管理 • 企业信用评价体系
ASP	• 解决与各物流企业间的信息沟通问题 • 实现物流相关业务的建立、调整与监管 • 提供供应链整体解决方案 • 物流方案拟定、物流过程的优化	• 解决与各货主、物流节点企业间的信息沟通问题 • 实现物流业务的动态管理、车辆实时调度等功能 • 顾客服务分析与经营策略比较 • 基于物流企业联盟组建动态供应链	• 解决与各货主、物流运输企业间的信息沟通问题 • 实现仓储、配送等业务的动态优化管理 • 物流节点或设施选址、顾客服务分析 • 基于物流企业联盟组建动态供应链

第五节 宁波公共智慧物流信息平台发展对策

一、目标分阶段

限于宁波市信息化建设现状，各企业与政府监管主体的信息化水平与需求层次差异较大，且资金、人力的投入也不可能一次到位，智慧物流平台建设不能一蹴而就，需制定各个阶段的目标，根据实际情况分步骤实施。

(1)终极目标。根据对智慧物流的理解，智慧物流信息平台的终极目标是要通过物流管理决策智能化、功能要素一体化、物流企业联盟化、物流过程可视化、物流信息实时化、物流监管透明化；最终实现区域物流资源优化的配置，促进区域经济发展。

(2)实施步骤。正如前文中对我国物流信息化状况的分析，目前大部分物流企业尤其是中小物流企业的信息化程度低是摆在我们面前的现实情况。要在一穷二白的基础上建立"智慧"伟业，必须分步骤实施。

硬件方面，加强智慧物流必要基础设施的装备，逐渐达到智慧物流平台运作要求。首先，政府需要建立大型数据处理设备与通信设施，重点扶持公共物流枢纽更新改造信息化设备，以保证平台设计功能顺利实现。其次，宁波市的许多中小物流企业缺乏基本的物流信息化设备，也还没有用信息化技术、信息化管理系统来管理物流过程的实践。对于这些企业，要它们一步踏上"智慧物流"的快车有些不切实际，但在政府总体智慧物流信息平台框架下对中小物流企业安装和使用 RFID、传感器、GPS、移动终端等基础设备予以扶持和奖励，能够逐步提升中小物流企业的信息化装备水平。

软件方面，软件系统建设在近期内应以动态供应链优化的核心功能为主，以实现信息资源的整合为主要目标，对于系统运行必需的信息查询、发布、交换、交易达成等基本功能也应同时进行建设。这一阶段要建立智慧物流平台网站和数据库系统，开发基于信息化现状的数据采集系统，实现物流信息的查询和发布功能，开发 GIS/GPS 系统，实现对车辆路径的跟踪与优化。待硬件系统建成时，提供基于 RFID 等新型技术的数据采集系统，完善 GIS/GPS 系统，开发物流全程可视化系统，开发不同类型企业的决策支持系统，通过 ASP 模式为各类企业提供智能决策服务，完善数据统计功能，为政府与公众提供准确的物流数据。

二、发展分行业

不同行业的信息化基础及其对智慧物流的需求程度也存在差别。RFID 技术之所以不能广泛应用，主要问题在于成本过高，超过附加值较低的产品的承受范围。然而，对于一些特殊的行业（如危险品、食品、药品追溯系统）或附加值较高的产品而言，应用新技术提升的物流效率、服务水平与管理上的便利可以弥补新技术应用的成本，这些行业应该作为推广智慧物流平台应用的首选。

对于危险品、药品这些需要政府特殊监管的货物，可采取政府强制加补贴的方式促使货主企业、危化品运输与储存企业尽快完成智慧物流硬件升级，在物流过程中使用 RFID 或传感器技术实现信息的自动采集以便于对物流过程的实时监控。对于高附加值货物，一些企业已经表现出对智慧物流技术与平台的强烈需求，只要正确引导就可以取得较好的效果。

三、港口是关键

2010 年，宁波全市实现外贸自营进出口总额 829 亿美元，比上年增长 36.3%；口岸进出口总额 1613.4 亿美元，增长 38%。新增外贸经营备案登记企业 2487 家，累计 15367 家。2010 年，宁波港完成货物吞吐量 4.1 亿吨，其中外贸货物吞吐量 2 亿吨；集装箱吞吐量完成 1300.4 万标准箱，吞吐量排名跃居全国第 3 位，并进入世界港口前 6 强。港口对宁波的重要性不言而喻。依托于世界级大港，宁波的港口物流业得到快速发展，其增加值占到全市物流业增加值 70% 以上。在未来一段时间内，港口物流的服务范围将进一步扩大，港口物流的服务水平向国际化、高端化、一体化迈进，在全市物流业中起着引领作用。可以说，港口物流业是宁波物流业发展的主体。

港口物流过程中，通常要经过货物入仓出仓（或者集装箱入港出港）→港内存储→装船（卸船）→出运等多个环节，涉及发货人、收货人、货代、船代、船公司、陆运集疏运企业、仓库（堆场）、银行、海关、国检、税务等多个企业与政府监管主体，比起国内运输要复杂得多。由于其复杂性，港口物流对信息平台的要求更高；相反，物流信息平台对港口物流的影响更大。要满足港口物流对智慧物流平台的特殊要求，智慧物流平台设计时应考虑港口物流的特色。

针对港口物流主体多的特点，智慧物流平台在设计时应考虑各方主体的需求，根据不同需求主体的具体内容与特征进行分别设计。在应用模块的设计上要充分考虑港口物流各类主体的使用要求，通过搭建一个具备港口物流信息资源共享与整合能力的交互式智慧平台，提升港口物流各环节间的业务协作水平，改进港口物流主体之间的信息沟通方式与效率，从而降低港口物流链整体成本，提升整体服务质量效率。

针对港口物流国际化的特点，智慧物流平台在设计时应考虑数据标准、协议与接口等问题的合理解决方案，制定信息共享协议和标准，统一数据接口规范，开发物流标准业务信息系统通用软件，建设与国际共通、标准统一、接口开放、功能通用的基础物流数据平台。

四、人才是基础

物流人才培养一直是宁波市政府非常关注的问题，在物流人才培养方面也有较大的投入，如成立物流人才培养基地促进物流学科和专业建设、开展物流人才培训千人计划等。目前，宁波市范围内的十几所高校基本上每所都开设物流专业，全市高校每年培养的物流人才上千人。开设物流专业较早的宁波工程学院、宁波大学等学校的物流专业人才在地区已形成较强的影响力。然而，从人才数量上，虽本市高校均开设相关专业，但人才供给的数量远小于需求的数量。从专业设置上，市内各高校开设的主要为物流管理专业，主干课程为经济管理类课程，虽也开设物流信息技术、物流信息系统及相关课程，但在课程设计时更多的是将信息技术与信息系统作为日后管理的手段使用。在没有信息技术其他相关课程作为基础支撑的情况下，物流专业学生不具备物流信息系统开发的能力。从人才培养的层次上来看，市内高校培养的主要为应用型物流管理人才，学历为本科和专科两个层次，研究生教育缺乏，规划设计和系统开发等高层次人才培养缺位。

要建设基于物联网的智慧物流体系，既懂物联网等前沿技术又懂物流与供应链运作的复合型人才是非常紧缺的。许多企业也反映引进合适的物流人才非常困难，而能够帮助企业开展智慧物流建设的可用人才更难。例如，顺丰速运公司在接受中国电子报采访时表示，专业人士匮乏是快递企业所面临的四大问题之一，很多快递企业中只有少数人真正既懂业务，又懂信息技术。开发程序的人对信息技术很熟悉，可是他们不知道怎么和具体物流业务相结合；搞业务的人能够识别出物流环节的问题和改进需求所在，但没有能力协助信息技术人员共同来解决这个问题。顺丰速运反映的问题是许多物流企业共同面临的问题。

基于上述情况，智慧物流人才培养已成为制约智慧物流建设的一个"瓶颈"。要解决这个问题，可从以下几个方面开展工作：

（1）继续加大本市高校物流教育的投入。市内高校具有对宁波经济社会环境熟悉的先天优势，毕业后能更好融入环境，更快进入良好的工作状态。之所以教学内容中智慧物流在技术支撑方面的课程缺乏，一方面是因为师资缺乏，另一方面是由于建设实验室费用较高，许多高校没有足够资金投入。根据宁波建设智慧物流的实际需求，加大本市高校物流教育的投入，尤其是在智慧物流体系和信息平台构建所需实验设备的投入上需加大投入。

（2）增加对高层次物流人才的引进。这里讲的高层次人才主要是三个方面。其一为企业层面，具有供应链全局观念，能够进行供应链流程的整合、优化与重构，或能够与咨询机构合作采用智慧物流手段对企业供应链进行改革的人才。其二为高校教学部门，需引进既懂理论又具备一定实践能力的高层次物流与供应链管理人才，为了促进物流专业在物联网技术与信息系统开发方面的教学，引进信息技术相关专业的高层次人才也是必要的。其三为咨询决策机构，需引进能够为企业物流与供应链优化提出方案设计、开发智慧物流信息平台、具有信息系统开发基础和一定物流专业知识的高级人才。为了能够帮助企业、高校和咨询机构等引进到合适的人才，政府可加大对这一类型高层次人才的补贴，为其提供较大的发展空间，搭建同行业的交流平台，增强引进人才的归属感使这些人才能真正扎根宁波，为宁波智慧物流建设献策献力。

（3）政府搭建培训平台，邀请国内外智慧物流建设的专家以讲座、交流等形式，促进业界对智慧物流的深入了解。也可邀请智慧物流建设卓有成效的企业开展现身说法，就其合作方式、流程优化、成本节约等方面的细节展开交流。

（4）加大校企合作力度，增强物流专业学生实践能力。经过多年对物流专业人才供需状况及供需双方对物流人才能力素质的跟踪调查，发现用人单位对物流专业毕业生在专业实际操作能力上不尽如人意，同时大部分被调查企业认为通过校企合作的方式可以让学生增强实践能力。许多高校也借助社会实践、课程实验等方式积极开展校企合作，但合作层次和范围还达不到让人满意的程度，未来在这方面应该更努力。

五、制度需完善

制度通常包括法律法规、政府政策、监管与公共服务、标准规范和行业规范等内容。对于物流业的信息化与智能化，国家颁布了多项政策，主要有《2006~2020国家信息化发展战略》、《国民经济和社会信息化"十一五"规划》、《关于加强信息资源开发利用工作的若干意见》、《国务院办公厅关于加快电子商务发展的若干意见》、《国务院关于加快发展服务业的若干意见》、《物流业调整和振兴规划》、《物流信息化发展规划》等。2009年，国家颁布的《物流业调整和振兴规划》提出将"提高物流信息化水平"作为十项主要任务之一，通过"积极推进企业物流管理信息化，促进信息技术广泛应用"，"加快企业物流公共信息平台建设，推动区域物流信息平台建设，加快构建政府有关部门物流管理与服务公共信息平台，扶持一批物流信息服务企业成长"。2010年，工业和信息化部组织编制的《物流信息化发展规划（2010~2015）》提出了"到2015年，初步建立起与国家现代物流体系相适应和协调发展的物流信息化体系，为信息化带动物流发展奠定基础"的总体目标，并基于此提出了八项典型发展和试点示范项目的支持方向，"物流信息平台建设工程"是其中最为重要的内容之一。

宁波市政府对物流信息化工作非常重视，先后出台了多项政策鼓励物流信息化，并投入了大量的精力在物流信息平台的建设上，这是值得肯定的。然而从现有信息平台的实际应用情况来看，市政府还需要在下一阶段工作中调整物流信息平台建设的相关政策以改进政策绩效。后续政策的制定应能够解决如下一些问题：首先，政府参与公共智慧物流信息平台建设的程度应如何把握，如何做好公共智慧物流平台的监管与运营工作。其次，政府对智慧物流信息平台的扶持方式问题，即具体从哪些方面给予何等的扶持政策。再次，如何帮助智慧物流信息平台建立合适的商业运作模式让平台能找到赢利点。最后，在前文中，提出的可借助公共智慧物流信息平台，通过相应的政策扶持提升广大中小物流企业的信息化程度，具体如何实施。

由于第八章中专门对宁波物流业政策体系开展研究，具体政策的制定在此不进行具体分析。

第八章　促进宁波物流业发展的政策体系

第一节　中国物流业政策体系的建设现状及存在问题

一、关于物流业政策体系的含义

政策是为实现某一个历史阶段或一个时期的某种目标而制定的行为准则。按《辞海》的定义，政策是行动指南与方针。政策作为上层建筑能产生一种效应，并对生产力的发展起到重要的促进作用。通过政策协调生产力要素，可形成推动经济发展的合力。因此，政策也是各级政府部门为实现一定时期的目标而制定的行为准则。

物流业政策，是国家为促进本国物流业发展，实现物流业与国民经济协调发展，对物流业实施各种引导、激励和干预的行动准则。

而物流业政策体系，是国家围绕着物流业发展目标，形成一整套有关物流业发展、结构、技术、组织、布局以及与之相应的价格、税收、金融、财政、贸易、科技、土地、环保、节能等内容的一系列有机的政策组合。

二、构建物流业政策体系的重要性和必要性

随着我国物流业的迅猛发展，社会物流总额呈现连续增长的态势，物流业已经成为国民经济发展的重要产业和新的经济增长点。与此同时，各级政府也充分认识到物流业的作用并给予了高度的重视，制定了物流业发展规划，出台了一些物流宏观政策以及相关的法律法规来推进物流业的发展。

当前，我国现代物流虽然有了一个良好的发展开端，但是，由于受到经济发展总体水平的影响，物流政策环境与国际先进水平相比还存在较大差距，物

流政策体系的建立健全成为现代物流快速发展的"瓶颈"。因此，对我国物流宏观政策的变化进行研究，预测我国物流宏观政策变化趋势，有利于宁波市物流决策部门逐步完善物流发展的政策法规，建立健全宁波地方物流业政策体系，促进宁波物流产业的腾飞。

现代物流业具有明显的复合产业特征，这就决定了物流业的发展要有良好的相关行业发展环境，因此，要切实加快我国现代物流业的发展，从总体上必须明确物流业发展的政策导向。既要从体现迎头赶上国际物流发展先进水平的紧迫感的高度，在政策上体现推进现代物流业发展的积极姿态，又要循序渐进，通过现代物流发展规划、现代物流业相关管理部门的政策制定和政府、企业、协会等现代物流发展的推进体系建设，达到有效管理和合理组织现代物流发展的目的。

我国目前正处于计划经济向市场经济转轨过程中，也是传统物流向现代物流的转型过程。这决定了我们不仅要克服一般市场经济国家所面临的市场机制的固有缺陷，而且面临着市场机制不健全、市场体系不完善等问题。政府在物流发展中的作用，除应弥补"市场失灵"的不足外，还应包括以下方面：一是发挥宏观经济引导和协调的作用。二是加快构建完善统一的物流市场体系，加速物流要素市场培育，打破地区封锁，建立全国性的物流市场体系。三是构建公平合理的物流交易规则，建立科学合理的物流市场交易秩序，为物流企业创造一个公平竞争的环境，并对物流市场主体的竞争予以适当引导。四是限制垄断行为，维护正常的物流市场竞争秩序，提高物流市场效率，保持物流市场的稳定。五是促进物流技术创新和用高新技术改造传统物流产业。六是完善社会保障体系的建立，支持衰退物流企业的退出。

因此，通过制定系统化的物流业政策体系，不仅可以发挥物流业政策体系的系统性和导向性，促进我国物流业又好又快发展，还可以协调好政府与市场在物流业发展中的作用，有力地推动物流业在新时期的产业结构调整和升级，有效引导物流企业应对物流全球化带来的挑战。

三、近 10 年国家物流宏观政策的演进

我国现代物流发展相关政策的形成，是一个循序渐进、逐步完善的过程，是一个调动各方面积极性，多层面共同努力推进的过程，是一个运用多种政策手段，不断从局部或某一环节推进到逐步形成政策体系的过程。1978 年以来，我国出台了一系列推动现代物流发展的政策。

1. 物流概念的"引入"（1978 年）

1978 年 11 月，原国家物资总局组织原国家计委、财政部等部门组成中国物资工作考察团考察日本物流，并写出考察报告，这是第一次向国内引入物流

概念。

1992 年，李鹏总理在全国人大所做的政府工作报告中提出，"建立为企业服务的原材料配送中心"，这是我国政府工作报告中第一次提到配送这种现代物流的形态。1999 年 11 月，时任国务院副总理吴邦国在发表的书面讲话中指出，加快现代物流业的发展，要求国家经贸委会同有关部门抓紧研究相关政策措施。

2. 我国第一个促进物流发展的政策性文件（2001 年）

2001 年 3 月，原国家经贸委、铁道部、交通部、信息产业部、外经贸部、民航总局 6 个部委联合发布了关于《加快我国现代物流发展的若干意见》，这是我国政府部门联合下发的第一个有关物流发展的政策性文件。同年，推进现代物流发展的相关内容第一次纳入了国民经济和社会发展五年规划纲要，提出要强化对交通运输、商贸流通等行业的改组改造，推进连锁经营、特许经营、物流配送、代理制、多式联运、电子商务等组织形式和服务方式。在我国国民经济和社会发展第十个五年规划纲要中，物流业被列为要大力发展的新型服务业之一。

2001 年 4 月，国家国内贸易局提出并归口的《物流术语》国家标准正式颁布，该标准旨在规范我国当前物流业发展中的基本概念，以适应物流业迅速发展和与国际接轨的需要。随着物流业在我国的发展，更多的物流管理运作内容和用语急需规范和说明，《物流术语》国家标准已远远不能满足行业发展的需要，《物流术语》国家标准修订版于 2007 年 5 月 1 日正式实施。

2001 年 8 月，交通部颁布实施了《关于促进运输企业发展综合物流服务的若干意见》，明确提出了交通业发展物流服务的指导思想和总体目标，要求加强主枢纽建设和发展中转货运站和运输仓储设施，鼓励不同类型企业联合经营以发挥综合优势，鼓励发展多式联运和"门到门"服务，鼓励开发第三方物流服务，在坚持适度对外开放原则的前提下提高开放质量和水平。

2002 年 4 月，原国家经贸委、交通部、外经贸部、铁道部、海关总署、国家质检总局 6 部委联合制定了《加快发展我国集装箱运输的若干意见》，其目的在于加强全国集装箱运输工作的综合组织与协调，改善服务环境，提高工作效率，加强基础设施建设，大力推动多式联运。

2002 年 6 月，商务部发布《关于开展试点设立外商投资物流企业工作的有关问题的通知》。通知对外商投资物流企业在市场准入和审批程序方面做了具体规定，目的在于规范外商投资物流企业的市场行为，促进国际贸易和物流的对外开放及健康发展。这是我国承诺加入世界贸易组织后三年内逐步开放物流市场的一个实质性的举措，标志着我国物流市场正式对外开放。

在此期间，我国各省市相继出台了一些物流政策。如深圳市将现代物流确定为深圳市三大重要支柱产业之一，是我国第一个将现代物流确定为国民经济的"重要支柱产业"的地区。浙江省制定了《浙江省现代物流发展纲要》。

　　3. 全面促进我国现代物流发展的政策性文件（2004年）

　　2004年，国家发展和改革委员会、商务部等9个部委印发了《关于促进我国现代物流发展的意见》，这是一个更为全面、政策支持力度更大的文件，提出了推动我国现代物流发展的指导思想、总体目标、工作重点和支持政策。这是我国政府首次明确物流产业地位及发展方向的纲领性文件。

　　《意见》的出台是我国物流业加快发展的新机遇，对于我国物流业发展具有十分重要的意义。首先，它顺应了我国物流业发展的需要。自20世纪70年代末引进物流概念以来，到世纪之交的这几年，我国的物流业才有了实质性的推进。其次，它是政府部门转变职能，加强协调的产物。最近几年，国家进行了政府机构改革，出台了《行政许可法》。这次9部委能够形成一个统一的意见，共同为物流业发展创造宽松环境，确实是一个良好开端。这是继2001年原国家经贸委等6部门出台有关推动物流业发展的意见以来，又一个十分重要的文件，对于我国物流业的发展是一个有力的推动，也为我国现代物流业发展提供了新机遇。

　　4. 全国现代物流部际联席会议成立（2005年）

　　2005年，13个部门与中国物流与采购联合会、中国交通运输协会共同建立了现代物流工作综合协调机制——全国现代物流工作部际联席会议，研究政府规制中推进现代物流发展的具体部署。联席会议单位工作由发改委物流主管部门承担，统筹推进现代物流基础性工作，指导推进各省、自治区、直辖市、人民政府及职能部门的现代物流工作，协调解决物流发展中的突出问题。

　　几年来，物流工作部际联席会议取得了一系列成果：一是制定了物流相关政策，铁道、交通、商务等部门按照各自职能，配合国家"十一五"发展规划纲要，制定了现代物流业发展规划纲要。二是出台了放宽物流市场准入的有关政策，各有关部门取消了部分涉及物流企业的行政性审批。三是进一步改善口岸物流的通关环境。四是积极推进物流企业税收试点工作。五是建立了社会物流统计核算制度。六是组建全国物流标准化技术委员会，完成了多项物流国家标准的制定工作，并组建了物流标准化工作体系。

　　2005年7月，《物流企业分类与评估指标》标准出台，规定了物流企业的定义与分类原则、方法，明确了我国物流企业的类型与评估指标。

　　2005年12月，国家税务总局下发《关于试点物流企业有关税收政策问题的通知》，首批37家物流企业列入税收改革试点。

　　5. "十一五"规划确立物流产业地位（2006年）

　　2006年3月，十届全国人大四次会议通过了《国民经济和社会发展第十一个五年规划纲要》，现代物流业首次作为一个专门的行业，被列入我国国民经济与社会发展规划纲要。"大力发展现代物流业"被列入国家"十一五"规划纲要,为我国物流业发展指明了方向,明确物流行业是国民经济中的一个重要产业,属生产性服务业,物流业的产业地位得到确立。在国家"十一五"规划出台后,各省市政府纷纷制定区域的物流发展规划;铁道部、交通部等物流行业主管部门纷纷制定本行业发展规划。长三角、珠三角、环渤海等地区的区域物流加强了合作。

2007年,国务院出台了《关于加快发展服务业的若干意见》,重申加大政策支持力度,推动服务业加快发展,并提出了对物流企业实行财政优惠的具体政策。

2008年初,国家又出台了税费调整和土地管理政策,提出要对物流业发展给予更大力度的支持,实行有利于服务业发展的土地管理政策,完善服务业价格、税收等政策,积极扩大包括现代物流业在内的生产性服务业的税收优惠政策。国家有关部门还解决了物流企业重复纳税及其在营业税缴纳和增值税抵押等方面存在的问题。一些地方政府向物流企业和物流园区提供土地、财税、融资及通关等方面的便利和优惠,设立专项基金支持现代物流发展。

2008年3月,国务院办公厅发布《关于加快发展服务业若干政策措施的意见》。商务部出台《关于加快流通领域现代物流发展的指导意见》。财政部设立专项资金,支持农村物流体系建设。国家税务总局批准184家企业纳入第四批物流企业税收改革试点。工业和信息化部提出了《全国性、区域性现代物流公共信息平台建设的指导意见》。交通运输部、铁道部加快物流通道建设。交通运输部发布了《快递市场管理办法》,国家邮政局制定相关的规划、政策、标准。上述举措使中国物流业发展的政策环境进一步改善。

此外,各级地方政府也纷纷制定规划、出台政策、加大资金投入,支持建立行业协会,促进物流业发展。

6. 物流产业调整与振兴规划出台(2009年)

由于国际金融危机对我国实体经济造成了较大冲击,物流业作为重要的服务产业,也受到较为严重的影响。为应对国际金融危机的影响,落实党中央、国务院保增长、扩内需、调结构的总体要求,促进物流业平稳较快发展,培育新的经济增长点,2009年3月,国务院《关于印发〈物流业调整和振兴规划〉的通知》作为物流产业综合性应对措施的行动方案。该《规划》对当前物流业发展现状和面临的形势进行分析,提出了物流产业振兴的指导思想、原则、目标和主要任务,最后提出振兴物流业的九大重点工程,包括多式联运和转运设施、物流园区、城市配送、大宗商品和农村物流、制造业和物流业联动发展、物流标准和技术推广、物流公共信息平台、物流科技攻关及应急物流等。

2009年7月,为贯彻落实国务院《物流业调整和振兴规划》精神,中国物流与采购联合会组织了三个调研组，分赴珠三角、长三角和中西部地区进行了调研，并就《规划》中提出的"抓紧解决影响当前物流业发展的土地、税收、收费、融资和交通管理等方面的问题"召开了专题座谈会。相继提出了物流业税收问题的政策建议 10 条、交通管理问题的政策建议 10 条、物流业投融资问题的政策建议 10 条等政策建议。同时，中国采购与物流联合会向有关政府部门提出了另外 30 条政策建议，内容涉及备受社会和业界关注的制造业与物流业联动发展、支持物流企业做大做强和促进物流园区健康发展三个热点领域。

2010 年 7 月，根据国务院印发的《物流业调整和振兴规划》要求，国家发改委编制了《农产品冷链物流发展规划》。该《规划》在分析我国当前农产品冷链物流发展现状和问题的基础上，提出了到 2015 年我国农产品冷链物流发展的目标、主要任务、重点工程及保障措施。

各级地方政府根据《物流业调整和振兴规划》要求，纷纷制定了促进物流调整与振兴的政策。如浙江省的《物流业发展三年行动计划》，宁波市政府的《加快现代物流业发展打造全国性物流节点城市实施意见》等。

近 10 年来，我国已经形成了一系列促进物流发展的政策，其中对我国物流业发展具有重要意义的政策如表 8-1 所示。

表 8-1　我国重大物流政策发展演变过程

时间	部门	物流政策	意义
1978 年	原国家物资总局	物流概念的引入	第一次向国内引入物流概念
2001 年	原国家经贸委、铁道部、交通部等 6 个部委	《加快我国现代物流发展的若干意见》	我国第一个有关物流发展的政策性文件
2004 年	国家发改委、商务部等 9 个部委	《关于促进我国现代物流发展的意见》	全面促进我国现代物流发展的政策性文件
2005 年	13 个部门与中国物流与采购联合会、中国交通运输协会	全国现代物流工作部际联席会议	共同建立了现代物流工作综合协调机制
2006 年	十届全国人大四次会议	《国民经济和社会发展第十一个五年规划纲要》	现代物流业首次被列入我国国民经济与社会发展规划纲要
2009 年	国务院	《物流业调整和振兴规划》	物流产业作为我国十大重点发展产业

四、中国物流宏观政策的特征与存在问题

1. 我国物流宏观政策的特征

（1）通过中共中央、国务院重要会议引导和推进现代物流发展。20 世纪 90 年代以来，我国历届党的代表大会以及一年一度的中央经济工作会议和国务院总理的《政府工作报告》，都把推进现代物流发展作为一项重要工作内容，为研

究和制定物流发展政策提供了指导思想、工作要求和重要依据。2006年，国务院召开全国现代物流工作会议，国务院领导同志在会议上作了专题报告，提出了推动现代物流发展的指导思想、重点任务和具体部署。经过持续不断的努力，政府和国内学术界、行业协会、企业界对加快推进现代物流形成了高度共识，现代物流的定义、概念、内涵和政策要求日趋清晰，为政策和保障体系的形成提供了重要的思想基础和良好的环境条件。

（2）通过不同层次的规划，引导和推进现代物流发展。一是把推进现代物流发展纳入国家规划。如2001年把现代物流发展的相关内容第一次纳入了国民经济和社会发展五年规划纲要，2009年出台的《物流业调整和振兴规划》，以及即将出台的《全国现代物流业发展规划纲要》等，对推动现代物流发展将起到至关重要的作用。二是国家有关部门研究制定的各类专项规划。国务院有关部门推出了一系列针对性和操作性较强的专项规划，如国家发展和改革委员会制定的《粮食现代物流发展规划》、《农产品冷链物流发展规划》，商务部制定的《流通标准"十一五"规划》，交通部制定的《全国沿海港口布局规划》、《全国内河航道与港口布局规划》、《公路水路交通"十一五"发展规划》、《国家公路运输枢纽布局规划》，铁道部制定的《中长期铁路网规划》等，把现代物流的发展提升到了一个新的水平。三是地方政府研究制定的物流规划。近几年，各地政府纷纷开始研究制定推进现代物流发展的规划，全国2/3以上的省市都制定了"十一五"期间的现代物流发展规划。一些地方突破行政区划界限，探索按照经济区域组织现代物流的政策，如制定了《长江三角洲地区现代化公路水路交通规划》、《环渤海地区现代化公路水路交通基础设施规划纲要》、《促进中部地区崛起公路水路交通发展规划》和《振兴东北老工业基地公路水路发展规划纲要》等。一些地区以中心城市为依托，研究制定社会化物流体系或物流平台，如北京、上海、天津、重庆、西安、宁波等城市的物流规划，就在考虑依托中心城市，引导形成新的物流圈和物流供应链体系。

（3）通过政府规制与指导意见，引导和推进现代物流发展。为了促进现代物流业发展，国家各部委联合印发了一系列意见，如《关于加快我国现代物流发展的若干意见》、《关于促进运输企业发展综合物流服务的若干意见》、《关于促进我国现代物流发展的意见》、《加快发展我国集装箱运输的若干意见》、《关于开展试点设立外商投资物流企业工作的有关问题的通知》、《关于加快发展服务业的若干意见》、《关于加快发展服务业若干政策措施的意见》、《关于加快流通领域现代物流发展的指导意见》、《全国性、区域性现代物流公共信息平台建设的指导意见》等。

（4）通过制定物流产业标准与规范，引导和推进现代物流发展。为了规范我国当前物流业发展中的基本概念，以适应物流业迅速发展和与国际接轨的需要，原国家国内贸易局颁布了《物流术语》，对物流领域各种术语进行了规范和说明，2007年进行了修订。为了促进物流企业的发展，国家出台了《物流企业分类与评估指标》标准，该标准规定了物流企业的定义与分类原则、方法，明确了我国物流企业的类型与评估指标。为引导和推进全国冷链物流的发展，制定了《肉和肉制品物流规范》、《初级生鲜食品良好操作规范》、《易腐食品机动车辆冷链运输要求》，目前正在抓紧编制关于冷链物流作业分类与要求，冷链物流技术与管理，保鲜食品、冷冻食品包装等国家标准。

（5）通过财政、税收、金融、土地政策，推进现代物流发展。2007年以来，国家出台了一系列物流企业发展的优惠政策，如《关于加快发展服务业的若干意见》、《关于加快发展服务业若干政策措施的意见》、物流业税收问题的政策建议10条、交通管理问题的政策建议10条、物流业投融资问题的政策建议10条等政策。这些政策从财政、税收、金融、土地政策等方面促进了现代物流发展。

2. 我国物流宏观政策存在的问题

要充分发挥现代物流在推动我国经济全面转型，特别是转变经济发展方式、提高经济运行质量方面的作用，现行物流政策的支持与保障措施还存在很多不足之处，无法满足物流业这种先导性、鼓励类产业发展的需要，主要表现为推动现代物流快速、健康发展的成熟配套的政策体系尚未形成等方面。具体表现为：

（1）国家出台的政策文件缺少实施细则，部分条款缺乏可操作性。例如，2007年国务院出台了《关于加快发展服务业的若干意见》，提出要大力发展面向生产的服务业，促进现代制造业与服务业有机融合与互动发展，要细化深化专业分工，鼓励生产制造企业改造现有业务流程，推进业务外包，加强核心竞争力，同时加快从生产加工环节向自主研发、品牌营销等服务环节延伸，降低资源消耗，提高产品附加值要优先发展运输业，提升物流专业化、社会化服务水平，大力发展第三方物流。但与之配套的各方面实施细则和操作办法均未形成。2009年国务院出台的《物流业调整与振兴规划》实施细则和操作办法也未形成。

（2）国家出台的物流政策有滞后性，缺乏前瞻性、系统性。一项政策或法规应具有前瞻性，应能预见到一些将会出现的问题并予以规范。同时政策的出台还应有系统性，成系列推出。但现行政策的推出有一定的滞后性，如物流园区建设规划、冷链物流等。

（3）物流政策执行主体不明确，缺乏监督体系。物流涉及领域广泛，关联扩散效应大，要求其制定参与主体是多元的。我国原国家经贸委、交通部、铁道部、海关总署、信息产业部、民航总局、中国物流与采购联合会、中国交通运输协会等10多个部委和行业协会参与了物流政策的制定。政策实施是一个复杂过程，一般而言，参与政策制定的主体是多元的，但实施主体相对单一，而且必然是掌握一定行政权力的政府行政机构。我国物流政策的执行主体不明确，执行主体权力不足，导致物流政策执行力度不够。另外，政策基本都是跨年度的，实施过程较长，这些增加了政策被扭曲的可能性，还缺乏政策监控体系。

（4）物流政策效用偏低。目前，我国各部门出台的各项政策与规制，如铁路、交通、航空、外贸、邮电等都在积极发展物流，每个部门都在制定本部门的物流规划，但由于机构的分立甚至互斥，以及信息不能及时传递，各个部门只能从本部门的利益出发来制定自己的规划，各专项规划之间关联度不够。尽管每个规划都有一定的合理性，但从全国乃至社会的角度来看，却存在一定程度的不合理性，缺乏协调性、衔接性与整体性。这主要表现在物流业发展中重复建设、重复投资的现象比较严重，规划与规划之间无法协调、配合。

同时，地方规划和政策缺少必要的按照经济关联度进行跨区域整合的政策与措施。除个别经济圈、经济区和经济带的物流规划外，基本上立足于本行政区域内部的物流设计，不符合现代物流按照流通规律组织现代物流的基本要求。这都导致了物流政策的效用偏低。

（5）在制造业物流发展方面尚无具体政策和实施办法。制造业物流是我国物流业的重要组成部分。据中国物流信息中心统计，2007年我国工业品物流总额为66.1万亿元，占全国社会物流总额的比重高达87.5%。从原材料到产成品，用于加工制造的时间不超过10%，而90%以上的时间都处于仓储、运输、搬运、包装、配送等物流环节。制造业物流的程度和水平直接关系着制造企业的效率和效益，是转变经济增长方式，提高制造业核心竞争力的关键所在。但我国在促进制造业物流发展方面尚无具体政策和实施办法，存在许多需要解决的政策问题。

（6）现代物流园区缺少完善的法律法规和政府规制。物流园区不仅是市场经营实体，还承担着社会公共服务的职能，具有跨行业、跨地区、多功能、多层次的属性，目前有货运服务型物流园区、生产服务型物流园区、商贸服务型物流园区和综合服务型物流园区四种类型。这些规划客观上需要政府通过科学规划，组织制定区域物流园区发展政策，整合存量资源，优化园区内产业布局、企业布局和建设布局，实现物流园区的规模效益和集聚效应，促进园区健康发展。目前，尚无针对物流园区发展情况及特点的土地、税收、投融资等方面的相关政策，难以将工商、财税、运输管理、公安等政府监督管理服务职能集聚到同一平台上，不利于园区发展，实现节约行政资源、物流市场高效管理和政府对外服务的目的。

（7）缺乏鼓励物流技术创新的政策。在物流业的发展进程中，物流技术的发展是至关重要的。物理技术包括硬技术和软技术，涉及诸多方面，如条形码技术、电子数据交换、卫星定位系统、RFID、高速快捷的运输方式和运输规划等。现代物流发展除了企业发展战略的调整以及企业物流服务能力的进一步开发外，更重要的是来自技术的因素尤其是信息技术。现代信息技术提供了对物流中大量的、多变的数据进行快速、准确、及时采取并迅速分析处理的能力，大大提高了信息反馈功能，进而提高了控制管理能力和客户服务水平，提高了物流运营的效率。因此，应尽快推出相关的物流技术促进政策，实现物流业关键技术的迅速发展和广泛应用，以技术进步来推动物流业的快速高效发展。

（8）国际水准的规划、规范、标准、认证体系尚未形成。虽然我国已经制定了一系列规划、规范、标准和认证认可规定，但总体来看尚未形成完善的体系。有的缺乏整体性和系统性，分散在不同环节和工作领域；有的低于国际标准和国内物流发展实践要求，不利于提高物流系统运行效率；有的缺少各子系统设施、设备、专用工具等技术标准和业务工作标准；有的方面还存在空白，亟待建立健全。如冷链物流标准还需要细化，要在操作性和量化方面把标准具体化、专业化，进一步研究常低温食品物流中心规划设计标准、低温食品物流营运管理规范、易腐食品和生鲜食品冷链物流技术标准及物流可追溯管理技术标准等。

（9）在国际物流企业进入国内市场形成垄断方面缺乏约束性政策。最近几年，外资物流企业凭借资金、技术、管理等方面的优势，大举进入国内物流市场，正通过直接投资在港口码头、物流地产等方面形成对基础设施的控制力，通过控制价值链高端企业控制处于低端的国内企业，通过并购国内物流网络控制国内市场。在这方面我们既缺乏相应的法律法规和政策体系，也缺乏与国际物流企业控制我国高端物流市场相关的约束性政策和措施，这影响着我国现代物流体系的建立与经济运行的安全性。

（10）对我国物流企业进入国际市场缺少必要的支持性政策。我国正在加快实施"走出去"战略，在货物加工与出口向周边国家和地区转移的过程中，企业面临的最大困难是缺乏配套的产业链与服务链，特别是国际化物流能力非常薄弱，物流成本高昂，不仅难以形成真正具有国际竞争力的我国自己的跨国企业，也使"走出去"的企业面临国际物流市场的高风险。如国际市场铁矿石价格近几年急速上升，但铁矿石运输价格的增幅比铁矿石本身价格的增幅更大，使我国付出了沉重的代价。我国在物流企业的国际融资、收购、重组、审批等方面也没有明确的政策导向，在海外资金结算上存在很多不便，与所在国政策的协调与沟通也存在很多困难。

第二节　国家对物流产业定位与宏观政策趋向

一、国家对物流产业定位

2006 年的《国民经济和社会发展第十一个五年规划纲要》在第四篇《加快发展服务业》第十六章《拓展服务业》里面，单列一节《大力发展现代物流业》。现代物流业首次作为一个专门的行业，被列入我国国民经济与社会发展规划纲要。"大力发展现代物流业"被列入国家"十一五"规划纲要，为我国物流业发展指明了方向，明确了物流行业是国民经济中的一个重要产业，属生产性服务业，物流业的产业地位得到确立。

2009 年，国务院审议通过物流业振兴规划，明确提出加快发展现代物流业，建立现代物流服务体系，以物流服务促进其他产业发展。物流业列入十大产业调整和振兴规划意义重大，它既是物流业快速发展的要求，也是其地位与作用被广泛认可的标志。

从出台的《"十一五"规划纲要》和《物流业调整与振兴规划》可以看出，我国目前对物流产业还没有明确的定位，但已经肯定了物流业是融合运输业、仓储业、货代业和信息业等的复合型服务产业，是国民经济的重要组成部分，在促进产业结构调整、转变经济发展方式和增强国民经济竞争力等方面发挥着重要作用。

因此，现代物流产业定位可以确定为：现代物流产业是一门新兴的产业、基础性产业、复合性产业、生产性服务业，也是一些地区的重要支柱产业。

我国对区域物流业发展的定位是重点发展九大物流区域，建设十大物流通道和一批物流节点城市，优化物流业的区域布局。

九大物流区域分布为：以北京、天津为中心的华北物流区域，以沈阳、大连为中心的东北物流区域，以青岛为中心的山东半岛物流区域，以上海、南京、宁波为中心的长江三角洲物流区域，以厦门为中心的东南沿海物流区域，以广州、深圳为中心的珠江三角洲物流区域，以武汉、郑州为中心的中部物流区域，以西安、兰州、乌鲁木齐为中心的西北物流区域，以重庆、成都、南宁为中心的西南物流区域。

物流节点城市根据本地的产业特点、发展水平、设施状况、市场需求、功能定位等，带动周边所辐射区域物流业的发展，形成全国性、区域性和地区性物流中心和三级物流节点城市网络，促进大中小城市物流业的协调发展。物流节点城市分为全国性物流节点城市、区域性物流节点城市和地区性物流节点城市。全国性物流节点城市包括：北京、上海、南京、宁波、杭州等 21 个城市。区域性物流节点城市包括：哈尔滨、长春、包头、呼和浩特等 17 个城市。

二、中国物流宏观政策变化趋势

通过我国物流业政策发展演进的轨迹和国家对全国性物流产业及区域物流业的定位分析，在我国经济增长方式转变和产业转型升级的背景下，在物流业调整与振兴的形势下，我国物流宏观政策发展趋势也将发生变化。

1. 物流政策重点突出，目标更加明确

由于我国出台的一系列政策意见缺少实施细则，部分条款缺乏可操作性，在后继出台的物流政策将突出重点，物流政策目标更加明确。一些国家的物流政策不但突出重点，而且有许多数字化目标，如对城市货运汽车的装载率、高峰期的车速、标准化托盘的使用率、集装箱运输费用等都做出了明确的规定。

2009 年以来，我国出台的物流政策也明确规定了目标，如物流业增加值、全社会物流总费用与 GDP 的比率、冷藏运输率、冷链流通率、流通环节产品腐损率等。同时，国家《物流业调整与振兴规划》实施细则也将出台。随着物流专业化、细分化的发展，物流政策也将细分化，突出重点，目标更加明确。

2. 完善有利于物流业发展的税收、金融、财政政策

（1）物流业的税收政策。我国物流业征收的是营业税，重复征税不可避免，如果不采取措施消除税制本身的缺陷，就会限制物流业的健康发展。尽管目前国家已采取了一些措施，使重复征税问题有所缓解，但税制缺陷依然存在。国家将继续完善对物流企业的税收政策。

（2）物流业的金融政策。国家将适当放宽物流企业在股票上市、债券发行审批方面的限制条件，允许有发展潜力的物流企业发行不同期限的长期债券并进行股票发行试点，通过鼓励物流企业进入资本市场，促进物流产业融资。同时，建立现代物流企业信贷支持体系，解决物流企业贷款困难问题。

（3）物流业的财政政策。从发达国家工业化的进程来看，现代物流基础设施建设应适度超前。国家将加大对重大物流基础设施建设的投入力度，特别将加强跨地区、跨行业、跨部门的铁路、港口、机场等多式联运和重要物流节点的建设，对重要物流公共服务设施的建设，国家将给予财政支持。对重要的骨干物流基础设施建设和改造，中央和地方财政可给予贴息贷款、税收减免、土地使用等方面的支持。将形成多元化投融资渠道，吸引国内外资本进入物流基础设施建设领域。

3. 推进专业化、细分化物流发展的政策

随着产业物流社会化与专业化发展的趋势，国家将加快重点行业和重点品

种物流发展，如石油、煤炭、重要矿产品；粮食、棉花、农产品冷链、农资；医药、化学危险品；汽车和零配件；绿色物流；应急物流等。加快物流业专项规划出台，如煤炭物流专项规划、物流园区专项规划、应急物流专项规划、商贸物流专项规划、物流标准专项规划等。

国家也将重点支持农业和农村物流、大众生产资料物流和生活消费品物流。关注涉及民生和社会安全等问题，如食品、药品物流，危险、化学品物流和应急物流等。

4. 推动制造业、农业、物流业联动发展的物流政策

现代物流已成为提升制造业和农业核心竞争力的重要支撑，成为构建制造业和农业产业链的重要组成部分和基础条件。国家将积极鼓励现代物流业与制造业、农业联动发展。鼓励制造企业物流业务的分流外包，流程再造，推动物流业与制造业、农业融合互动，共同发展。因此，国家将出台推动制造业、农业、物流业联动发展的物流政策。

5. 积极推动区域物流发展政策

随着我国区域规划的陆续出台，如《长江三角洲地区区域规划》等已通过国务院批复，区域内的城市经济发展将日益密切，区域经济一体化促进物流业集聚区形成。国家将高度重视并加快推进跨行政区域的物流区域建设、全国性物流节点城市建设、地区性物流节点城市建设。

为了适应我国区域发展的需要，将研究制定各项政策措施，整合存量资源，进一步化解区域间市场壁垒，在更大范围内实现物流资源优化配置，形成若干与区域经济发展相匹配的物流区域。推动区域性物流经济的发展，配合国家区域经济发展战略，从而培育统一开放、务实高效的现代物流市场体系。

6. 更加重视绿色物流发展政策

20世纪70年代以来，在世界生产力突飞猛进的同时，地球环境也在不断恶化。资源的过度消耗使人们的生存环境和经济运行受到了严重挑战。"低碳经济"、"节能减排"等可持续发展方式越来越受到各国的重视。

"绿色物流"作为可持续发展的模式，已经成为21世纪现代物流业发展的新趋势。在这样的背景下，我国将调整现代物流发展政策，制定物流环保政策，这些政策包括：一是对造成环境污染的物流设施、设备、工具和物流行为的管制越来越严格，越来越具体，如设置环境保护税，收取车辆排污费。二是从政策上支持那些有利于减少环境污染的物流设施、设备、工具的开发和应用。

7. 物流政策将鼓励物流技术创新

现代物流的发展离不开信息技术的支撑，随着现代物流业向信息化、网络化、智能化、自动化发展，物流技术创新将显得尤为重要。因此，物流政策也将鼓励物理技术创新和应用。对物流信息化的支持政策主要包括：

（1）重点支持和鼓励信息技术的开发、应用。如条形码技术、电子订货系统、电子数据交换系统、射频识别技术、卫星定位系统、自动存取系统、货物跟踪系统、地理信息系统、智能运输系统等信息技术的开发与应用。

（2）支持物流信息平台、物流自动化设备的建设。鼓励物流信息平台的建设，如行业信息平台、第四方物流等信息平台建设，鼓励组织研究物流装备技术，提高各物流环节的机械化和工业化程度，促进托盘集装箱、厢式货车等集成化装备物流的使用。

（3）鼓励促进电子商务发展的政策。近几年来，电子商务规模发展越来越快，电子商务已经成为一种新型的商业运营模式。因此，如何促进和规范电子商务的发展，也是物流政策发展的趋势。

8. 制定与国际接轨的物流标准和认证认可体系

目前，我国存在着一些落后于物流发展需要的标准与认证认可体系，阻碍了物流企业走向国际市场。因此，国家将把更高水平物流标准与认证认可体系的研究制定，作为重要的物流政策内容。

加快我国物流标准化建设步伐，特别要做好物流用语、计量标准、技术标准、数据传输标准、物流作业标准和服务标准等方面标准的研究和修订。注重物流公共信息平台与电子信息平台接口的标准化和物流设施标准化。研究制定物流系统各类固定设施、移动设备、专用工具的技术标准，物流过程各环节之间的工作标准，物流包装、仓储、配送、装卸、运输器械模数标准，电子商务与供应链管理标准主要包括通信标准、数据结构标准、身份认证、信息安全标准等。

加快与物流密切相关的地理信息系统的标准化进程。推进城市智能交通信息标准化，研究制定空间信息基础数据框架、地理信息系统、交通信息编码、行政单元编码等标准。针对所运输货物性质的不同，制定相应的标准，使运输、仓储等各类物流活动得以协调运作。

第三节　宁波物流业发展相关政策梳理及其评价

一、宁波相继出台的促进物流产业发展的政策

1. 成立物流产业发展的组织管理机构

由于物流业是复合产业，又是新型产业，涉及政府多个管理部门，我国还没有形成一个能恰当地对物流业进行统一管理的部门。鉴于此，2002年3月，

宁波市成立了由市计委、市经委、市贸易局、市外经贸局、市财政局、市规划局、市建委、市国土资源局、市工商局、市交通局、宁波港务局、市口岸办、市港口办、宁波海关、市信息办、市邮政局、民航宁波局17家单位组成的现代物流业发展领导小组，主要负责宁波市现代物流业发展中的规划审定和实施、政策支撑体系的研究和制定、重大物流项目的推进等重大问题，保证了物流业发展领导、规划、政策制定出台的统一性。

2005年7月，宁波市政府印发了《宁波市发展和改革委员会职能配置、内设机构和人员编制规定》的通知，该文件中对宁波市发改委的职能、机构设施进行了调整，对配备人员进行了规定，其中将"编制并组织实施物流业发展规划，制定培育物流业市场主体的政策措施"确定为发改委的主要职责之一，具体由服务业发展处负责，市物流领导小组办公厅日常工作也由发改委服务业发展处承担。

物流业发展的政府管理机制与机构的确定为宁波市后续物流政策的出台奠定了基础。

2. 促进物流业发展的相关政策

为促进物流产业发展，宁波市政府以及各部门先后出台了多项针对物流产业的政策，这些政策的出台既有国家宏观政策变化的背景，又结合了宁波经济社会发展的现状。

宁波市探索物流业发展政策主要从本世纪初开始。2002年6月，宁波市政府出台了《关于加快宁波市现代物流业发展的若干意见》，这是宁波市首次出台的专门针对物流产业发展的政策。该意见的出台紧随2001年国家6部委联合发布的《关于加快我国现代物流发展的若干意见》之后，表现出宁波市对物流业的高度重视和对国家政策快速的反应能力。该意见阐述了宁波市发展现代物流业的重大意义，规定了现代物流业发展的总体思路、目标要求和主要原则，提出要以港口为龙头，加快建设现代国际物流体系，以物流园区建设为依托，以第三方物流为主体，加快培育优质、高效、便捷的物流配送、转运体系，以基础设施和信息平台为重点，加快建设现代物流业的支撑体系，并提出从提高思想认识、切实加强领导、培育主体企业、规范市场行为等方面为现代物流业的发展营造良好的环境。该意见也成为宁波物流业发展的第一个纲领性文件，为宁波物流业的发展构建了主体框架。

根据上述现代物流业发展若干意见，宁波市政府办公厅于2003年1月发布了《关于加快宁波市现代物流业发展的实施办法》，规定了宁波市支持发展现代物流的相关具体政策。主要政策包括：

（1）市计划主管和财政部门在年度政府投资计划中设立促进现代物流业发展引导资金，"十五"后三年每年安排1000万元，用于支持重点物流园区、重点物流企业和公共物流信息服务系统建设。

（2）对企业采用物流信息管理系统、自动分拣系统等先进物流技术和设备的，列入市政府科技项目经费和技术改造项目计划，享受有关优惠政策。

（3）市规划的物流园区和市现代物流企业的土地地价比照工业、交通类项目用地地价确定。

（4）对于开展市域物流配送业务的现代物流企业（包括连锁企业内部配送中心），发放一定数量的物流绿色通道证。

（5）建立物流行业协会，充分发挥物流行业协会等中介组织的作用，加强行业自律。

（6）培养、引进一批具有国际视野、懂经营、善管理的专业物流人才。

2004 年，宁波市发布了《宁波市现代物流业发展引导资金管理办法（试行）》，并于 2005 年正式出台了《宁波市现代物流业发展引导资金管理办法》，取代了之前的试行办法。《宁波市现代物流业发展引导资金管理办法》由宁波市现代物流业发展领导小组办公室和宁波市财政局联合发布，该《办法》根据 2003 年宁波市政府办公厅《关于加快宁波市现代物流业发展的实施办法》，规定现代物流业发展引导资金主要用于扶持物流中心、物流项目、物流信息化及物流高新技术应用项目、现代物流推进和人才培训等的建设，优先资助宁波市重点物流企业及通过中华人民共和国《物流企业分类与评估指标》国家标准（GP/T19680-2005）认定的 2A（含 2A）以上的物流企业。

2007 年出台了《宁波市现代物流重点联系企业管理暂行办法》，对重点联系企业的分类、认定条件、申报时间及程序等进行了规定。根据该办法，宁波市现代物流重点联系企业分为物流企业和工商企业两类。申报成为重点联系企业的物流企业其部门经理及以上管理人员中大专及以上学历占 50% 以上，企业年度主营业务收入 5000 万元及以上（新注册企业除外），具有较好的成长性；申报成为现代物流重点联系企业的工商企业的，企业年度主营业务收入 1 亿元及以上（新注册企业除外），且具有独立的物流管理部门或运作设施。确立为市现代物流重点联系的企业，可享受优先推荐入住物流中心，可按规定申请市现代物流业发展引导资金，优先推荐企业参与市、省及国家的科技攻关、扶持引导资金等申报，优先推荐、安排企业参与市政府组织的国内外招商、考察等重要活动等鼓励政策，并对市重点联系物流企业中，通过 AAA 及以上认定的企业给予一定的奖励。

2010 年，宁波市政府办公厅印发《关于印发加快宁波港口物流业转型升级主要任务分工的通知》，提出鼓励企业通过 ISO 质量管理体系认证和国家物流企业 A 级标准评定，并明确此项工作由市质监局、市发改委、市物流协会作为责任单位、配合单位。

2010 年，宁波市政府办公厅印发《加快现代物流业发展，打造全国性物流节点城市实施意见》对打造全国物流节点城市的意义、指导思想、基本原则和发展目标等进行了阐述，提出了发展任务，包括发展多式联运、发展三大业务体系、推进物流业与制造业、商贸业的联动等主要任务，并提出要通过实施积极的财政支持政策加大金融对物流业的支持力度，落实物流业相关扶持政策，强化对重点物流项目的用地保障，规范物流市场经营秩序，加强物流人才引进和培育等措施来建设物流业发展环境。

2010 年 7 月 27 日，宁波市物流办和市财政局联合发文，出台《宁波市现代物流示范企业认定和扶持暂行办法》，着力培育一批在信息化、标准化、品牌化、专业化、综合物流等方面绩效显著，引领带动作用明显的现代物流示范企业。其中，将通过国家 AAA 级及以上国家 A 级物流企业优先作为物流标准化示范企业的认定条件之一。根据现代物流示范企业认定和扶持暂行办法，现代物流示范企业认定主要包括物流信息化示范企业、物流标准化示范企业、物流品牌化示范企业、物流专业化示范企业和综合物流示范企业 5 种类型。经认定的前 4 类现代物流示范企业，每家奖励 20 万元，同一企业当年奖励政策不能重复享受。经认定的综合物流示范企业，每家奖励 50 万元，其实现的利润总额形成的地方财力新增部分的 50%，由同级财政设立专项资金，专项用于综合物流示范企业的人才引进培养、信息化系统建设、管理创新等专项补贴。经认定的现代物流示范企业，其员工参加相关培训并通过中高级物流师资格考试的，按每位 3000 元给予培训（考试）费用补助。

3. 宁波市制定的现代物流业发展规划

2002 年，宁波市发改委发布了了《宁波市现代物流业发展规划（2005-2020）》。该规划根据"以港兴市、以市促港"的发展战略，提出要充分发挥港口优势，以国际物流为重点，物流园区建设为载体，积极采用先进的物流管理技术和装备，逐步建立起以港口为龙头的国际物流体系；以物流园区为依托、第三方物流为主体的物流配送和转运体系；以基础设施和信息平台为重点的物流支撑体系。同时，该规划提出了未来 10~15 年的努力目标，即把宁波建设成为浙江省的综合物流中心城市、长江三角洲南翼的国际物流中心枢纽。为了实现"两个中心"的功能定位，宁波市坚持"先急后缓、分三步走"的建设策略，重点是要构建和完善以港口为中心，以公路、铁路、内河及航空等多种运输方式相配套的现代物流综合运输网络；规划和建设一批高水平的现代物流园区，建设具有高时效性的货运通道运输网络以及提供快速、准时、多样化服务的市域配送道路体系；构筑和完善现代物流的信息平台，切实保障现代物流系统的发展；降低物流成本，提高第三方物流市场的比重，培育和壮大主导物流企业，积极发展专业物流，创造具有国际竞争力的投资环境。可以看出，宁波市物流业发展规划沿着《关于加快宁波市现代物流业发展的若干意见》的脉络，明确了宁波市现代物流业发展的思路、目标、重点和保障措施，更清楚地勾画了未来15 年的发展前景，量化了阶段发展目标，对区域物流设施的布局进行了总体的谋划。

经过几年的实施，该规划引领宁波市现代物流业得到快速发展。例如，目前，宁波市物流业已经发展成为服务业中的支柱产业，进入了由传统物流向现代物流跨越发展的阶段。同时，宁波市物流业发展面临的形势也有重大改变，尤其是 2009 年 3 月国务院印发的《物流业调整和振兴规划》，确立宁波为全国性物流节点城市和长三角区域物流中心，赋予了宁波在振兴物流产业、实现国家"保增促调"战略中的更为重要使命，因此市发改委对宁波市物流业发展规划进行了调整，于 2009 年发布了《宁波市现代物流业发展规划（2009~2020）》。调整后的规划结合国家《物流业调整和振兴规划》和当前宁波物流业发展面临的新形势，深入分析了宁波物流产业发展的阶段性特征，提出了宁波现代物流业发展的指导思想、基本原则和发展目标；明确提出了构建六大物流系统、完善交通基础设施、建设物流信息网络体系、发展现代物流企业等主要任务；优化了物流园区布局规划；确定了多式联运工程、产业联动工程、城乡物流配送工程三个重点工程以及一批物流中心、场站等项目；同时，还从加强组织领导、健全政策法规、完善市场和社会服务体系等方面提出了具体保障措施。

二、涉及物流业发展的相关扶持政策

鉴于宁波物流业在服务业中的重要地位，宁波服务业发展的相关政策与规划中也多处体现出对物流业的重视和扶持。例如，2005 年发布的《宁波市服务业发展规划纲要》，提出基本建成东北亚重要的国际物流枢纽，建成都市现代物流圈，并对一些物流功能区块进行了规划。2008 年，宁波市政府发布《今后五年宁波市服务业跨越式发展行动纲要》，提出到 2012 年，将宁波建成全国进出口大港和运输物流大港，形成区域性金融服务中心、创新服务中心和全国重要的服务外包基地，将"运输物流业"列入服务业中的六大支柱产业。

1. 税收方面

2005 年，宁波市地方税务局发布《关于促进第三产业发展的若干意见》。依据该《意见》，"物流企业将承揽的运输、仓储等业务分包给其他企业并由其统一收取价款的，可按规定以该企业取得的全部收入减去分包给其他企业支出后的余额为营业税的计税基数"。2008 年 7 月 16 日，宁波市地方税务局发布了《关于促进经济又好又快发展的若干意见》，提出"国家 A 级物流企业，如按规定纳税确有困难的，可报经地税部门批准，减免房产税、城镇土地使用税和水利建设专项资金"。

2.基础设施方面

提出"促进基础设施项目投资税收优惠：企业从事《公共基础设施项目企业所得税优惠目录》规定的港口码头、机场、铁路、公路、城市公共交通、电力、水利等项目投资经营所得，给予'三免三减半'的企业所得税优惠政策"。

3.创业创新方面

2008年9月9日，根据此前于4月22日发布的《关于实施工业创业创新倍增计划的若干意见》文件精神，宁波市人民政府办公厅转发了市经委关于《宁波市优势产业与新兴产业投资导向目录》。该文件将"高效升降输送设备（智能化电梯、立体车库、起重设备等）及现代化物流装备制造"和"港口物流业务服务外包"列入目录中。此后，2008年11月27日，宁波市政府转发了市经委的《宁波市工业创业创新示范企业认定和扶持暂行办法》，明确了对"两创企业"的认定和扶持方法。

4.服务外包方面

2008年6月3日，宁波市人民政府发布《关于加快宁波市服务外包产业发展的若干意见》，将包括港口物流在内的高端服务外包产业作为推进高端服务外包发展的重点。"为支持服务外包产业发展，市财政安排服务外包发展扶持资金1000万元，主要用于国家服务外包基地城市补助资金的配套和市级高端服务外包产业基地的扶持。各县（市）、区和有条件的开发区（园区）也要建立扶持发展服务外包尤其是高端服务外包的专项资金，重点用于扶持发展高端服务外包企业、离岸服务外包企业、市级以上服务外包产业基地和相关的公共服务平台建设。"

此外，各县市区也出台了一些物流扶持政策。例如，鄞州区人民政府于2008年11月26日发布了《关于进一步加快现代服务业发展的若干政策意见》，提出鼓励争创服务品牌，对评为中国5A级物流企业的，奖励100万元；4A级物流企业的，奖励80万元；3A级物流企业的，奖励20万元。慈溪市人民政府办公厅于2008年5月15日发布了《关于2008年慈溪市商贸流通服务业发展引导资金使用办法的通知》。该通知根据市委、市政府《关于加快发展现代服务业的若干意见》的精神，明确规定对当年被评为国家2A级、3A级物流企业的，分别给予5万元和10万元的奖励。余姚市人民政府于2008年7月29日发布了《关于加快商贸服务业发展的若干政策意见》，明确规定推动物流企业改造提升，对新取得国家认定标准2A级及以上的物流企业，给予每家2万元奖励。余姚市税务局出台了"评上A级物流企业，经批准可减征25%的房产税、城镇土地使用税和水利建设专项基金"。

三、针对物流业局部活动的促进政策

根据宁波港口物流的特色，宁波市也针对物流业中的部分子系统或某一方面出台了相应的物流政策。例如，针对宁波大力发展的第四方物流市场，市政府、市政府办公厅及其他政府部门先后发布了多项支持政策，对于宁波港口与航运物流的发展等也发布了多项政策。

1. 促进第四方物流发展的政策

从 2008 年初开始，宁波市发布了多项政策措施促进第四方物流发展。2008 年 5 月 5 日，宁波市政府发布了《宁波市人民政府关于培育第四方物流市场的试行办法》，提出了宁波市第四方物流市场的指导思想、目标和基本原则，并要求积极培育第四方物流市场的市场主体、完善第四方物流市场的技术保障、促进第四方物流市场健康发展、规范第四方物流市场秩序、加强组织领导和工作机制保障。随后于 5 月 30 日，宁波市政府办公厅印发了《关于培育第四方物流市场的扶持政策的通知》，对第四方物流市场实施主体（平台企业）、会员企业的具体扶持政策以及金融机构支持政策进行了规定，提出"3 年内，对平台企业所承担的网上运输市场建设项目投资的贷款，由市财政按贷款基准利率贴息 1/3"，以及对核心会员与普通会员企业进行一定费用减免和财政补助政策。2008 年 11 月 1 日，宁波市政府又发布了《宁波市公共部门服务和监管第四方物流市场暂行办法》，办法规定市政府对第四方物流市场发展进行统筹规划，第四方物流市场发展领导小组对第四方物流市场服务和监管中的重大问题进行研究、协调、推进。该办法还从公共服务、政府监督、信息公开与利用、部门分工与协作、交易纠纷预防与处理等方面对涉及第四方物流工作的公共管理部门相关行为进行了规定。2008 年 11 月 24 日，宁波市政府发布《关于印发〈宁波市第四方物流平台信息标准建设管理办法（试行）〉的通知》，对推进第四方物流平台信息标准的组织机构、职责、编制、实施与监督管理等进行了规定。2009 年 1 月，市财政局发布了《宁波市第四方物流市场注册企业管理暂行办法（试行）》，对宁波第四方物流市场中注册的运输物流企业在登记注册、交易结算、服务提供、政策优惠、监督管理、法律责任等方面的事项进行了规定。2008 年 6 月 4 日，宁波市人民政府发布了《关于加快宁波市金融业创新发展的若干意见》，要求"完善适应港口物流、第四方物流需要的同城支付清算体系建设"，"推动保险第四方物流市场培育等方面发挥作用"。当日，宁波市人民政府办公厅同时印发了《完善宁波市金融服务业年度考评实施办法》的通知，金融服务业考评细则中将协调支持第四方物流市场建设等方面的情况列入考核范围。

2. 港口航运与物流的相关政策

2004 年 5 月，为贯彻浙江省人民政府《关于进一步加快"大通关"建设提

高口岸工作效率的通知》精神，宁波市政府发布《关于进一步深化口岸"大通关"建设的若干意见》。该《意见》明确了宁波市大通关工作的目标、主要任务和工作要求。一星期后，宁波市人民政府办公厅印发了《2004年宁波口岸大通关建设实施方案》，落实《关于进一步深化口岸"大通关"建设的若干意见》的要求，此后，宁波市政府办公厅每年发布"大通关"建设实施方案。

2008年2月，为贯彻落实浙江省大通关建设领导小组《关于进一步推进浙江电子口岸建设意见的通知》精神，进一步推进宁波电子口岸建设，宁波市政府发布了《关于进一步推进宁波电子口岸建设的若干意见》。随后，宁波市政府办公厅发布了《宁波电子口岸发展规划》，对宁波电子口岸的发展现状进行了阐述，明确了战略定位和总体目标，以及今后5年宁波电子口岸建设的主要任务和实施计划，提出了电子口岸建设的主要措施。

2010年7月30日，宁波市人民政府办公厅发布了《关于加快航运物流金融发展促进宁波市现代航运物流业转型升级的指导意见》，对培育和发展航运、物流金融的重要意义，发展航运、物流金融的指导思想进行了阐述，提出要通过创新航运、物流业信贷融资的模式，拓宽航运、物流企业直接融资渠道，大力发展航运、物流保险，建立健全航运、物流金融专业化服务体系，完善航运、物流金融发展配套保障体系，加大航运、物流金融财税扶持力度促进宁波市航运物流业转型升级。

3. 人才培养政策

2006年1月24日，宁波市政府发布《关于宁波市应用型专业人才培养基地建设与管理办法的通知》，其中将港口物流列为宁波市着重建设的十大人才培养基地之一，每年给予资金支持。

2010年，由市现代物流业发展领导小组办公室牵头，征集全市现代物流服务企业的用人需求，组织定向招取1000名全日制高校毕业生，经必要的现代物流知识及技能培训后，推荐到全市现代物流企业和平台基地工作。这些招取的毕业生在培训期间给予每人每月500元的补贴，补贴和培训费用由市或县（市）区财政承担。

四、宁波物流业发展政策评价

通过对宁波现有物流政策的梳理，结合国家宏观政策的发展变化与未来趋势，比较同类城市的物流政策状况，从总体上说，宁波物流政策紧跟国家物流相关政策的步伐，对国家政策有快捷的响应，在某些方面的政策支持甚至超前国家的同类政策。但是，在物流业政策针对性、可操作性、效用性及政策体系建设等方面存在诸多问题，需要进一步完善和长期建设。本书通过将宁波市物流政策与国家、上海和深圳两市物流政策的对比来评价宁波物流政策的现状，各项指标对比如表 8-2 所示。

1. 宁波物流政策的发展评价

（1）与国家政策对照：应对宏观政策的反应迅速。针对国家对物流业发展的总体思路，宁波市迅速制定了相关的政策文件。例如，2001 年国家 6 部委联合发布的《关于加快我国现代物流发展的若干意见》之后，宁波市于 2002年 6 月出台了《关于加快宁波市现代物流业发展的若干意见》，成为各地方政府出台类似政策的先驱，早于深圳、浙江等地（将物流业定位为"重要支柱产业"的深圳市于 2002 年 10 月出台《关于加快发展深圳现代物流业的若干意见》；浙江省于 2003 年发布《浙江省现代物流发展纲要》，于 2005 年 5 月出台《关于加快浙江省现代物流业发展的若干意见》）。2009 年 3 月，国家发布《物流业调整和振兴规划》将宁波列为 21 个全国性节点城市之后，宁波市于 2010年 10 月出台了《加快现代物流业发展 打造全国性物流节点城市实施意见》，对建设全国物流节点城市的指导思想、发展目标和发展任务等做出了明确规定。

这些应对政策的快速出台，反映了市政府对打造全国性物流节点城市的高度重视，表现出宁波市对国家政策快速的反应能力。除了根据国家宏观政策制定了宁波市物流发展的纲领性文件，明确了物流业的发展定位以后，宁波市还结合本市物流的发展特点，制定了具体的实施细则和扶持办法，对某些需重点、优先发展的领域如第四方物流、港口物流、物流人才等还发布了专门的支撑性政策。这些具体政策的出台与实施是对国家宏观物流政策的最好回应。

（2）与同类城市对照：具有与上海、深圳相比拟的政策体系。本书主要选取了深圳和上海两市作为参照对象，对宁波市物流政策现状进行评判。

为了促进物流业的发展，深圳市政府给予了大量的政策支持。①深圳于2002 年成立了现代物流业发展工作领导小组，负责领导和协调全市现代物流业发展工作，为保证物流业务的顺利开展提供组织保障。②物流纲领性文件与规划文件制定较早。深圳于 2000 年编制了《深圳市"十五"及 2015 年现代物流业发展规划》，提出了"以国际物流为重点、区域物流为基础、以城市配送物流为支撑，发展三大物流体系，建设区域性物流中心"的规划目标。2002 年 10 月，《关于加快发展深圳现代物流业的若干意见》提出支持物流业发展的八大政策措施。2009 年，深圳市发布《深圳市贯彻实施国家〈物流业调整和振兴规划〉方案（2009~2012）》，提出深圳将以香港、新加坡等物流先进城市为标杆，把深圳建设成为全国最优秀物流服务城市、具有国际资源配置功能和国际商务营运功能的全球性物流枢纽城市、亚太地区重要的多式联运中心和供应链管理中心。③深圳市政府出台了多项物流扶持政策，并给予了政策资金保障。2003 年，深

表 8-2　物流政策对比评价表

比较项目	国家	宁波	上海	深圳	评价
(1) 管理协调机制建立	2005年，全国现代物流工作部际联席会议建立，联席会议工作由发改委席会议单位主管，物流主管部门承担	2002年，宁波市成立了17家单位组成的现代物流业发展领导小组，办公室设在发改委	上海市发改委、上海市商务委员会	2002年，深圳成立了现代物流业发展工作领导小组，负责领导协调全市现代物流业发展工作	管理机构（机制）建设：宁波较早成立了物流工作领导机构，各市物流领导机制的建立早于全国
(2) 纲领性文件制定	2001年，6部委联合发布了关于我国现代物流发展的若干意见，这是我国政府部门联合下发的第一个有关物流发展的纲领性文件	2002年，宁波市政府出台了《关于加快发展宁波市现代物流业发展的若干意见》，这是宁波市首次出台的专门针对物流业发展的纲领性政策	2001年，上海市出台了《上海市"十五"现代物流产业发展重点规划》；2007年发布《上海市现代物流业发展"十一五"规划》，提出上海市各个时期物流业发展的目标和任务	2002年，深圳市发布《关于加快发展深圳现代物流业的若干意见》，提出支持物流业发展的八大政策措施	
(3) 总体发展规划	还未发布中长期的发展规划；国家层面的《物流业发展中长期规划（2012—2020年）》已被列入国务院审批的专项规划间整体预案	2002年，宁波市发改委发布了《宁波市现代物流业发展规划》，2009年进行了调整	2001年，上海市出台了《上海市"十五"现代物流产业发展重点规划》；2007年发布《上海市现代物流业发展"十一五"规划》	2000年，编制了《深圳市"十五"及2015年现代物流业发展规划》，提出了以国际物流为重点、区域物流为基础、以城市配送物流为支撑，发展三大物流体系，建设区域性物流中心的规划目标	政策响应时间：根据与全国、上海和深圳主要政策出台时间的对比，发现宁波各项政策的制定紧随国家相关政策之后，有较快的响应速度；但总体响应稍晚于上海和深圳
(4) 物流产业振兴规划	2009年3月，国务院发布《物流业调整和振兴规划》，物流产业成为我国十大重点振兴产业之一	2010年，宁波市发布于印发加快现代物流业发展打造全国性物流节点城市实施意见的通知》对打造全国性物流节点城市的意义、指导思想、基本原则和发展目标等进行了阐述，提出了发展任务	2009年7月，上海市印发《本市贯彻〈物流业调整和振兴规划〉的实施方案》，提出贯彻物流业调整和振兴规划新形势下物流业发展的主要任务、发展的重点领域、区域发展的布局等	2009年7月，深圳市发布《深圳市贯彻国家实施国家规划》（物流业调整和振兴规划）方案》的实施方案，提出将把深圳建设成为全国最优秀物流服务城市、全球性物流服务城市、亚太地区重要枢纽组织城市的主要多式联运中心和供应链管理中心	

续表

比较项目	国家	宁波	上海	深圳	评价
(5) 其他专项或特色政策	《关于促进甩挂运输发展试点的通知》、《关于下发试点物流企业名单（第五批）的通知》、《关于做好制止滥用行政权力排除限制物流业竞争 规范物流市场秩序工作的通知》、《关于开展流通领域现代物流工作的通知》等一批支持物流业发展、改善物流企业营运环境的政策法规陆续出台，《全国物流业发展规划》、《全国物流标准 2009~2011 年专项规划》、《农产品冷链物流发展专项规划》等专项规划发布	在第四方物流市场、港口通关、电子口岸、港航物流、物流人才专门等方面都给予了专门的政策支持；对第四方物流市场建设的政策支持尤为突出	提出了相关的物流园区配套政策，包括土地、资金、贷款、税收和通关政策	对物流企业纳税减免、物流企业上市、协调优化物流通关环境、公共信息平台建设、物流园区信息化建设等方面给予了支持	物流政策体系：结合对比项目 (2)、(3)、(4)、(5)，国家和各市都有了较完备的总体纲领和产业发展规划；在具体产业政策上，虽然各市均制定了一些针对性政策，但政策体系均不完善
(6) 扶持力度	《物流业调整和振兴规划》颁布以来，国家利用扩大内需中央投资 22 亿元支持物流业调整振兴项目，带动社会投资 1090 多亿元；安排中央财政预算"农村物流服务体系发展专项资金" 60 多亿元，支持农村物流发展①	2004~2006 年，宁波市分别下达了 698 万元、1020 万元、1326 万元的物流业发展引导补助资金。但 2007 年以后，暂停到 2007 年引导资金支持物流项目 42 个，总投资达 75 亿元	上海市 2007、2008 年服务业引导资金平均每年为 1 亿元，区县按照 1:1 的比例安排配套资金，2009 年增加到 2 亿元	深圳市物流业累计扶持资金已经达到 2 亿多元，平均每年资金安排约为 4000 万~5000 万元	政策扶持力度：与上海和深圳相比，宁波市对物流业的扶持力度偏弱

注：发改委：《"十二五"期物流业将快速发展》，http://www.bszlk.com/news/dpnews/1687.html。

圳市出台了《深圳市重点物流项目认定试行办法》，2004 年推出了《深圳市重点物流企业认定试行办法》，2006 年对重点企业认定试行办法进行了修订，出台了《深圳市重点物流企业认定管理暂行办法》。2004 年，深圳市政府出台《深圳市现代物流业扶持资金管理暂行办法》，设置专项扶持资金，重点扶持现代化的第三方物流企业，主要用于评选的重点物流企业、重点物流项目扶持、服务创新奖励、贴息补助等，至 2009 年底共发放资助资金 2 亿多元。

　　上海市明确提出推进现代物流业持续发展是上海加速发展现代服务业的重点，并通过大量的政策鼓励物流业发展。①物流业发展规划与纲领性文件出台较早。从 2001 年开始，上海市出台了《上海市"十五"现代物流产业发展重点专项规划》、《上海市现代物流业发展"十一五"规划》，提出上海市各个时期物流业发展的目标和任务。上海市还制定了《上海市加速发展现代服务业实施纲要》、《关于上海加速发展现代服务业的若干政策意见》等服务业规划，为物流业发展营造了好的氛围。②围绕物流业的总体发展目标，上海市提出了相关的物流园区配套政策，包括土地、资金、贷款、税收和通关政策。③物流业政策扶持力度较大。根据《上海产业发展重点支持目标》、《上海市服务业发展引导资金使用和管理试行办法》等政策，2007 年，设立了上海市服务业发展引导资金，市区两级财政共同筹措，2007、2008 年市财政预算平均每年 1 亿元，区县按照不低于 1:1 的比例安排配套资金，主要用于申请国家服务业引导资金的项目配套资金、服务业重点领域的重点项目、公共服务平台建设和具有示范性的现代服务业集聚区核心区域功能、建筑及立体交通组织的前期规划论证等，资金支持方式采用无偿资助或贷款贴息方式。2007 年，引导资金支持物流项目 42 个，总投资达 75 亿元，重点支持涉及城市公共安全、食品安全和医药安全的危化、冷链、农产品和医药物流项目，物流公共信息平台建设项目和区域物流合作项目。2009 年，引导资金规模从市级财政预算每年安排 1 亿元扩大到 2 亿元，无偿资助的最高限额提高到 300 万元，贷款贴息的最高额度提高到 400 万元。此外，上海市还出台了《上海市加快自主品牌建设专项资金暂行管理办法》，加快培育物流自主品牌企业；制定《上海市现代物流标准化三年行动计划》，支持科研院校、协会和企业参与物流国家标准的制定，发布地方标准，提高信息化应用水平；出台《关于促进长三角地区现代物流联动发展的若干措施》，推进长三角地区现代物流项目联建、信息联通、业务联盟、安全联控。

　　结合宁波市与上海、深圳两市在物流政策方面的表现，发现三市在物流组织机构的成立、物流纲领性文件的发布、物流规划的制定、物流发展扶持资金的发放等方面都制定了相应的政策，政策出台的时间基本处在同一时期。因此，宁波市物流政策的出台情况与深圳和上海是可以相比拟的，均处在全国同类城市的前列。在一些局部政策制定方面，三市存在一定的差异，例如，深圳对中小企业的扶持力度较大，上海对物流园区、物流业制造业联动发展、物流的区域合作发展非常重视，宁波市对信息平台建设相当重视，也给予了一些在全国领先的政策支持。

2. 宁波物流政策存在的问题

通过上述的对比分析与评价，发现宁波物流政策主要还存在如下一些问题：

（1）物流政策体系还不健全。到目前为止，宁波市已出台政策数量较多，尤其是最近3年出台的相关政策有大量的增长。出台政策的部门主要是宁波市政府、市政府办公厅、经贸委、财政局和宁波市物流办等部门，涉及多个层次。出台的政策既有规定发展方向的纲领性政策，也有实施目标的具体政策；既有针对全行业发展的，也有针对物流业发展中某个重点问题的；既有中长期战略，也有年度实施计划等。总体而言，宁波市物流政策数量较多、涉及内容也较多，但是，这些政策的出台一是为了支持国家的相应宏观政策，二是针对物流行业运行过程中出现的某一具体问题，虽然这些政策对解决当下具体问题具有一定作用，但从促进整个物流产业持续健康发展的角度出发，多头、分散、不成体系的物流政策必将导致政策本身的相互抵触以及政策实施过程中的执行混乱，因而不利于物流行业的健康发展。

（2）物流政策力度还不够大。不同层面的物流政策为宁波市现代物流业的发展和物流企业培育营造了良好政策环境。但在政策的扶持力度方面还不够，其效用偏低。如2004~2006年，宁波市分别下达了698万元、1326万元、1020万元的物流业发展引导补助资金。但到2007年以后，市里就没有再安排这一引导补助资金。从与同等城市的对比来看，深圳市物流业累计扶持资金已经达到2亿多元，平均每年资金安排约为4000万~5000万元，上海市2007、2008年平均每年发放服务业引导资金1亿元，区县按1∶1配套，2009年增加到2亿元；2007年引导资金支持物流项目42个，总投资达75亿元。相比之下，宁波市对物流扶持的力度还不够。从扶持资金的具体分配上来看，在总体投入偏少的情况下，分配到每家企业的扶持资金数量有限，起不到明显的带动作用，领取到扶持资金的物流企业中，不乏中远物流这样的大型国企，这些企业资金实力相对雄厚，扶持资金给予这类企业不能发挥资金的最大效用，也不能解决物流业发展中的关键问题。

（3）政策前瞻性不够。已出台的具体政策中，往往针对当前出现的问题进行制定，存在前瞻性不足的问题。在当前经济社会快速发展的宏观形势下，只有增强政策的前瞻性，综合考虑正、负面各方面因素，才能使政策更具科学性、适度性和可操作性，才能使其充分地服务于宁波物流业发展，进而促进宁波市整体经济的良性运行。

（4）未建立政策绩效评价体系。从宁波市制定物流业发展规划和发布系列物流政策以来，许多政策已经经历了几年的实施，然而对于实施的效果却没有明确的政策绩效评价。许多政策制定好后，由具体执行部门进行落实，对政策涉及的物流企业及其他被执行主体缺乏有效的沟通，执行后也缺乏相应的绩效评价程序和对政策实施的意见和效果进行反映。因此，应建立有效的政策评价体系，对政策实施效果进行定期、定量的评价，以反映政策执行的效果，便于对政策进行及时的调整，让政策扶持资金能够发挥最大效用。

第四节　宁波物流业政策体系建设

一、宁波物流业政策体系建设的必要性

所谓物流业政策体系，是政府围绕着物流业发展目标，形成一整套有关物流业发展、结构、技术、组织、布局以及与之相应的价格、税收、金融、财政、贸易、科技、土地、环保、节能等内容的一系列有机的政策组合。与其他产业发展一样，一个完整的物流产业政策体系能够促进产业的发展壮大与竞争力提升，相反不成熟的产业政策可能会阻碍物流业的发展。

根据前述我国物流宏观政策的发展趋势与宁波物流业相关政策的现状、存在的问题，为更好地适应国家物流宏观政策的变化，更好更快地促进宁波物流产业的发展，必须从政策体系建设入手，制定宁波物流系列政策及其发展策略。

二、宁波物流业政策体系建设目标与应遵循的基本原则

依据宁波现代物流业的发展目标，确定宁波物流业政策体系建设的基本目标，可描述为：按照建设宁波全国性物流节点城市的要求，发挥现代物流业在推进发展方式转变和转型升级中的支撑引领和推动提升作用，争取在较短的时间内建立起一套目标明确、具体，符合市场经济与全球经济一体化发展趋势的，与宁波经济社会协调发展的系统、综合、可操作的物流政策体系。

为实现这一目标，在建设宁波物流业政策体系时应遵循以下基本原则：

1. 服务经济社会的原则

现代物流业是服务业，其本质特性是服务性。物流的服务性质决定了物流业形成的目的就是为国民经济运行中物质的流动提供服务，这种服务以满足相关产业、企业、地区和消费者的物流需求为出发点和落脚点。因此，无论从指导思想、主要目标，还是基本内容和实施重点等方面，物流业政策均应从宁波国民经济与社会发展的战略需要出发，以实现全社会资源的最优配置和协调经

济社会可持续发展为目标，维护经济社会的整体利益，实现经济社会又好又快持续发展。

2. 适应市场机制的原则

按市场经济的规律，物流业政策必须以市场机制为基础，通过市场机制发挥其政策效应。实施物流业政策，应充分重视发挥市场配置资源的基础性作用，通过调控引导社会资源，合理配置资源，使单个利益主体的自主行为发生作用。政府在制定物流业发展的政策、法规时，必须以市场为导向，与市场机制相协调。

3. 系统设计的原则

物流业政策是一个系统性工程，必须统筹兼顾、整体设计，完善主干政策和配套政策，既要考虑物流产业发展、结构优化、布局合理的政策，也要考虑物流财税、金融、海关、监管等配套政策，还要考虑物流业政策与其他经济政策相配合。

4. 动态调整的原则

物流业政策一般应具有相对稳定性与持续性，但也不是一成不变的，而是处于动态变化之中。随着时间的推移与国家宏观政策的变化，物流业政策应按照变化了的环境，对物流业政策进行适时的修正和完善，如对物流发展规划的调整、物流产业重点的把握等。

三、宁波物流业政策体系的基本框架及主要内容

要健全现代物流业发展的政策、法规、规划等制度体系。必须在梳理调整原有政策、法规基础上，根据我国《物流业调整和振兴规划》的要求，及近年来国家物流宏观政策的变化，结合宁波现代物流业进入跨越式发展的实际，不断完善、充实促进现代物流业发展的政策和法规，构建科学而全面的宁波物流业政策体系。

建设宁波物流业政策体系的总体思路是：根据宁波物流业发展实际及物流业发展的一般规律，针对现行物流政策存在的主要问题，以科学发展观为指导，按照宁波关于物流业发展的定位和要求，遵循物流业发展规律，充分发挥市场配置资源的基础性作用，依托港口资源、国家物流节点城市等优势，突出资源节约、环境友好、安全生产、自主创新、区域协调、主体功能区建设等重点，制定、实施物流产业政策，并建立健全政策配套体系，加快物流业结构升级，物流经济增长方式转变，合理物流业布局，优化物流组织，提高物流技术水平，增强宁波市物流业竞争能力，实现物流业与经济社会的协调发展。

1. 宁波物流业政策体系框架

物流业政策体系是涵盖物流领域各个方面的各项政策组合。宁波物流业政

策体系应在国家宏观政策体系的框架下，以地方性物流产业引导政策、具体实施性政策为核心，结合宁波物流业特点，构建其物流业政策体系。宁波物流业政策体系的基本框架，如表 8-3 和图 8-1 所示。

　　如表 8-3 和图 8-1 所示，宁波物流业政策体系框架由核心政策、配套政策和地方物流政策三大部分构成，它们彼此间相互联系，互为条件。

表 8-3　宁波物流业政策体系框架

宁波物流业政策体系	核心政策	1. 物流产业政策
		2. 物流贸易政策
		3. 物流技术引导政策
		4. 物流一体化政策
		5. 港口及专业物流政策
		6. 物流监管政策
		7. 物流立法政策
		8. 物流安全政策
		9. 物流环保政策
		10. 物流节能政策
	配套政策	11. 物流财税政策
		12. 物流金融政策
		13. 物流价格政策
		14. 物流海关政策
		15. 物流科技政策
		16. 物流教育政策
		17. 物流人力资源政策
		18. 物流土地政策
		19. 物流统计政策
		20. 物流政府采购政策
	地方政策	21. 区县级物流政策

　　（1）宁波物流业政策体系中的核心政策是物流产业政策、物流贸易政策、物流技术引导政策、物流一体化政策、港口及专业物流政策、物流监管政策、物流立法政策、物流安全政策、物流节能政策、物流环保政策。

　　（2）宁波物流业政策体系的配套政策是物流财税政策、物流金融政策、物流价格政策、物流海关政策、物流科技政策、物流土地政策、物流人才政策、物流教育政策、物流统计政策和物流政府采购政策。

　　（3）宁波物流业政策体系中的地方政策，是依据宁波物流政策制定的符合地方区县实际的物流政策，包括区县级物流发展规划、区县物流扶持政策等。

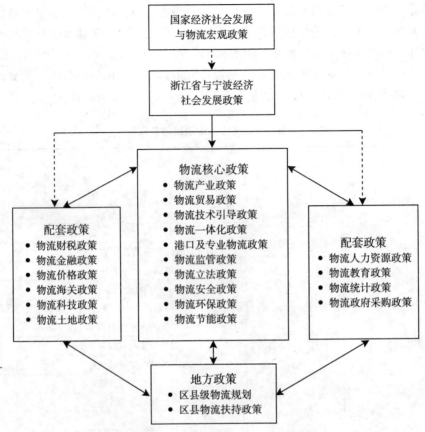

图 8-1　宁波物流业政策体系基本框架关系

这三大部分政策相互联系，相互支持，围绕着物流业发展目标展开。其中物流业核心政策又是其他两个政策的基石，其他政策必须围绕着物流业核心政策进行制定。同时，物流业核心政策要充分考虑配套政策和地方政策，最终形成政策合力，实现物流业发展的总体目标。

2. 宁波物流业政策体系中各类政策的主要内容

（1）物流产业政策：为实现物流产业发展的目标，政府制定引导宁波物流产业发展的规划，明确物流业地位与发展的重点、结构优化的方向、限制性的领域、空间布局等方针和行动准则，包括物流业发展政策、物流结构政策、物流布局政策、物流技术政策等。

（2）物流贸易政策：为促进服务贸易，带动贸易与物流联动发展，对宁波国内外物流贸易活动制定相应的行为引导准则，包括物流企业"走出去"政策、国内外物流企业在宁波投资和运营的政策等。

（3）物流技术引导政策：为提高物流业现代化水平，适应宁波智慧城市发展需要，制定先进物流技术研发、标准化及技术运用、推广的引导政策，如宁波四方物流、电子口岸和智慧物流发展的技术引导政策等。

（4）物流一体化政策：为实现宁波海、铁、公、空多式联运和一体化协调发展、区港一体发展、城乡一体化发展等目标而制定的行动准则，包括宁波海铁联运、海空联动发展等政策，区港物流一体化政策，宁波与周边区域物流的一体化政策，跨省、跨境之间的物流一体化政策等。

（5）港口及专业物流政策：为充分发挥宁波港口物流的优势，制定港口与其他特色的专业物流发展引导政策，包括国际港口物流、保税港物流、大宗散货物流、冷链物流等政策，还包括专业化的公路物流、航空物流、仓储物流、城市配送物流等政策。

（6）物流监管政策：政府出于维护物流市场秩序，对物流业进行经济性监管的行为准则，包括反不正当竞争监管、反垄断监管、价格监管、市场准入等。

（7）物流立法政策：政府为了增强物流相关政策的法律效力和执行效果，采用地方立法的形式，对物流产业发展涉及的需要重点落实的问题，如物流用地规划、物流扶持资金的使用、物流公共信息平台建设、物流园区建设、重点物流企业培育、国内外知名物流企业引进、物流人才教育培训、物流发展研究等进行规定。

（8）物流安全政策：政府出于公共安全目标，制定宁波物流活动的安全性执行准则，包括港口安保政策、运输安全政策、装卸搬运安全政策、包装安全政策、仓储安全政策、物流信息安全政策等。

（9）物流节能政策：政府出于节约能源目标，对物流活动各环节制定相应的能耗标准和相应的鼓励政策。

（10）物流环保政策：政府出于国家和宁波市环境保护的目标，对物流活动的各环节制定相应的废弃物排放、噪声等方面的强制性执行标准。

（11）物流财税政策：政府运用各种财政工具以达到物流发展目标的经济政策。包括政府购买、公共工程投资、补贴、转移支付、税收减免等。物流财税政策是政府干预物流活动的重要调控手段。

（12）物流金融政策：政府通过金融手段，影响物流运行，促进物流发展的一系列金融行为准则，包括为物流企业和物流项目调整贷款额度、贷款利率、贴息、保险等。

（13）物流价格政策：政府出于促进物流发展，提高物流资源配置效率或某种公共服务目标，对物流活动的价格给予一定的引导或干预。

（14）物流海关政策：政府通过通关和关税等手段，促进物流发展的一系列海关政策措施。宁波制定"大通关"和海关监管方式创新的相关引导政策，包括"大通关"方案、进出口货物监管、运输工具监管、关税征收等。

(15) 物流科技政策：政府为促进物流科技的有效发展，所采取的各种重要制度及施政方针，包括物流科学政策、物流技术政策。其中，物流技术政策的重点是物流高技术政策、物流主导技术政策、物流技术创新政策等。

(16) 物流土地政策：政府为了实现物流发展目标，对物流发展过程中的土地利用采取的一系列有计划的措施和行动的总和，包括物流土地分配政策、物流土地利用政策和物流土地管理政策。

(17) 物流人力资源政策：政府为了实现促进物流业发展目标，对物流人力资源开发给予激励和引导的准则，包括培训政策、人才引进政策、晋级政策等。

(18) 物流教育政策：政府为了促进物流教育发展，对有关物流学科和正规的学历教育予以扶持和引导的准则。

(19) 物流统计政策：政府为了完善和规范物流统计的有关执行准则。

(20) 物流政府采购政策：政府为了促进物流业发展或其他目标，有针对性地制订对某些物流服务进行购买的行为准则，包括国内物流服务采购政策、国际物流服务采购政策等。

(21) 地方物流政策：区县政府根据宁波市物流政策，结合自身实际，制定的促进本地区物流业发展的方针或行动准则，包括区县级物流规划、地方物流发展支持措施等。

第五节　宁波物流政策体系建设中重点政策的建议

针对宁波物流业现状与政策环境，重点制定或完善以下主要政策：

一、推进宁波制造业与物流业联动发展的政策

国务院《物流业调整和振兴规划》提出了"积极扩大物流市场需求"和"大力推进物流服务的社会化和专业化"的主要任务，并把"制造业与物流业联动发展"列为九项重点工程之一。推进"两业联动"，要靠企业市场化运作，也需要相关政策支持。

近年来，宁波积极打造我国先进制造业基地，积极建设国际港口物流枢纽与全国性物流节点城市，大大促进了宁波制造业和物流业迅速发展，但两者联动相对滞后。一方面，制造企业沿袭"大而全"、"小而全"运作模式，内部资源缺乏有效整合，物流外包多有顾虑；另一方面，物流企业总体上"小、散、差、弱"，一体化服务的能力还不强。由于物流的社会化需求不足和专业化服务能力不够，缺乏必要的物流服务市场体系与政策环境，"两业联动"进展缓慢，

导致物流资源利用率偏低，运作成本相对较高。

因此建议：宁波可在全国率先制定促进"两业联动"发展的地方性具体实施政策。首先，宁波相关企业和政府主管部门，要充分认识"两业联动"的重要性，切实把"两业联动"作为启动物流需求、推进制造业升级的重点工程。其次，要发挥市场机制作用，在调动企业积极性的基础上，积极营造有利于"两业联动"发展的政策环境。可以考虑在宁波石化、钢铁、家电、汽车配件、纺织服装等重要产业中，积极推进"两业联动"。要通过政策手段，鼓励制造企业转变传统观念，改造业务流程，分离外包物流业务，要有具体措施，支持物流企业采用现代物流理念，提升服务水平，提高适应制造企业需要的一体化服务能力。最后，要引导制造企业与物流企业信息沟通，标准对接，业务联动，结成战略合作伙伴关系，共享"两业联动"发展的成果。

二、制定和实行税收优惠或补偿政策

国务院《物流业调整和振兴规划》中提出"抓紧解决影响当前物流业发展的土地、税收、收费、融资和交通管理等方面的问题"，税收政策是调整和振兴物流业最重要的政策杠杆，也是企业最为关心的政策。宁波物流企业纳入国家税收试点起步晚，在物流税收改革方面有所落后，严重制约了物流企业的做大做强。

因此建议：宁波可采取多种手段相结合的方式，加大物流财税方面的优惠政策。首先，可考虑采取返还部分营业税和企业所得税（地方分享部分）的做法，对物流企业进行补偿。其次，可以在物流企业进行大型运输、仓储专用设备设施固定资产投资时给予贷款利息的优惠。最后，加大对物流业发展引导资金的财政支持力度，扩大受惠企业范围，加强对龙头物流企业和先进物流技术引进的支持力度。

三、培育物流龙头企业的政策

宁波的物流企业（主要指道路运输型、仓储型和货运代理型企业）规模小，过于分散，经营结构雷同，经营范围相近，整个行业缺少对市场有影响力的大企业，这是当前宁波市物流行业发展中的突出问题。没有符合经济规模的骨干大企业和企业集团，就不可能使现代化的物流技术得到充分应用。从当今世界发达国家经济发展来看，也是大型企业集团、跨国公司左右着市场，代表着行业发展方向，是行业的中坚力量，处于有利的竞争地位。因此，扶持培育宁波市物流企业做大做强，成为区域性或全国性龙头企业，是推进现代物流业发展，提升物流行业竞争力的重要手段。

因此建议：宁波加快出台扶持和培育物流龙头企业的具体政策。要进一步明确支持物流企业做大做强的政策导向。可从工商登记、财政税收、统计信息、法律事务等经济管理的各个层面，对物流企业进行界定，明确物流行业的主体地位和主管部门。进一步完善和调整现有物流企业扶持的相关政策，加强已有政策落实并提高政策效用。加大财政金融支持力度，创新土地政策，加强物流项目建设用地支持。以现有骨干企业为基础，以资产为纽带，通过联合、兼并、股份制改造等途径，在较大范围进行资产重组和结构优化，组建区域性的企业集团等。

四、促进宁波城市配送物流发展的政策

城市配送物流主要是以商业配送和快件运输为表现形式的专业物流，随着宁波经济社会的快速发展和大都市化建设的推进，城市配送物流出现迅猛发展，在整个现代物流业的地位越来越重要。但是，宁波城市配送物流体系不够完善，行业发展无序、障碍与矛盾诸多，与宁波市经济社会发展极为不适应。

因此建议：宁波需要充分重视城市配送物流的发展，积极应对消费需求升级与行业竞争加剧的格局，应对城市交通受限与场站资源制约等环境，出台促进城市配送物流发展的政策。要合理调整城市道路货运通行政策，健全行业准入制度与车辆管理制度，加强配送工具标准化与服务标准建设，大力提高企业信息化与网络化水平等，构建与大都市建设相适应的城市配送物流体系。

五、物流技术推广应用的政策

国外成功的经验告诉我们，物流企业服务水平和服务效率的提高，服务网络的扩大、延伸，参与市场的竞争力的提高，有赖于建立资源共享的信息管理系统。加强物流信息化建设，要积极促进信息技术的广泛应用，构建现代化的物流信息体系。物流技术的推广应用需要整个物流系统有良好的信息环境和技术标准化建设。目前，宁波正大力推进智慧物流产业的发展，加快推广物流技术的应用是有效的抓手。

因此建议：宁波加快制定促进物流技术推广应用的具体政策。结合宁波智慧物流体系建设，首先，加大力度鼓励和扶持物流企业应用、开发先进的物流技术。其次，政府牵头进一步完善区域性的物流信息平台，使物流企业与制造商、供应商和客户有机地联系起来，实现资源共享、信息共用。同时，抓好物流信息网络接口工作，加强与金融、税务、海关、检验检疫等行业信息系统的合作，为物流企业提供良好的信息环境，推进"大通关"工程，提高通关效率。最后，以宁波港口信息化标准为龙头，加快推进托盘、集装箱、各种物流装卸设施、条形码等通用性较强的物流装备和技术标准化建设，以及物流服务规范标准的建设，提升物流行业整体标准化水平。

六、促进冷链物流优先发展的政策

近年来，随着农业结构调整和居民消费水平的提高，我国生鲜农产品的产量和流通量逐年增加，全社会对生鲜农产品的安全和品质提出了更高的要求。加快发展农产品冷链物流，对于促进农民持续增收和保障全社会消费安全具有十分重要的意义。我国农产品或其他生鲜消费品等冷链物流发展仍处于起步阶段，规模化、系统化的冷链物流体系尚未形成，但市场潜力巨大。从国家到地方都高度重视以农产品为主的冷链物流的发展，2010年6月，国家发改委组织编制了《农产品冷链物流发展规划》。宁波是我国生产储运生鲜水产品和其他生鲜消费品重要的地区，具备大力发展冷链物流业的条件和基础。

因此建议：宁波加快制定相关政策，促进冷链物流优先发展，实现宁波市冷链物流业在全国具有明显的竞争力和先进水平。遵照以市场为导向、以企业为主体，加快冷链物流技术规范与标准体系建设，完善冷链物流基础设施，培育冷链物流企业，建设一体化的冷链物流服务体系，以降低农产品、水产品产后损失和流通成本，促进农民增收，确保农产品品质和消费安全。

完善扶持培育冷链物流企业发展的具体政策。如兼顾农产品第三方冷链物流企业的特点，完善企业营业税差额纳税试点办法，扩大政策享受范围。简化冷链物流企业设立时的前置审批手续，放宽对冷链运输车辆的城市交通管制。充分考虑冷链运输车辆因增加保温车厢和制冷机组使自重增加的特殊情况，合理确定运输车辆的载重量。支持冷藏运输车辆跨区域加盟，在车辆审验、车辆管理等方面提供支持。对冷链物流企业的用水、用电、用气价格与工业企业基本实现同价等。

七、出台地方立法，促进物流业健康发展

2010年10月，福建省出台《福建省促进现代物流业发展条例》，成为国内首个通过立法促进物流业发展的地方政府。该条例规定各级政府应安排物流业发展专项资金用于支持物流公共信息平台建设、物流园区建设、工业企业物流外包、重点培育和扶持的物流企业、国内外知名物流企业引进、国际海运新航线开辟、物流人才教育培训、物流发展研究以及现代物流业发展需要重点扶持的其他项目。同时，该条例对物流业用地也做出了说明，规定县级以上政府在城乡规划中应当规划物流业用地，重点物流建设项目新增建设用地，在本地区土地储备或土地利用年度计划指标内安排。

将物流发展通过立法的形式确定下来可以强化相关政策扶持作用的发挥，增强公众对物流业发展重要性的认识，统一地方物流业的发展方向和进度，规范地方政府对物流业的管理，从而起到促进物流业快速健康发展的作用。

　　因此建议：宁波在对相关政策的科学性、稳定性及有效性进行充分论证的前提下，以地方政府立法的形式，对关系物流业发展的重要政策进行规定。立法效果的好坏主要取决于法律条文的内容，将不成熟的政策以法律的形式确定下来可能反倒会对物流业发展产生负面影响，因此，立法前应对相关政策进行充分的论证，立法正式生效前应广泛征求物流企业、从业者、行业管理部门、物流人才培育机构、物流专家学者等的意见和建议，以确保其科学性和有效性。

参考文献

［1］Clifford F Lynch. Logistics outsourcing: A Management Guide ［M］. Oak Brook, IL: 2000.

［2］GaryPalmatier. 应用服务提供商配置宝典 ［M］. 谢文亮，等译. 北京：科学出版社，2003.

［3］IBM Corporation. The Smarter Supply Chainof the Future ［R］. Somers, NY：IBM Global Business Services，2009.

［4］Joel D Wisner, G Keong Leong, Keah-Choon Tan. Principles of Supply Chain Management: a Balanced Approach ［M］. Thomson Learning, 2005.

［5］暴公力. 营口港基于供应链管理的港航合作模式研究 ［D］. 大连：大连理工大学，2008.

［6］蔡增玉. 基于 RFID 的智能物流管理系统研究 ［J］. 计算机技术与发展，2008（10）.

［7］曹翠珍. 城市物流配送模式选择研究 ［J］. 商品配送，2008（4）.

［8］陈长彬，杨忠. 供应链协调机制理论综述 ［J］. 生产力研究，2009（4）.

［9］陈焕标. 港口供应链及其构建 ［J］. 水运管理，2009（10）.

［10］陈珊珊. 基于 RFID 的物料跟踪管理系统研究 ［J］. 技术与市场，2009（1）.

［11］陈勇. 从鹿特丹港的发展看世界港口发展的新趋势 ［J］. 国际城市规划. 2007，（1）.

［12］崔吉茹. 城市物流配送的现状与展望 ［J］. 交通与运输，2009（4）.

［13］戴定一. 我国物流信息化战略发展规划的思考 ［J］. 物流技术与应用，2003（9）.

［14］戴定一. 物联网与智能物流 ［J］. 中国物流与采购，2010（23）.

［15］戴定一. 物联网与智能物流 ［J］. 中国物流与采购，2010（8）.

［16］丁俊发. 中国物流业首先从制造业突破［J］. 中国流通经济，2008（5）.

［17］董千里，路春涛，张凯. 陕西省区域物流信息化战略及其实施 ［J］. 长安大学学报，2006（3）.

[18] 敦蕾. 中德物流园区比较研究 [J]. 商业时代，2008 (6).

[19] 冯浩. 完善城市配送车辆交通管理的若干思考 [J]. 综合运输，2008 (10).

[20] 龚发金. 中国智能物流产业发展回顾与展望 [J]. 中国高新区，2011 (2).

[21] 郭淑娟，董千里. 基于制造业与物流业联动发展的合作模式研究 [J]. 物流技术，2010 (7).

[22] 国务院. 关于印发物流业调整和振兴规划的通知 [S]. 2009.

[23] 韩晓丽，王利，佟芳庭，田能瑾. 制造业与物流业协调发展的计量分析 [J]. 价值工程，2009.

[24] 何传启. 中国现代化报告 2011——现代化科学概论 [M]. 北京：北京大学出版社，2011.

[25] 黄勇. 港口服务应向物流化高端化发展 [J]. 今日浙江，2010 (3).

[26] 黄有方，严伟. 我国制造业与物流业联动发展的趋势及建议 [J]. 上海海事大学学报，2010 (1).

[27] 集士港卫星城总体规划（2010~2030 年）[S]. 2011.

[28] 姜山镇国民经济和社会发展五年（2011~2015）规划纲要 [S]. 2011.

[29] 赖平仲，从德国物流园区发展历程和模式中得到的启发 [J]. 交通世界，2003 (1).

[30] 蓝岚. GIS 在现代城市物流配送中的应用 [J]. 地理空间信息，2010 (8).

[31] 李建建. 制造业与物流业联动发展的 SWOT 分析 [J]. 物流工程与管理，2010 (9).

[32] 李建丽，真虹，徐凯. 港口供应链的价值体系分析 [J]. 中国管理科学，2009 (10)：442-443.

[33] 李建丽，真虹，徐凯. 经济危机下的港口供应链及港口平台建设 [J]. 综合运输，2009 (10).

[34] 李日保. 现代物流信息化 [M]. 北京：经济管理出版社，2005.

[35] 李书芳. 物流现代化与应用物联网的关系 [C] // 北京：2010 中国国际智能卡与 RFID 博览会暨第八届中国（北京）RFID 与物联网国际峰会论文. 2010.

[36] 廖伟，贺政纲. 城市物流配送体系构建 [J]. 物流工程，2008 (10).

[37] 刘晓惠，城市配送中心选址研究 [J]. 商场现代化，2008 (12).

[38] 刘志硕. 智能物流系统若干问题的探讨 [J]. 铁路采购与物流，2007 (6).

[39] 刘志学，许泽勇. 基于非对称信息理论的第三方物流合作博弈分析 [J]. 中国管理科学，2003（5）.

[40] 钟淑云. 深圳物流业发展的经验及启示 [J]. 合作经济与科技，2009（1）.

[41] 陆江. 不断开创物流业又好又快发展的新局面 [J]. 中国物流与采购，2008（4）.

[42] 骆温平. 第三方物流与供应链管理互动研究 [M]. 北京：中国发展出版社，2007.

[43] 马俊生，邓永胜. 现代物流与传统物流之比较 [J]. 物流科技，2007（6）.

[44] 马士华. 基于供应链的企业网络管理——战略与方法 [M]. 北京：科学出版社，2005.

[45] 宁波市"十二五"物流业发展规划 [S]. 2011.

[46] 宁波市"十二五"综合交通规划 [S]. 2011.

[47] 宁波市工商管理局. 宁波市制造业发展分析报告 [R]. 2011.

[48] 宁波市国民经济和社会发展第十二个五年规划纲要 [EB/OL]. http://www.nbdpc.gov.cn/fzgh，2011.

[49] 宁波市鄞州区高桥镇城镇总体规划（2006~2020 年）[S]. 2008.

[50] 宁波市鄞州区古林镇城镇总体规划（2006~2020 年）[S]. 2009.

[51] 宁波市政府. 宁波市"十二五"物流业发展规划 [S]. 2011.

[52] 任天舒. 物流企业信息化的可行性及必要性研究 [J]. 物流技术，2005（6）.

[53] 潘松挺. 加快构筑"三位一体"现代化港航服务体系研究 [C]// 浙江省社科联，等. 2010 年长江三角洲区域经济社会协调发展论坛—海洋经济发展理论. 2010–11.

[54] 申金升，关伟，高辉. 基于 ITS 和 EC 的智能物流系统 [J]. 交通运输系统工程与信息，2001（4）.

[55] 孙健. 海尔物流 [M]. 广州：广东经济出版社，2003.

[56] 孙延明，吴少琴，郑时雄. 浅谈 ASP 模式在制造业信息化中的应用 [J]. 机电工程技术，2003（2）.

[57] 王甫. 城市配送的关键信息技术研究 [J]. 价值工程，2011（2）.

[58] 王继祥. 物联网发展推动中国智慧物流变革 [J]. 物流技术与应用，2010（6）.

[59] 王见喜. 我国物流业与制造业联动发展模式研究 [D]. 武汉：武汉科技大学，2010.

[60] 王玖河. 港口企业供应链结构优化与分析 [D]. 北京：燕山大学，2007.

[61] 王凌峰. 智能物流：物流信息化的下一站 [J]. 人民邮电，2011-04-15.

[62] 王凌峰. 中国物流配送研究分析 [J]. 空运商务，2008 (12).

[63] 王淑云. 物流外包的理论与应用 [M]. 北京：人民交通出版社，2004.

[64] 闻学伟，汝宜红. 智能物流系统设计与应用 [J]. 交通运输系统工程与信息，2002 (1).

[65] 吴茹. 关于构建金华市现代城市物流配送体系的探讨 [J]. 中国证券期货，2011 (5).

[66] 吴心宏. 荷兰鹿特丹港的四大特色及发展趋势 [J]. 城市公用事业. 2010，24 (1).

[67] 胥军，李金，湛志勇. 智能物流系统的相关理论及技术与应用研究 [J]. 科技创新与生产力，2011 (4).

[68] 胥军. 智能物流将推动零售行业跨越式发展 [J]. 信息与电脑，2011 (3).

[69] 杨岩. 现代物流业与制造业的联动发展研究——以常州为例 [J]. 商业现代化，2010 (11).

[70] 薛美根. 便捷高效的鹿特丹港集疏运系统 [J]. 交通与运输. 2011，(1).

[71] 于傑. 关于城市配送的立法思考 [J]. 中国物流采购，2008 (9).

[72] 于少强. 港口企业的竞协关系与定价机制研究 [D]. 大连：大连海事大学，2007.

[73] 张何，真虹. 引导第三代港口向第四代港口演变的驱动力研究 [J]. 中国港口，2009 (6).

[74] 张军杰. 智能物流发展状况、影响因素及对策研究 [J]. 物流科技，2011 (3).

[75] 张全升，龚六堂. 基于物联网技术的智能物流的发展模式研究 [J]. 信息与电脑，2011 (3).

[76] 赵长东，徐双应，高洁. 第三方智能物流系统研究 [J]. 中国储运，2007 (1).

[77] 赵亚鹏. 新形势下宁波—舟山港港口服务创新的路径研究 [C]. 浙江省社科联等. 2010-11.

[78] 赵亚鹏. 全球供应链下宁波—舟山港功能提升的路径研究 [C] //中国区域经济学会. 中国区域经济学前沿 (2009)：区域经济与港口物流发展. 2009-10.

[79] 中国物流与采购联合会. 中国物流发展报告 (2001) [M]. 北京：中国

物资出版社，2002.

[80] 中国现代化战略研究课题组.中国现代化报告（2010）：世界现代化概览［M］.北京：北京大学出版社，2010.

[81] 周甫宾，曹蕾.港航合作模式的评述［J］.中国水运，2009（5）.

[82] 周光辉，鲍立威.面向供应链的智能物流管理系统设计［J］.工业控制计算机，2004（4）.

[83] 周立新，刘琨.智能物流运输系统［J］.同济大学学报，2002（7）.

[84] 朱文和.基于物联网技术实现供应链全过程的智能化物流配送服务［J］.物流技术，2010（7）.

[85] 庄品，王宁生.供应链协调机制研究［J］.工业技术经济，2004（6）.